한국사특급 떡국열차

한국사특급
떡국열차

김영우 · 정승민 · 정영진 지음

버드 비숍 여사를 안 뒤부터는 썩어빠진 대한민국이
괴롭지 않다 오히려 황송하다 역사는 아무리
더러운 역사라도 좋다
진창은 아무리 더러운 진창이라도 좋다
나에게 놋주발보다도 더 쨍쨍 울리는 추억이
있는 한 인간은 영원하고 사랑도 그렇다

김수영, 「거대한 뿌리」 중에서

역사는 아무리
더러운 역사라도
좋다

"유관순 누나가 역사책에서 사라졌다"
"대한민국은 정부 수립, 북한은 국가 수립"
"역사 국정화는 이승만/박정희 우상화 시도"

역사 교과서의 국정화 문제로 온 나라가 야단이다. '올바른' 역사 편찬의 사명을 짊어졌다고 자임하는 권력층은 "다양성은 사라지고 편향성만 남은 검인정 역사 교과서"를 실패로 단정하면서 통일의 미래를 준비하기 위해 국정 교과서 체제로 돌아간다고 선포했다. 검인정 교과서들이 다양하지 않아 국정 교과서로 단일화한다는 주장은 그 자체로 형용모순이다. 게다가 21세기가 아닌가. 개성과 창의가 꽃피는 교육을 강조하면서 지난 20세기의 획일화된 교과서로 회귀하는 것 자체가 자가당착이다. 국정보다 검인정 교과서가 낫다는 유엔이나 헌법재판소의 권고에도 '올바른' 역사에 꽂힌 권력자는 한 치의 미동도 없다. '쇠귀에 경 읽기'라는 비난과 '원칙과 결단'이라는 찬사가 도처에서 부딪치지만 역사에 대한 근본적인 사색과 고민은 부족한 것이 작금의 상황이다.

시절이 하 수상할 때는 뿌리로 돌아가 생각해보는 것이 이 풍진 세상을 살아가는 지혜 중 하나다. 도대체 역사란 무엇인가. 왜 역사를 공부해야만 하는가. 수천 년 전, 수백 년 전 사람들의 삶과 사건이 도대체 지금 나에게 무슨 의미가 있을까. 유럽의 대문호 괴테는 "지난 삼천 년의 세월을 말하지 못하는 사람은, 깨달음도 없이 깜깜한 어둠 속에서 하루하루를 살아가리라"라고 말했다.

그렇다. 과거를 이야기하면서 기억하는 존재는 인간밖에 없다. 그러므로 인간을 역사적 동물이라 부른다. 과거를 잊어버리거나 무시할 때, 우리는 인간이나 민족으로서 존재 가치를 상실한다. 역사라는 등대가 없다면 누구인들 제대로 항해할 수 없다. 때로는 불빛으로, 때로는 무적霧笛으로, 불투명하고 불확실한 상황을 돌파하는 좌표와 방향을 제시하는 것이 역사의 교훈이다. 우리가 어디에서 왔고 지금 어디에 있으며 어디를 향해 나아가고 있는지를 알고자 한다면 반드시 역사를 배워야 한다. 그런 점에서 역사는 이름과 연도를 외우는 암기 과목이 아니라 개인과 사회의 현재를 파악하고 미래를 준비하는, 명실상부한 도구 과목이다.

역사는 타임머신이다. 지금 이곳이 아니라 그때 거기서 살았던 사람들의 삶을 대리 경험하면서 제2, 제3의 삶을 살게 해주기 때문이다. 오늘도 우리는 과거와 현재가 헷갈리는 데자뷔déjà vu와 자메뷔jamais vu 사이를 왕복하면서, 선악을 판단하고 시비를 구분하는 데 뒤죽박죽의 곤란을 겪으면서, 지혜를 갈구하고 있다. 그렇다면 답은 하나다. '지혜는 결국 역사'라는 기준점에서 출발할 수밖에 없다.

역사는 무엇보다 재미를 준다. '태정태세문단세' 식의 주입식 역사 공부에서는 전혀 느끼지 못했겠지만, 사실 역사는 참으로 생생한 인간학이다. 조선 시대의 기생들은 어떤 대접을 받고 살았는지, 삼국 시대에 우리 조상들은 어떻게 연애하고 사랑했는지 궁금했던 적은 없는가? 조직폭력배의 원조라고 할 만한 '검계'라는 대담무쌍하고 잔악무도한 집단에 대한 이야기를, 불가촉천민 취급을 받던 백정이 실제로는 북방에서 온 외국인 노동자였다는 이야기를 들어본 적이 있는가? 우리 조상들의 식사량은 어느 정도였는지, 쌀밥이 어떤 경로와 과정을 거쳐 우리의 주식으로 자리 잡았는지 생각해본 적 있는가? 사극에 나오는 의복이나 장신구, 음식 등의 고증이 과연 정확한지 한 번쯤 의심을 품어본 적이 있는가?

우리 역사에 대한 이 모든 호기심과 궁금증을 모아 흥미를 일으키고 재미를 선사하고자 이 책을 기획했다. 그렇다고 오로지 괴이하고 신기하고 희한한 괴력난신怪力亂神이나 엽기적인 호사가의 이야기로만 빠져드는 것은 경계했다. 지금까지 역사의 뒤안길에 방치된 다양한 인간들을 통해 위인과 왕조 위주의 무미건조한 교과서적 역사가 아닌, 피와 땀이 흐르고 정과 삶이 통하는 살아 있는 역사 콘텐츠를 만들고자 노력했다. 조상들이 열연한 희로애락의 민족사적 드라마에 묻어 있는 신명의 체취가 오늘날 '한류'로 면면히 이어지고 있음을 보여주고자 했다.

이 책이 애초의 목표에 얼마만큼 부응했는가에 대해서는 등에 식은땀이 흐른다는 말로 갈음한다. 좋든 나쁘든 과거를 통해 현재 생활에서의 과오를 최소화하고 미래를 살아가는 지침을 얻는 것이 역사의 매력이고 동력이다. 그렇기에 꼭 자랑스러운 역사나 올바른 역사관이 중요한 것은 아니다. 일찍이 시인 김수영은 「거대한 뿌리」에서 오늘의 국정 교과서 사태를 예감하듯, 시공을 넘어서는 우레와 같은 메시지로 포효했다.

버드 비숍 여사를 안 뒤부터는 썩어빠진 대한민국이

괴롭지 않다 오히려 황송하다 역사는 아무리
더러운 역사라도 좋다
진창은 아무리 더러운 진창이라도 좋다
나에게 놋주발보다도 더 쨍쨍 울리는 추억이
있는 한 인간은 영원하고 사랑도 그렇다

하여 지금 이 소란스러운 시대, 현재는 어지럽고 미래는 아득하여
도무지 어디로 나아가야 할지 알 수 없는 쓸쓸한 시절에, 한민족
역사라는 '거대한 뿌리'에 기대 불쑥 튀어나온 이 책을 독자 여러
분께 감히 권하고자 한다.

떡국열차팀

차례

1호차:
물지마 승객들

안녕하십니까. 이 열차는 약 5천여 년 전부터 한반도와 만주 일대에서 출발해 지금에 이르기까지, 고조선, 삼국, 통일신라 및 발해, 고려, 조선을 거쳐 남북한 분단 시대를 질주 중인, 누워서 떡 먹기보다 쉬운 국사 이야기를 싣고 달리는 '떡국열차'입니다. 왕후장상부터 장삼이사까지 수많은 승객들이 탑승과 하차를 거듭해왔으며, 중간중간 외부 세력들의 침략으로 기관사가 교체되고 잠시 궤도를 이탈하는 불행한 사태를 겪기도 했습니다. 그럼에도 밟아도 다시 나고, 바람보다 더 빨리 일어나는 민초의 저력으로 철마는 오늘도 달리고 있습니다. 지금은 남북 분단이라는 수십 년 전의 탈선 사건으로 온전한 운행에 지장을 받고 있습니다만, 통일철도로 하나 되어 달릴 시간이 점점 다가오고 있습니다.

떡국열차는 모두 6량으로 구성되어 있습니다. 1호차는 핑크빛 스캔들이 유난히 많이 벌어지는 차량으로, 승객들 중에는 당대에는 푸대접을 받았지만 오늘날이라면 부와 인기를 한 몸에 누렸을 비운의 스타들이 많습니다. 기생이 대표적인데요, 알고 보면 그들은 불평등한 사회 구조의 산물이었고, 순정과 일편단심의 화신이었습니다. 구중심처에서 독수공방으로 날을 새우는 궁녀들, 그들이 목숨을 걸고 연애편지를 쓰고 미팅을 하는 모습도 곧 보실 수 있습니다. 그뿐인가요? 남녀유별의 봉건적 유교 도덕으로 무장한 조정의 관료들이 궁녀들과 대담하게 남녀상열지사를 벌이기도 할 겁니다. 1호차 전체를 쑥대밭으로 만든 유감동과 어을우동의 센세이셔널한 스캔들, 돌싱 조상님들의 러브 스토리, 동성과의 금지된 사랑! 1호차에서 5천 년간 전해 내려온 뜨거운 로맨스의 자취를 흠뻑 체험해보시기 바랍니다.

1호차

1

꽃이지 꺾어버리는 사람입니까, 기생이

해어화解語花를 아시는지? 당나라 현종이 연꽃을 구경하다 주위의 신하들에게 애첩 양귀비를 가리켜 보이며, "연꽃이 내 해어화만 하겠느냐?"라고 자랑한 데서 유래한 말이다. 양귀비를 '말을 알아 듣는 꽃'이라 칭한 것인데, 이 말이 나중에 기생妓生으로 의미가 바 뀌었다. 꽃은 보고 즐기는 대상이요, 마음에 들면 꺾을 수도 있는 존재다. 하지만 시든 꽃은 버리듯이, 기생들은 누구나 보고 즐기고 취할 수 있지만 싫증 나면 내던지는 장난감처럼 취급됐다. 해어화 와 같이 쓰인 말인 노류장화路柳墻花도 마찬가지다. 길가의 버들이 나 담 밑의 꽃처럼 아무나 꺾을 수 있다는 의미다. 기생들이 자신 들의 처지를 한탄하며 스스로를 낮춰 부르던 처량한 말인 것이다. 기생, 창기娼妓, 창녀娼女라 불리던 기녀들은 궁중 행사에서 흥을 돋우기 위해 노래와 춤을 하고 악기를 연주하던 여성들이었는데, 일부는 성적 서비스를 제공했다.

조선 건국, 어쩌면 기생 덕분

조선을 건국한 태조 이성계는 전주 이씨다. 그런데 본관인 전주와는 전혀 관계없는 함경도 영흥에서 나고 자랐다. 그 까닭은 그의 고조부 이안사 때로 거슬러 올라간다. 이안사 때까지 이성계의 집안은 전주에 살았다. 그런데 이안사가 전주의 산성별감과 기생을 놓고 다투다 처가가 있는 삼척으로 도망을 쳤다. 한데 우연의 일치인지 산성별감이 안렴사가 되어 삼척으로 발령을 받았고, 이안사는 다시 부리나케 함경도로 도망쳐 그곳에서 원나라 천호가 되었다.

일종의 지방 토호가 된 이씨 집안은 벼슬을 대대로 물려받았다. 그러다 이성계의 아버지 이자춘이 고국으로 복귀할 기회를 포착했다. 이자춘은 공민왕 때 원나라의 쌍성총관부를 몰아내는 데 공을 세워 고려로부터 대중대부라는 벼슬을 받았다. 이성계는 이를 바탕으로 강력한 군벌을 형성하여 조선을 건국했다. 만약 이안사가 기생과 사고를 치지 않았다면 이성계의 조선 건국은 일어나지 않았을 수도 있는 것이다. 조선이 기생 덕분에 건국되었다고 한다면, 이는 지나친 억측일까?

"이방, 이쁜 기생 안 넣어주면…… 알지?"

조선 시대 기생들 중 한양에 사는 경기京妓들은 주로 장악원에 소속되어 궁중 잔치에 가무를 제공했다. 하지만 지방의 관기들은 잠자리 시중을 드는 방기房妓 노릇을 해야 했다. 말은 제주로 보내고 사람은 서울로 보내라는 게 왕조 사회의 처세훈이지만, 예나 지금이나 지방 차별은 여전했나

보다. 하지만 춘향전에서 변사또가 춘향에게 그러했듯 노골적이고 공개적으로 수청을 강요하는 일은 원칙적으로 금지되었다. 원래 지방 기생들은 관찰사나 어사 또는 사신 등 어명을 받은 봉명사신이 지방 고을에 들를 경우 객고를 풀도록 잠자리 시중을 드는 접대용(!) 존재였다. 따라서 고을 수령이 관기와 잠자리를 할 때는 은밀하게 하는 것이 대부분이었다.

관찰사나 어사 들이 잠자리 시중을 받을 때의 풍경은 오늘날과 비슷했다. 고위 관리들이 오면 잠자리 시중 들 기생을 고르는 일을 고을의 이방이나 행수기생이 담당했다. 고관들 체면에 차마 손수 고르지는 못하고 넌지시 부탁했을 것이다. "이방, 저기…… 이쁜 기생으로 넣어주시게." 현대의 후손들도 나이트클럽에서 파트너를 고를 때 웨이터에게 팁을 건네며 이런 멘트를 날리지 않는가. 한데 막상 들어온 기생이 못생겼다면 어떻게 될까? 지방관에게 알게 모르게 불이익이 가지 않았을까? 잘못 넣어준 기생으로 인해 매를 맞은 사례도 있었다. 홍길동전으로 유명한 허균은 홍주에 행차했을 때 자신이 찍어놓은 기생이 아닌 다른 기생을 넣었다는 이유로 행수기생을 매질하기도 했다.

나라를 지키러 갔나, 여색을 탐하러 갔나

관찰사나 어사, 사신 등의 봉명사신 외에도 기생을 방기로 삼을 수 있는 이들이 있었다. 바로 변방에서 근무하는 군관들이었다. 요즘 장교들도 그렇지만 당시 무과에 급제한 무관들은 의무적으로 일 년 정도 변방 근무를 거쳐야 했다. 혈기왕성한 군관들의 욕망을 풀어줄 관기들이 필요했다.

군사들이 많았던 평안도의 경우, 평양 감영에만 약 2백 명, 군진이 있는 곳마다 약 60명의 기생들이 상주해 있었다고 한다. 이러니 평안감사가 조선 사대부들이 선망하는 이른바 '꽃보직'이 되었던 것이다. 함경도에도 기생이 4백 명 정도 있었다고 하니, 기생 조달에 훈련이나 제대로 했을지 의심스럽다.

조선 시대 무관들의 핑크빛 성생활을 그린 책이 있다. 울산 출신의 무관 박취문이 함경도 국경 수비 임무를 받고 출발하여 임무를 마치고 돌아오기까지 전 과정을 기록한 『부북일기』다. 책에는 실제 군무와는 관련이 적은, 고향에서부터 시작된 여성 편력이 화려하게 펼쳐진다.

박취문은 인조 22년(1644년) 12월 10일에 울산에서 출발하는데, 출발 다음 날부터 좌수 댁 노비와 동침한다. 이어 15일에 노비 분이, 16일에 술집 여인 춘일이, 17일에 술집 여인 옥춘이, 19일에 이름 모를 여자 노비와 동침한다. 그리고 22일에는 술집 여인 향환, 26일에도 술집 여인 예현, 30일에는 강릉 기생 연향, 다음 해 1월 2일에는 강릉 명기 건리개와 동침한다. 그러다 2월 5일까지 성생활을 자제했다. 왜 그랬을까? 강릉 기생 연향과 자고 나서 매독에 걸린 것이다. 국방 수비의 무거운 중책을 수행하러 가는 길에 하루가 멀다 하고 여자를 가까이한 박취문. 과연 임지에 도착해서는 어떠했을까? 역시 상관 및 동료 들과 기생집 드나들기를 삼시 세 끼 거르지 않듯 꾸준히 하며 이를 상세히 기록했다. 조선판 카사노바가 따로 없다.

**나에게
살송곳 있고
너에겐
골플무 있으니**

"하룻밤에 만리장성을 쌓는다"는 말이 있다. 하룻밤의 짧은 시간이지만 그 인연이 평생을 갈 수 있음을 비유한 말이다. 실제로 관찰사나 어사로 나온 관리들이 그 지역의 기생들과 만나 후세까지 전해지는 깊은 사랑을 나눈 경우도 많이 있다. 「관동별곡」, 「사미인곡」으로 유명한 가사문학의 대가 송강 정철과 기생 자미(또는 진옥)의 애절한 사랑이 대표적이다. 정철이 전라도관찰사로 가 있을 때의 일이다. 남원 관아에 자미(진옥)라는 어린 기생이 있었는데, 정철이 그녀의 머리를 얹어주었다. 첫 남자가 되었다는 얘기다. 정철은 일 년 정도 관찰사로 머무는 동안 그녀를 매우 아꼈다. 남원 사람들이 그녀를, 송강松江의 이름을 따 강아江娥라고 부를 정도였다. 하지만 정철은 도승지가 되어 한양으로 올라오면서 그녀와 헤어졌다.

선조 18년(1585년), 정철은 동인의 탄핵으로 유배되었다. 그러다 1589년 정여립 모반 사건으로 우의정으로 발탁되어 1천여 명의 동인을 죽이는 기축옥사를 벌였다. 그리고 1591년, 광해군 책봉을 건의하다 파직되어 강계로 유배되었는데, 이때 그를 잊지 못해 수백 리 길을 달려온 자미와 재회했다. 이때 정철과 자미가 서로를 반기며 읊었던 시조가 있다.

옥이 옥이라커늘 번옥燔玉만 여겼더니

이제야 보아하니 진옥眞玉일시 분명하다

나에게 살송곳 있으니 뚫어볼까 하노라

철이 철이라커늘 섭철憾鐵만 여겼더니
이제야 보아하니 정철正鐵일시 분명하다
나에게 골풀무 있으니 녹여볼까 하노라

얼마 있지 않아 임진왜란이 일어나고 정철은 다시 복직되었다가 1593년에 세상을 떠났다. 자미는 여승이 되어 송강의 묘를 지키다가 경기 고양에 있던 송강의 묘 곁에 묻혔다. 하지만 1655년에 송강의 묘가 충북 진천으로 옮겨지면서 자미의 묘만 남게 됐다. '자미紫薇'란 백일홍 꽃을 말하는데, 송강과 자미의 애틋한 사랑이 피어난 남원의 시목市木이 바로 백일홍이다.

암행어사를 사랑한 가련의 순정

송강 정철과 자미의 이야기만큼이나 애절하고 감동적인 사랑 이야기가 또 있다. 주인공은 조선 경종 2년(1722년) 문과 정시에 급제하여 벼슬길에 오른 이광덕이다. 그는 학문이 출중하여 세자를 가르치는 벼슬도 지냈고, 영조가 즉위한 뒤에는 전라도관찰사로 임명되어 이인좌의 반란을 토벌하면서 왕의 신임을 얻었다. 이광덕이 한번은 암행어사로 함흥에 갔다. 지방관의 비리를 조사하기 위해 신분을 숨기고 움직였는데, 어쩐 일인지 함흥에 암행어사가 출현했다는 소문이 파다했다.

비밀 누설로 암행감찰에 실패한 이광덕은 발설자를 찾으라고 명령했고, 이에 군사들이 일곱 살짜리 어린 소녀를 끌고 왔다. 가련이라는 동기童妓였는데 그녀가 소문의 진원지였다. 가련은 "이광덕이 변장을 하기 위해 그의 종자와 옷을 바꿔 입는 것을 우연히 보았는데, 걸인의 옷을 입는 사람의 손이 희고 깨끗한 것을 보고 암행어사임을 알았다"고 했다. 총명한 가련에게 감탄한 이광덕은 벌을 주는 대신 시를 한 수 지어주고 한양으로 복귀했다.

수십 년이 흐른 뒤 이광덕은 탄핵을 받아 함흥에 위리안치되는 처지가 됐다. 고독한 이광덕에게 어느 날 어여쁜 여인으로 성장한 가련이 찾아왔다. 그녀는 어린 시절 이광덕에게 시를 받고부터 그를 사모하며 정절을 지켜왔던 터였다. 하지만 죄인 신세인 이광덕은 가련을 거절했다. 가련은 그런 이광덕을 더욱 사모하여 모진 귀양살이 뒷바라지를 했다. 드디어 유배가 풀리자 두 연인은 오랜 세월 기다려온 서로의 사랑을 확인했다.

하지만 평안도와 함경도의 관기들은 한양으로 데려올 수 없다는 규칙이 있었기에 두 사람은 어쩔 수 없이 헤어져야 했다. 이광덕은 벼슬길에서 물러난 뒤 가련을 부를 것을 굳게 언약했다. 하늘이 무심하게도 한양으로 돌아온 지 얼마 안 되어 이광덕은 그만 병으로 세상을 떠났다. 비보를 전해 들은 가련은 통곡하며 이광덕의 제사를 지낸 뒤 자결하고 말았다. 오직 한 사람만을 위해 자신의 모든 것을 바친 순정의 여인 가련의 이야기는 많은 사람들에게 감동을 주었다. 후에 어사 박문수가 그녀를 기려 '함관여협가련지묘咸關女俠可憐之墓'라는 비석을 세워주었다고 한다.

그래도 결국 재미만 보고 버리는 꽃이더라

정철과 이광덕처럼 비천한 신분인 기생과의 인연을 끝까지 지킨 사람들도 있었지만, 대부분의 양반들은 기생을 쓰고 버리는 소모품 정도로 생각했다. 조선 후기, 철종 4년(1853년)에 함경도로 유배된 김진형은 군산월이라는 기생과 사랑을 나누었다. 그는 군산월에게 유배에서 풀려나면 한양으로 데려가겠다고 약속했다. 불과 두 달 만에 유배가 풀리자 김진형은 약속대로 군산월을 남장시켜 서울로 데려가려 했는데, 가던 중에 갑자기 마음을 바꿔 돌려보내고 말았다. 고무신을 거꾸로 신은 김진형에게 배신당한 군산월은 「군산월애원가」를 지어 자신의 아픔을 표현했다.

> "(상략) 무단히 언약 맺고 몇 번을 몸을 굽히던 정이 태산 같아 허다한 사람 다 버리고 험코 험한 먼먼 길에 뫼시고 왔더니 그다지도 무정하오. 그다지도 야속하오. (중략) 이곳에서 죽자 한들 죽는 줄을 누가 알며 설운 심정 누가 알꼬 시름과 눈물로 밤새우고 외로운 이 한 몸이 어디로 가자는 말인가. (하략)"●

김진형은 이에 답하여 「북천가」를 지었다. 뻔뻔스럽게도 자신의 배신을 합리화하는 일종의 인지부조화를 보여주는 글이다. '제주 목사 장대장은 제주를 떠날 때 수청 들던 기생을 못 잊어 다시 섬으로 가서는 칼로 베어 죽이고 나서 만고영웅이 되었는데, 나는 문관이기에 너를 죽이지 않고 돌려보낸다'는 내용이다. 정인을 배반하고도 목숨을 살려줬다고 큰소리치고 있으니 참으로 아연실색할 노릇이다.

쾌락을 탐할 때에는 온갖 미사여구로 유혹하다가 욕구가 충족되

● 이숙광, 『조선을 뒤흔든 21가지 비극애사』, 「연합뉴스」 서평 기사에서 재인용.
http://news.naver.com/main/read.nhn?mode=LSD&mid=sec&sid1=102&oid=001&aid=0002175623

1호차:
끌지마 승객들

면 버린다. 대부분의 양반들은 '해어화'에 대해 이렇게 이중적이고 위선적인 태도를 취했다. 한번 꺾고 나면 버리는 것, 기생의 운명은 결국 그러한 것이었으리라.

2

조선을
치마폭에
휘감은
그녀들

"임금이 매양 종친宗親과 재추宰樞에게 기생을 멀리하고 가까이하지 말도록 경계하면서 말하기를, '이 무리는 사람의 유류類가 아니다.' 하고 잔치할 때를 당하면 반드시 기생의 무리들로 하여금 분粉을 사용하여 그 얼굴을 두껍게 바르게 하니, 그 모양이 마치 가면假面을 쓴 것과 같았는데, 이들을 천시賤視하고 혐오嫌惡하였기 때문이었다."
_『조선왕조실록』 세조 9년(1463년) 윤 7월 4일

기생은 사람이 아니니 가까이하지 말라 하면서 궁중 연회에 기생이 필요하니 얼굴에 화장을 하게 했다? 참으로 종잡을 수 없는 태도다. 기생 혐오증이라도 있었던 걸까? 하지만 세조가 조금 심한 편이었지, 기생에 대한 멸시와 천대는 일반적인 정서였다. 그러나 기생들도 왕실이나 사대부들에게 마냥 끌려다니는 피동적인 존재만은 아니었다. 비록 신분은 천민이었지만 자신들의 치명적인 매력을 최대한 이용해 치마폭에 사내들을 휘감고 세상을 쥐락펴락

했던 경국지색형 기생들도 여럿 있었다.

어화 벗님네야, 나즈즈개 이야기 들어봤는가

기생 출신으로 당대의 세도가를 좌지우지했던 대표적인 여인이 나주 출신의 나합이다. 그녀의 본명은 알려져 있지 않고 단지 나주 출신이며 양씨 성을 가졌다고 전해진다. 애초 기생이었던 그녀는, 순조비 순원왕후의 동생으로 조선 후기 헌종과 철종에 걸쳐 영의정을 세 번이나 역임한 당대의 세도가 김좌근의 첩이 되었다. 타고난 미모와 함께 소리와 기악에 능했다고 하며 재치 또한 빼어나 김좌근의 총애를 받았다.

그녀의 출생에 대해 나주에서 전해 내려오는 설화가 있다. 한학의 대가인 전라도관찰사 이서구가 시대를 혼탁하게 할 인물이 태어날 것을 점치고 부하를 불러, 모일 모시 모처에 가서 태어난 아이가 사내면 죽이고 계집이면 살려주라고 하명했다. 부하가 갔더니 정말 아이가 태어났는데 다행히 여자아이였다. 이 말을 전해 들은 이서구는 장차 세상이 시끄러워질 것이라고 예언했다고 한다.

그녀를 나합이라고 부르게 된 이유는 무엇일까. 세도정치의 실세인 김좌근이 지방 수령 임면권을 거머쥐고 있는 상황에서 김좌근을 좌지우지하는 그녀에게 한자리 얻어보겠다는 양반들은 뇌물을 가져다 바치기 바빴다. 하늘 높은 줄 모르고 치솟는 그녀의 기세를 두고 정일품 고관들에게만 붙여주는 존칭 '합하閤下'의 '합'자를 붙여 '합부인'이라 불렀고, 고향이 나주라서 나주의 합부인, 줄여서 '나합羅閤'이라 부르기도 했던 것이다.

하루는 김좌근이 자기 애첩이 너무 설치고 다닌다는 소문을 들었다. 부아가 난 김좌근이 "왜 사람들이 너를 나합이라고 하는 것이냐?"라고 질타했다. 머리 회전이 빠른 나합은 "그 합은 '합閤'이 아니라 '합蛤(대합조개)'이니, 기생 출신이라 얕잡아 보고 나주조개라 부른 것입니다."라며 오히려 울먹였다. 미모뿐만 아니라 이렇게 재치가 출중한 나합이었으니 김좌근이 총애할밖에. 심지어 나합은 다른 여자에게 눈을 돌렸다는 이유로 김좌근의 뺨따귀를 올려붙였다고 한다. 나합에게 푹 빠진 김좌근은 용서를 빌었고 말이다.

그녀와 함께라면 이십만 냥은 껌 값

하지만 나합에게도 위기가 찾아온다. 나합을 못마땅하게 여기던 헌종의 어머니 신정왕후가 낙향할 것을 명한 것이다. 김좌근은 병을 핑계로 별장에 들어가 며칠 동안 대성통곡하다가 결국 흥선대원군 이하응을 움직여 신정왕후가 명을 거두게 해달라고 청탁했다. 하지만 그 대가로 고종의 결혼 비용으로 십만 냥, 경복궁 재건 비용으로 십만 냥을 지불했다고 한다. 나합에 대한 김좌근의 사랑이 어느 정도였는지 미루어 짐작할 수 있겠다.

나합은 김좌근 몰래 미남자와 정을 통한 뒤 그에게 수령 자리를 내주었다는 얘기가 있을 정도로 뒷담화의 주인공으로 회자됐다. 그러나 전국에 흉년이 들었을 때 김좌근을 졸라 나주에 구휼미를 풀어 고향 사람들을 도왔다고 한다. 그래서인지 전국에서 유일하게 김좌근을 기리는 공덕비가 나주 관아 터에 남아 있다.

기생계의 별, 가희아

화려한 의복과 치장으로 인해 조

선 시대 기생의 삶이 아름답고 호화로웠을 것이라고들 생각하지만 실상은 힘겨운 천민의 삶이었다 해도 무방하다. 조선 문종(재위 1450~1452년) 때의 기록을 보면 한양에 살고 있던 경기가 일 년에 백미 한 섬을 받았다고 하는데, 이 정도 가지고는 입에 풀칠하기도 힘들었다. 그래서 기생들은 미모와 재주를 이용해 고관대작들의 첩으로 들어가는 경우가 많았다. 때로는 왕의 눈에 들어 후궁이 되기도 했는데, 가장 대표적인 경우가 연산군의 총애를 받았던 장녹수다. 태조 이성계의 총애를 받아 옹주翁主가 된 김해 기생 칠점선도 있고, 무엇보다 태종 때 장군들의 집단 패싸움을 야기했던 보천 기생 가희아를 빼놓을 수 없다.

태종 7년(1407년) 동짓날에 한양 저잣거리에서 희한한 일이 일어났다. 총제 김우가 갑사 10여 명과 자신의 수행원 20여 명, 그리고 집안의 종들을 출동시켜 대호군 황상과 몽둥이 싸움을 벌인 것이다. 요즘으로 치면 장군들이 부하들을 시켜 상대에게 폭행을 가하려다 패싸움이 난 것이다. 쿠데타도 아니고 왜 도성 안에서 군사들이 싸움을 벌인 것일까? 바로 기생 한 명 때문이었다.

대호군 황상에게는 가희아라는 기생첩이 있었는데, 그녀는 황상을 만나기 전에 총제 김우와도 관계가 있었다. 김우는 태종 이방원이 왕이 되기 전부터 호위무사였던 이로, 정종 2년(1400년)에 이방간이 일으킨 2차 왕자의 난 때 이방원을 도와 공신이 되었고, 후에 병조판서까지 지낸 당시 권력의 실세였다. 아끼던 기생이 갑자기 황상에게 가버렸으니 김우로서는 속이 타 들어갈 만도 했다. 그래서 김우는 자신이 부리던 기병과 보병 30명을 보내 동짓날 궁에서 열린 잔치에 갔다가 나오는 가희아를 납치하려 했다. 하지만 가희아는 눈치를 채고 도망쳤다. 김우는 황상의 집으로 쳐들어가 가희아를 찾았지만 신병 확보에 실패했다. 이쯤에서 포기했으면 좋았을 것을……. 다음 날 김우는 다시 군사들과 종을 보내 이번에는 길을 가고 있던 가희아를 납치하려 했다.

황상은 소식을 듣고 군사들과 종들을 데리고 가 저잣거리에서 한판 '맞짱'을 떴다. 결국 김우의 부하들이 황상의 무리들을 당해 내지 못하고 물러났으나 싸움 소식이 태종의 귀에까지 들어갔다. 태종은 기생 때문에 이런 일이 일어난 것을 괘씸하게 생각해 궁중 연회에 참가하는 기생들을 사사로이 첩으로 삼은 자들을 모두 조사하라고 엄명을 내렸다.

왕도 빠진 절세 미녀, 기생에서 옹주로 인생 역전

그런데 사건의 처리 결과가 희한하다. 사건을 일으킨 장본인인 김우는 공신이라는 이유로 아무런 처벌을 받지 않았는데 상대인 황상은 파직되고 그의 부하였던 갑사 양춘무 등 네 명은 수군水軍에 편입된 것이다. 당시 수군은 가장 힘든 부대였으니 졸지에 좌천된 셈이었다. 원인을 제공했던 기생 가희아는 장 80대에 처해졌는데 속전, 즉 돈으로 바치게 했다. 누가 봐도 형평성에 어긋난 처벌이었다. 하지만 그 이면을 들춰 보면 한층 흥미롭다. 태종이 이런 희한한 판결을 내린 것은 다름 아니라 가희아에게 마음이 있었기 때문이었다.

기록에 따르면, 가희아는 키가 오 척 단신에 불과했지만 얼굴이 희고 앳되어 인형 같았다고 한다. 춤을 잘 추어 궁중 연회가 벌어지면 중신들은 물론 태종까지 가희아의 매력에 감탄을 금치 못했다. 가희아를 마음에 두고 있던 태종은 그녀 때문에 사달이 일어나자 가희아와 살고 있던 황상에게는 파직의 중죄를 내리고 다른 사람들은 가볍게 처벌한 것이다. 뜸을 들이던 태종은 2년 뒤 가희아에게 로열패밀리로 입성할 기회를 주었다. 『조선왕조실록』 태종 14년(1414년) 1월 13일 기사에 "홍씨를 혜선옹주로 삼았으니, 보천의 기생 가희아였는데 처음에 가무를 잘하였기 때문에 총애를 얻었다."라는 내용이 있다. 장군들의 애를 태워 길거리에서 패싸움까지 하게 만들더니 결국은 왕실의 족보에까지 이름을 올린 가희아. 천민 신분인 기생에서 인생 역전 만루 홈런을 날린 그녀의 능력에 경의를 표해야 하지 않을까.

세종의 아들들이 목맨 걸그룹의 스타

가희아 못지않게 뭇 사내들의 마음을 휘저으며 화려한 연애사를 만들어낸 기생이 있다. 세조 때의 초요갱이다. 세조 때 유명했던 네 명의 기녀가 있었는데, 옥부향, 자동선, 양대, 초요갱으로 모두 가무를 잘하여 이른바 '네 기녀四妓'라 불렸다. 요즘으로 치면 핫한 걸그룹이라고나 할까. 이중 초요갱은 미모가 출중한 데다 가무에 능했고, 특히 궁중악을 모두 전승해 조선 제일의 예인藝人으로 불렸다. 그녀는 세종의 아들인 평원대군 이임의 첩이 되었는데, 이임이 죽은 뒤 그의 동생 화의군 이영과 관계를 가졌다고 한다. 이에 이영과 가까운 금성대군 이유를 견제하던 수양대군 측이 인륜을 저버린 사고를 친 이영과 초요갱을 처벌해야 한다고 주장했다.

수양대군 측에 선 대사헌 최항은 상소를 올려 "이영이 초요갱과 간통한 것은 근친상간이니 마땅히 엄하게 처벌해야 한다."라고 주장했다. 형의 첩과 간통했으니 동생과 형수의 근친상간이라는 것이었다. 하여 초요갱에게 곤장 80대를 치라는 명이 떨어졌는데, 며칠 뒤 초요갱은 궁중악을 전수받은 예인이라는 이유로 돈을 바치고 석방되었다.

가는 곳마다 사고를 치른 초요갱의 미모

시동생과의 간통 사건 이후 자숙하던 초요갱은 2년 뒤에 다시 대형 사고를 쳤다. 초요갱은 예장도감 판관 신자형의 첩으로 들어갔는데, 그녀를 사랑한 신자형이 처를 소박하고 심지어 초요갱의 말만 듣고 노비 두 명을 때려 죽인 것이다. 이 일로 신자형은 관리 임명장인 고신告身을 빼앗기고 투옥되었다.

사건이 이쯤에서 끝났으면 좋았으련만, 신자형이 없는 사이 평소 초요갱의 미모를 탐하던 신자형의 조카가 그녀를 덮치려고 몰래 집 안으로 들어갔다. 이에 놀란 신자형의 처가 난간에서 떨어져 다치고, 초요갱을 찾지 못한 조카는 종들을 때리는 등 난동을 피워 곤장 80대를 맞았다. 여자 하나 때문에 집안이 말 그대로 쑥대밭이 된 것이다.

하지만 6년 뒤에 더 큰 사건이 일어났다. 초요갱이 세종의 아들이며 세조의 이복동생인 계양군 이증과 정을 통한 것이다. 평원대군 이임, 그 동생 화의군 이영, 그리고 이제는 계양군 이증까지, 세종의 아들 중 세 명이 초요갱과 관계한 것이다. 세조는 이증을 불러 "네가 초요갱과 사통한다고 하는데 정말이냐? 기생이 없어서 감히 초요갱과 간음하는가?"라며 그녀를 가까이하지 말라고 경고했다.

　세조가 누군가? 형제들을 포함해 수많은 사람들을 죽이고 피에 젖은 왕위에 오른 냉혈 군주가 아닌가? 그런 세조의 엄중한 경고를 받았다면 목숨이 오락가락하는 상황인데도 이증은 아랑곳하지 않고 그날 밤 또다시 초요갱의 집을 찾았다. 초요갱이 가진 늪과 같은 매력에 푹 빠져 헤어 나올 줄을 몰랐던 것인가! 이렇게 조선의 로열패밀리와 고위 관료들을 치마폭에 휘감고 한 시대를 풍미하던 초요갱은 그 뒤 세조의 명으로 천민 신분을 면했다. 하지만 이후 행적은 기록이 남아 있지 않다. 초요갱의 비상한 미모와 재능은 요즘 같으면 최고의 아이돌이나 스타로 이어졌을 텐데…… 당시의 신분적 한계 속에서 순탄치 않은 운명으로 전개된 것 같아 안타까움마저 느껴진다.

기생을 해어화 또는 노류장화라 칭하며 보고 즐기는 꽃에 비유했다면, 우리 역사에서 기생과 비견되는 꽃과 같은 여인들은 또 있었다. 하지만 그 꽃은 아무나 꺾을 수 없었다. 왕의 꽃, 궁녀에 대한 이야기다. 보통 궁녀라 하면 '마마님'이라 불린 상궁과 '항아님'이라 불린 나인을 말한다. 하지만 이 밖에도 통근하며 일하는 무수리, 붙박이로 각 처소에 소속되어 일하는 비자, '약방기생'이라 불린 의녀도 있었다. 의녀들은 부녀자들의 진맥이나 치료를 위해 내의원에 소속되었으나 연산군 때부터 궁중 연회에 동원되면서 무희의 역할도 겸했다.

한번 궁녀는 영원한 궁녀, 죽는 날까지 임금을 우러러 한 점 부끄럼이 없기를

보통 10세 전후에 궁녀가 되어 궁에 들어갔다. 13세 이상의 소녀는 앵무새의 피를 손목에 묻혀보고 처녀인지 아닌지 판단했다. '앵무새의 피가 잘 묻으면 처녀, 묻지 않으면 처녀 아님.' 어떤 근거에서 나온 것인지 몰라도 이 방법을 통해 처녀성을 검증받은 소녀들만 궁에 들어갈 수 있었다. 일단 궁에 들어와 나인이 되면 그때부터 왕 이외의 어떤 남자와도 성적 접촉을 해서는 안 되었다. 상궁과 나인이 왕 이외의 다른 사람과 간통을 하면 남녀 모두 기다리지 않고不待時 참형에 처했고, 임신한 경우에는 출산 후에 바로 형을 집행했다.

조선 시대에는 만물이 생장 활동을 쉬는 추분 이후 춘분 이전에만 사형을 집행했다. 그 사이에 국가적 경사가 생기면 사면을 받아 풀려나는 경우도 있었다. 반면에 반역 죄인 같은 경우는 기다리지 않고 즉시 처형했는데, 간통한 궁녀 또한 이와 같은 중범죄자로 간주된 것이다. 또한 임신한 사형수는 신생아에게 젖을 먹여야 했기 때문에 출산 후 100일 뒤에 목숨을 빼앗았다. 하지만 궁녀만은 출산하자마자 바로 칼날을 받아야 했으니, 왕의 여자에 대한 처벌이 얼마나 엄격했는지 알 수 있다.

하지만 성욕은 먹고 자는 것만큼이나 당연한 인간의 본능이다. 아무리 엄한 형벌로 금한다 해도 사라지지 않는 인간 본연의 욕구인 것이다. 궁궐 내에서 에로스와 관련된 스캔들이 끊임없이 발생한 것은 어쩌면 지극히 당연한 일인지도 모르겠다.

파티를 사랑한 장미, 형벌을 사랑한 귀열

세종 17년(1435년), 궁녀 장미의 일이다. 장미는 병을 핑계로 출궁해 종친인 신의군 이인, 그의 매부인 김경재와 함께 먹고 마시며 질펀한 파티를 즐겼다. 지엄한 국법대로라면 장미와 이인, 김경재 모두 참형에 처해야 했다. 하지만 궁녀 장미는 참형에 처해졌고 그 부모들까지 유배를 갔으나 이인과 김경재는 각각 귀양 보내고 관노로 삼는 것으로 그쳤다. 우리 역사상 최고의 성군이라는 세종도 팔은 안으로 굽는 것인가? 궁녀는 법대로 처벌하고 종친은 살려주었으니 말이다. 이후 신하들이 상소를 올려 이인과 김경재도 임금의 여자를 건드렸으니 반역죄로 다스려야 한다고 주장했지만 세종은 뜻을 굽히지 않았다. 죽은 장미만 불쌍할 뿐이다.

현종 8년(1667년)에 일어난 귀열 사건은 법이 엿가락처럼 휘어질 수 있음을 보여준다. 귀열은 왕대비전의 궁녀였는데, 자기 형부인 서리 이흥윤과 간통하여 아이를 가졌다. 옥에 갇힌 뒤 아들을 낳았는데 어쩐 일인지 형조에서는 교수형에 처하자고 건의했다. 이에 현종은 참수형으로 처벌하라고 하명했다. 교수형이나 참수형이나 죽기는 매한가지인데 그 등급이 뭐 그리 중요하겠는가. 다만 가장 엄한 형벌인 참형으로 처벌하려 한 것을 보면 보통 분한 게 아니었나 보다. 결국 귀열은 참형에 처해졌고 그의 부모들도 유배를 갔다. 사건 당사자인 귀열의 형부 이흥윤은 간통 사실을 들키자마자 도망쳤는데 끝내 잡지 못했다. 이번 사건도 죽은 귀열만 불쌍하다.

궁녀와 별감 들의 3 대 3 미팅, 그 결과는?

궁궐 안에는 궁녀들뿐 아니라 각 처소별로 많은 내시들과 별감들이 함께 생활하고 있었다. 궁궐이라는 외부와 차단된 공간에서 살아가는 그들은 묘한 동료 의식을 가지지 않을 수 없었을 터, 실제로 이것이 발전해 궁녀와 내시, 별감 들 사이에 핑크빛 스캔들이 일어나는 일도 많았다. 단종 1년(1453년), 궁녀 세 명과 별감 세 명이 서로 편지를 주고 받으며 이른바 단체 미팅을 행해오다 감찰상궁에게 걸려 죽을 뻔 한 사건이 있었다.

사건은 나이 어린 궁녀 중비가 평소 마음에 들어 하던 별감 부귀에게 붓을 구해달라고 요청하면서 시작되었다. 부귀도 중비가 싫지는 않았는지 나중에 구해주겠다고 약속했다. 이렇게 시작된 불장난이 서로 편지를 주고받는 데까지 발전했고, 그러다 이들은 요즘처럼 서로의 동료들에게 일명 '가지 치기'를 시도했다. 부귀가 중비의 동료 자금과 가지에게 자신의 동료인 별감 수부이와 함로를 소개한 것이다. 중비와 자금, 가지는 글을 몰랐기에 나인 월계가 한글 편지를 대신 써주었다. 붓 구하는 것을 핑계로 편지가 오가고, 그러다 셋이 만나기도 했을 것이다.

하지만 꼬리가 길면 잡히는 법, 결국 한 나인이 감찰상궁에게 이 사실을 알렸고, 끝내는 단종에게도 알려졌다. 의금부에서 조사가 이뤄졌고, 사건을 일으킨 6인을 모두 참형에 처하자는 상신이 올라왔다. 하지만 단종은 그들을 죽이지 않고 관노와 관비로 보내는 것으로 사건을 마무리했다. 10대의 어린 궁녀와 별감 들의 단체 연애 사건은 이렇게 끝이 났다.

세종은 궁녀와 내시의 사랑에 절대 관대하지 않았다. 세종 7년(1425년)에 궁녀 내은이 세종이 쓰던 옥관자(망건에 다는 작은 옥고리)를 훔쳐 자신이 사모하던 환관 손생에게 준 사건이 있었다. 궁녀와 내시가 서로 사랑한 것도 모자라 임금의 물건을 훔친 사건이어서 모두 참형에 처해졌다. '킹 더 그레이트' 세종이라면 한 번쯤 관용의 제스처를 취해줄 법도 한데, 아쉬운 일이다.

'죽어도 좋아!'
외로운 측궁의
연애편지
스캔들

궁녀들만 외롭고 정에 굶주린 것은 아니었다. 승은을 입었지만 왕이 찾아주지 않는다면 과부나 마찬가지가 아닌가? 후궁들도 외로움을 참지 못해 종종 사고를 쳤다. 세조의 후궁인 덕중의 연애편지 사건이 대표적이다.

덕중은 세조가 수양대군이던 시절에 그의 종이었으나 뛰어난 미모로 첩이 되어 아들까지 낳았다. 세조는 왕이 된 후 그녀를 내명부 정삼품 소용으로 삼았는데 아들이 일찍 죽자 관심이 적어졌고, 덕중은 버림받은 후궁이 되었다. 외로움을 견디다 못한 덕중은 급기야 환관 송중에게 연애편지를 썼다. 하지만 환관이 무엇을 할 수 있겠는가? 곧바로 왕에게 사실을 고하고 죄를 청하였다.

궁녀도 아닌 후궁이 바람을 피웠으니 죽어도 할 말이 없었다. 그런데 세조는 덕중이 아이를 잃고 외롭게 사는 것이 불쌍했는지 죽이지 않고 특별상궁으로 강등시키는 것으로 끝냈다. 특별상궁이란 승은을 입고도 후궁으로 승진하지 못한 상궁으로, 승은상궁承恩尙宮이라고도 했다. 송중도 처벌하지 않고 궁중에 그대로 두었다.

한 번으로 그쳤으면 될 것을, 덕중은 또 한 번 사고를 치는데 이번에는 그야말로 '초대형' 사고였다. 세조가 아끼던 조카 귀성군 이준에게 연애편지를 쓴 것이다. 이준은 세조가 "나에게는 문文에 귀성군이 있고 무武에 홍윤성이 있다."라고 자랑할 정도로 총애하던 인물이었다. 그런 이준에게 왕의 후궁이 연애편지를 보냈으니, 당사자는 물론 온 나라가 발칵 뒤집혔다. 어쩔 줄 모르던 이준을 대신해 그의 아버지 임영대군 이구가 편지를 가지고 세조에게 죄를 청했다. 하지만 이번에도 세조는 너무도 쿨하게 모든 것을 덮고 덕중을 상궁에서 하녀로 강등시키는 것으로 마무리했다. 세조의 인내심에 찬사를 보내지 않을 수 없다.

아무리 삼세번이라지만…… 세 번은 못 참아

하지만 끝내 덕중은 레드라인을 넘어버렸다. 두 번이나 저승 문턱에서 돌아왔건만, 곧바로 환관을 시켜 다시 한 번 귀성군 이준에게 연애편지를 전한 것이다. 이준의 인물이 출중하고 사내다워서 덕중이 푹 빠졌던 것 같다. 하지만 짝사랑의 대가는 너무나 가혹했다. 두 번은 넘어가도 세 번은 참을 수 없었던 세조, 이준에게 편지를 전달한 환관을 때려죽이고 덕중은 교수형에 처했다. 그래도 덕중을 죽인 것이 못내 아쉬웠는지 얼마 후에 대역죄와 살인죄를 저지른 중죄인을 제외하고 나머지를 모두 석방하는 대사면령을 내렸다.

연애편지를 받은 이준은 어떻게 되었을까? 세조는 편지를 받은 귀성군이 무슨 죄가 있겠느냐며 오히려 위로하고 큰 잔치까지 열어주었다. 그 뒤 이준은 세조의 총애를 배경으로 스물여덟의 나이로 영의정 자리에 오르는 등 승승장구했다. 그러나 덕중이 목숨까지 바쳐가며 짝사랑했던 이준의 삶도 결말은 그리 아름답지 않다. 이준은 성종 때 역모에 연루되어 유배 생활을 하다 쓸쓸하게 세상을 떠났다.

30년간 정절을 지킨 사도세자의 궁녀

원초적 본능을 못 이겨 연애 사건에 휘말린 궁녀들도 있었지만 주어진 운명을 받아들이고 본분을 지킨 궁녀들도 많았다. 일례로 정조 15년(1791년) 정조로부터 수칙守則이란 작위와 정렬貞烈이란 칭호를 하사받은 궁녀 이씨가 있다. 그녀는 영조 36년(1760년), 열네 살 때 사도세자의 지밀나인으로 궁에 들어갔다. 하지만 2년 뒤 사도세자가 뒤주 속에서 죽는 임오화변이 일어나자 궁을 나와 이모와 함께 살았다.

이때부터 그녀는 스스로 목숨을 끊으려 했다. 세수도 하지 않고 항상 이불로 몸을 감고 방 안에서 나오지 않았다 한다. 심지어 대소변을 보러 나오지도 않았다 하는데, 이렇게 30년을 더 살았다. 이씨가 오랜 세월 동안 엽기적인 행동을 하자 갖가지 소문이 퍼져 나갔고, 이를 전해 들은 정조가 철저히 조사할 것을 명했다. 조사 결과 정조는 아버지 사도세자의 궁녀가 30년 동안이나 정절을 지키며 어렵게 살고 있다는 것을 알게 되었다. 아들 정조가 얼마나 감동했겠는가? 정조는 이씨에게 종이품의 작위를 내리고 그녀의 집 앞에 '수칙이씨지가守則李氏之家'라는 편액을 달게 했는데, 호조의 당상관과 한성부윤에게 직접 가서 편액을 다는 것을 감독하라고까지 명했다. 그리고 쌀과 비단을 넉넉히 주어 이씨가 편히 살도록 했다고 한다. 본능과 욕구에 충실한 것이 인간이지만, 자연스러운 욕망을 억누르고 자신의 믿음과 본분을 끝까지 지켜내는 것 또한 인간이다. 모순적이지만 현실이 그러하다.

4

스 핑 신 근
캔 크 하 엄
들 빛 들 한
        의

남녀가 같이 섞여 있다 보면 자연스럽게 스캔들도 일어난다. 구중
궁궐이라고 그렇지 않았을까? 오히려 강력하게 억압된 성적 욕망
이 더욱 다양한 방식으로 표출되지 않았을까? 궁궐 안에서 생활하
는 환관과 궁녀 들뿐 아니라 조정의 신하들도 남녀상열지사에서
자유로울 수 없었다. 인위적으로 외부와 단절된 상황에서 자연스
러운 욕망을 어떻게 풀어나갈지 고민했던 옛 조상들의 일화들을
살펴보자.

나랏님 계신 궁궐이라도 한다면 한다

세종 26년(1444년) 수강궁에서 숙직을 서던 진
무 문승유가 효도라는 여인에게 남복을 입혀
숙직소로 데려와 사통을 하다가 발각되었다.
남녀상열지사를 막기 위해 환관들에게 거세
까지 시키는 궁궐에서 이런 일을 벌이다니, 정말 대단한 조상님이
다. 이 희대의 사건을 놓고 의금부에서는 문승유를 교수형에 처해

야 한다고 주장했다. 하지만 세종은 문승유가 태조의 첫 아내로 정종과 태종의 생모인 신의왕후의 친척이라는 이유로 형을 감하여 관노로 삼았다.

사헌부와 사간원의 대간들이 들고 일어났다. "감히 대궐 안에서 음행을 저지른 문승유를 국법대로 처벌하지 않으면 강상의 도리가 무너질 것"이라며 거세게 반발했다. "자신의 연인을 몰래 들여 음탕한 짓을 하는데 다른 짓이라고 못하겠느냐"면서, "이는 왕을 업신여기고 능멸한 것이니 엄벌을 내려야 한다"고 주장했다.

그럼에도 세종은 대간들의 의견을 받아들이지 않았다. 문승유가 왕비의 외척이어서 그랬는지, 아니면 늦은 밤 궁궐에서 숙직을 하면서 느끼는 독수공방(!)에 대한 이해와 배려였는지는 알 수 없다. 학문을 좋아하기로 유명한 세종도 여색을 멀리하지는 않았으니, 아마도 신하의 철없는 실수 정도로 넘기고 싶지 않았을까?

감히 넘버원 앞에서…… 간 큰 신하들

궁궐 안에서 신하가 음행을 벌이다 들킨 '무엄한' 사례가 또 있다. 『조선왕조실록』 성종 20년(1489년) 8월 15일 기사에 성종이 의정부와 육조판서 등의 대신들과 함께 장악원에서 달구경을 했다고 되어 있다. "은례恩禮가 심히 융성하였고 여러 신하가 회음會飮하였다."라고 쓰인 것을 보면 이날 술자리가 조금 거했나 보다. 그런데 마침 검은 구름이 달을 가리며 어두워지자 승지 조극치가 기생을 데리고 청사에서 음행을 했다고 한다.

승지 조극치는 무인 출신으로 그해 5월에 우승지로 임명된 사람이다. 요즘 식으로 표현하면 군인 출신으로 청와대 비서관이나 수

석 비서관에 해당하는 보직에 임명된 것이다. 술을 먹고 분위기가 오르자 무인 특유의 일단 저지르고 보자는 기질이 발동했을까? 아마도 옆에서 술 시중 들던 기생을 끌고 가 으슥한 곳에서 정사를 치르다 들켰으리라.

이후 별다른 기록이 없는 것을 보면 조극치 사건은 해프닝 정도로 넘어간 것 같다. 실제로 조극치는 그 후에도 승승장구하여 3년 뒤에는 평안도 병마절도사에 임명되었다. 그리고 연산군 때에도 전라도 병마절도사에 임명되는 등 관운이 좋았다.

조극치의 사례에서 볼 수 있듯 성종은 신하들의 연애 사건에 상당히 너그러웠던 것 같다. 성종의 관대함을 입증하는 또 하나의 사례가 조선 후기 민담집인 『금계필담』에 수록되어 있다. 어느 날 성종이 내시 한 명만 데리고 밤중에 홍문관을 방문했다. 아끼던 조위가 숙직 서는 것을 알고 위로나 해줄까 하고 찾아갔던 것인데 그곳에서 뜻밖의 사건을 목격했다.

책을 읽고 있던 조위에게 웬 궁녀가 들이닥쳤다. 평소 조위를 사모했다는 궁녀의 일방적인 구애에 조위는 거절도 해봤지만 결국 못 이기는 척하고 사고를 쳤다. 스릴 넘치는 가운데 관계를 맺은 탓인지 조위와 궁녀는 일을 치른 후 곧장 곯아떨어졌다. 한밤중에 일어난 에로스를 지켜본 성종은 "조위에게 자신이 입고 있던 외투를 덮어주라"고 내관에게 지시했다. 세종이 밤늦게까지 공부하다 깜빡 잠든 신숙주에게 옷을 덮어준 일화를 떠올렸으리라.

다음 날 아침 조위는 자신이 덮고 있는 어의御衣를 보고 깜짝 놀랐으리라. 그는 바로 왕 앞으로 달려와 이실직고하며 죽음을 청했다. 궁녀가 왕 이외의 남자와 간통하면 남녀 모두 참형에 처하는 것이 법이었으니 말이다. 더욱이 왕이 현장을 목격했으니 입이 열 개라도 할 말이 없었으리라. 하지만 성종은 "뭐 그럴 수도 있지." 하며 쿨하게 넘어갔다. 쿨을 넘어 콜드하기까지 했던 임금과 달리 신하들은 그렇지 못했다. 성종뿐 아니라 신숙주의 손자인 신종호도 그날 밤에 현장을 목격했던 것이다.

삼괴당 신종호는 세 번의 과거 시험에서 모두 장원급제를 했을 정도로 전도유망한 신하요, 올곧은 선비였다. 그런 신종호가 조위 스캔들의 목격자였으니 성종도 난감했을 터. 그런데 성종은 이 난제를 해결했다. 성종의 재치는 그가 조선의 성군 중 한 사람으로 꼽힌다는 사실에 고개를 끄덕이게 한다.

여자 문제를 여자로 풀어낸 성종의 재치 우선 성종은 신종호를 평안도 암행어사로 임명했다. 그러면서 넌지시 이야기했다. "평안도에는 미인이 많다는데 조심하게." 그리고는 평안도관찰사에게 어여쁜 기생을 뽑아 신종호에게 접근시키라고 명했다. 아무것도 모르는 신종호는 숙소에서 쉬고 있다가 어디선가 들려오는 여인의 울음소리에 이끌려 관찰사가 보낸 옥매향이라는 기생을 만났다. 엄청난 미모의 옥매향에게 반한 신종호는 왕의 지시도 잊어버리고 자신의 신분을 밝힌 뒤 만리장성을 쌓고 말았다. 헤어지면서는 정표로 부채까지 선물했다. 꽃뱀에게 물린 전형적인 케이스다.

임지에서 돌아온 신종호는 성종을 보자마자 즉각 죄를 청했다. 암행어사가 자신의 신분을 밝히고 여인을 취했으니 엄연히 위법이었다. 하지만 성종은 "젊은 나이에 다 그럴 수 있다"며, "지난번 조위의 일도 똑같은 일이니 모두 덮어두자"고 했다. 기생 옥매향을 이용해 신종호에게 남녀 간의 일은 어쩔 수 없음을 경험케 한 것이다. 성종은 두 사람의 죄를 덮어주는 것은 물론 조위와 궁녀, 신종호와 옥매향이 함께 살 수 있도록 해줬다고 한다. 정말 인간미 넘치는(!) 군주다. 자신도 호색으로 유명했으니 신하들의 스캔들에 유연하게 대처할 수 있었던 게 아닐까. 가재는 게 편이라 했으니 말이다.

연애소설 읽다 반성문 쓴 김조순

김조순은 문장이 뛰어나 초계문신으로 발탁된 뒤 정조의 총애를 받았다. 정조의 아들 순조의 장인이 된 그는 영안부원군에 봉해졌고, 그를 중심으로 조선 후기를 어지럽게 장식한 안동 김씨의 세도정치가 시작되었다. 그런 김조순이 이상황, 남공철, 심상규 등과 예문관에서 함께 숙직하던 중 『평산냉연』 같은 패관소설을 보다가 정조에게 들켜 파직당한 일이 있었다. 『평산냉연』은 재주와 미모가 뛰어난 여주인공 산대와 냉강설이 서생 연백함, 평여형과 혼인하는 내용으로, 지금의 로맨스 소설과 비슷했다.

아끼는 신하가 패관잡문이나 보고 있다니, 정조는 화가 치솟았다. 신하들에게 일종의 반성문을 써 올리라고 했는데 김조순의 글이 명문이었다. 정조는 글월이 훌륭하다며 그를 용서해주었고, 다른 신하의 반성문도 칭찬하며 죄를 면해주었다. 그리고 이 사건이 정조가 실시한 문체반정文體反正의 계기가 되었다. 문체반정은 당시 유행하던 패관잡문이나 소설의 문체를 배척하고 옛 유교 경전의 문체로 환원시키려는 일종의 문화적 복고 조치였다.

개혁 군주 정조가 문체반정을 실시한 데는 조선의 통치 이념인 성리학을 더욱 확고히 함으로써 왕권을 강화하겠다는 의도가 깔려 있었다. 하지만 이미 유행하기 시작한 야담과 소설의 도도한 흐름을 막을 수는 없었다. 문화와 문체라는 것은 시대의 풍조를 반영하는 것으로 억지로 되돌릴 수 없다. 아무리 근엄한 성리학자라도 연애소설에 담긴 인간의 본능과 본성을 외면하고서는 사람을 논할 수 없는 법이다.

5

조선 시대에는 반가의 여성들에게 수많은 제약을 가했다. '남녀칠
세부동석'이라는 슬로건으로 인해 남녀가 한자리에 있는 것이 기
피되었고, 심지어 부부 사이에서도 안채와 사랑채를 구별하여 따
로 생활하도록 했다. 여인들은 외출할 때 얼굴을 가려야 했고, 사
방이 트인 가마를 이용할 수 없었다. 심지어 세종 때에는 남녀가
다른 길을 써야 한다는 주장도 있었고, 왕의 친경親耕 행사 때 구
경 나온 여인들과 군인들이 눈이 맞을까 하여 아예 여인들이 길가
에 나오는 것을 엄금하려고도 했다. 과부의 재혼을 금지했고, 재혼
한 여성의 자식은 벼슬길에 나가지 못하게 했다. 이처럼 여성들에
게 엄격했던 조선 시대와는 달리 고려 시대에는 여성들이 자유롭
게 재혼했고, 삼국 시대에도 비교적 개방적 분위기였다.

아이 일곱 데리고 재혼해
충선왕비가 된 순비 허씨

고려 26대 왕 충선왕의 순비
허씨는 원래 왕족인 평양공 왕

현의 아내였다. 왕현이 죽자 충선왕과 재혼하여 비가 되었는데, 왕
현과의 사이에서 낳은 자식이 딸 넷에 아들 셋, 무려 일곱이었다.
아이 일곱을 데리고 재혼해 왕비가 되었다니, 지금으로서도 쉽게
이해하기 힘들지만 고려 시대에는 가능했다. 고려 사람들은 왕족이
나 일반인이나 여성의 재혼에 대해 그다지 문제삼지 않았다. 아이
여럿 딸린 과부가 아니더라도 비로 삼을 여성은 많았을 것이다. 충
선왕이 허씨를 아내로 맞이한 것을 보면 그녀에게 특별한 무엇이
있었나 보다. 허씨는 충선왕과의 사이에선 소생이 없었다.

　이처럼 최고 권력자들이 처녀가 아닌 미망인과 결혼한 사례는
고려 시대에는 그리 드물지 않았다. 고려 무신정권 당시 아버지 최
충헌으로부터 무소불위의 권력을 물려받은 최우도 그랬다. 그는
여몽전쟁이 시작되고 얼마 되지 않아 당시 홀어미였던 상장군 대
집성의 딸을 후처로 맞이했다. 왕에 버금가는 권력을 쥐고 있던 최
우마저도 과부와 재혼하는 것에 별다른 거부감을 갖지 않았던 것
이다. 조선의 사대부들이 보면 놀라 뒤로 넘어질 일이지만 어쩌면
이런 분위기가 우리 역사에서 오히려 '대세'였다. 여성을 지나치게
억압하고 인간 본연의 성性을 터부시한 조선 시대가 특이했던 것
이지, 그 이전의 우리 선조들은 남녀의 욕망에 지극히 관대했다.

세 번 결혼, 그중 두 번은 왕비

고려 시대에는 여성의 재혼이 별반 문제가 되
지 않았지만 그렇다고 해서 인륜을 벗어나는
경우까지 허용되었던 것은 아니다. 이런 사례
중 하나가 충선왕과 숙창원비의 경우다. 숙창
원비의 성은 김씨로 처음에는 최문이라는 선비에게 시집갔으나

남편을 잃고 어린 나이에 과부가 되었다. 나이도 젊은 데다 미모가 워낙 출중했던 그녀를 충선왕이 세자 시절에 발탁하여 아버지 충렬왕의 후궁으로 들여보내 숙창원비로 봉했다.

　문제는 충렬왕이 죽고 나서 생겼다. 왕이 된 충선왕이 그녀의 미모를 탐하여 자신의 후궁으로 삼으려 했던 것이다. 과부가 재혼하는 것이야 아무런 문제가 되지 않겠지만 아버지의 후궁과 재혼하는 것은 인륜을 저버린 패륜이 아닐 수 없다. 한마디로 새어머니와 결혼하겠다는 것이 아닌가! 아니나 다를까, 감찰규정으로 있던 우탁이 흰옷 차림에 도끼를 들고 거적자리를 멘 채 궁궐 앞으로 와서 충선왕의 행태를 비난하는 상소를 올렸다. 왕을 보좌하던 신하들이 두려움에 떨면서 감히 글을 읽지 못하자 우탁은 "신하가 임금의 잘못을 바로 고하지 못해 왕으로 하여금 이런 추악한 일을 저지르게 했으니 신하 된 자로서 그 죄를 어떻게 할 것인가!"라고 질타했다. 이에 신하들은 두려워 벌벌 떨었고 왕도 부끄러운 기색을 보였다고,『고려사』는 전한다.

　여하튼 우탁의 반대에도 불구하고 충선왕은 숙창원비를 후궁으로 맞아들이고 숙비淑妃로 봉했다. 논란 속에 2대를 섬기는 후궁이 된 그녀는 충선왕의 총애를 믿고 사치를 일삼으며 정사를 문란하게 했다고 한다. 미모가 얼마나 뛰어났으면 아버지와 아들이 인륜도 무시하고 아내로 맞이하려 했을까? 남들은 한 번 되기도 힘든 비의 자리에 두 번씩이나 오른 화려한 삶, 지금 봐도 가히 부러워할 만하지만 그런 그녀가 진정 행복했는지는 알 수 없다.

"열녀? 재혼만 안 했어도!" 조선 시대에 접어들자 여성의 재혼에 대한 인식이 달라졌다. 어린 나이에 청상과부가 되더라도 재혼하지 않고 정절을 지킬 것을 강요당했다. 재혼을 하면 그 자식에게까지 엄청난 불이익을 주었다. 세종 때 일본인 어부들을 죽이고 왜구라고 거짓 보고한 죄로 처형당한 여도 천호 최완의 첩 도야지의 사연을 통해 여성의 재혼을 터부시한 조선 시대의 단면을 들여다볼 수 있다.

최완이 의금부에 갇히자 도야지는 한양에 올라와 정성껏 옥바라지를 했다. 심지어 옥졸에게 부탁하여 옥 안으로 들어가 최완의 수갑을 풀고 옷을 바꿔 입혀 탈출시키기까지 했다. 결국 최완이 잡히고 처형당하면서 희대의 탈주극도 끝났지만, 연인을 살리겠다는 그 강렬한 의지에는 감복하지 않을 수 없다. 최완이 죽은 뒤 도야지는 최완의 고향으로 내려가 화장한 유골을 묻고 최완의 부모를 정성껏 모시고 살았다. 압권은 도야지의 절개다. 최완이 죽기 직전 고맙다며 볼을 맞댔다는 이유로 3년 동안 볼을 씻지 않았고, 최완의 머리카락과 손발톱을 항상 주머니에 지니고 다녔다.

경상도관찰사의 보고가 올라오자 세종은 처음에는 무슨 상을 줄지 논의하라고 하더니 며칠 뒤에 "그녀가 최완을 위해 정성을 다하였으나 재가하였으니 상을 내리지 말라." 하며 말을 바꾼다. 이렇듯 조선 시대에는 아무리 열녀라 하더라도 재혼을 하면 그간의 정성과 노력이 마치 '쇼'였던 것처럼 폄하되는 일이 다반사였다. 세종 때 부사정 박신의 처는 박신이 병으로 죽자 스스로 목을 찔러 따라 죽었다. 그런데도 세종은 그녀가 재가한 몸이었다는 이유로 포상하지 말라고 했다. 세종도 이 정도였으니 일반인들의 눈에 재혼한 여성이 어떻게 보였을지 불 보듯 뻔하다.

"어미가 세 번 결혼했으니 아니 되오!" 심지어 결혼을 세 번하거나 음란한 행실을 한 여인들을 기록해 사헌부에서 따로 관리했는데, 이 문서를 '자녀안恣女案'이라 했다. 자녀안에 오르면 가문에 큰 불명예가 되는 것은 물론, 자식들의 과거나 출세에 걸림돌이 되었다.

문종 즉위년(1450년), 중국에 사은사謝恩使를 보내면서 김한을 판통례원사로 삼았다. 그런데 그의 어머니가 세 번 개가하여 자녀안에 올랐다며 이를 사간원에서 극력으로 반대했다. 결국 의정부에서 높은 직책이 아니니 김한의 임명에 문제가 없다고 하여 간신히 넘어갔다고 한다.

세조 13년(1467년)에 의정부 좌참찬에 제수된 김개 역시 어머니가 세 번 결혼하여 자녀안에 오른 경우다. 역시나 사헌부에서 연이어 상소를 올렸다. "자기 집을 바르게 제가하지 못하면서 어떻게 인심을 복종시킬 수 있겠는가!" 한마디로 '그런 막돼먹은(!) 집안에서 무엇을 배웠겠느냐'는 뜻이었다. 하지만 세조는 자신의 뜻을 꺾지 않았다.

여성의 재혼을 막고 자식들에게까지 그 굴레를 대물림했던 조선의 사대부들. 자신들은 서너 명의 첩을 두고 마음껏 인생을 즐기면서 여성에게는 일방적인 절개를 강요한 것은 지극히 여성 차별적인, 남성 중심의 사고와 행동 양식이라 하겠다. 이러한 위선적 발상의 극치를 소개한다. 연산군 때 과부의 재가를 허용해야 한다고 올라온 상소를 접한 어느 조정 중신의 코멘트다. "혹 담장을 넘은 자에게 위협을 당해 절개를 잃는다 하더라도 이 또한 음부淫婦이니 통렬하게 법으로 다스려야 하옵니다." 억지로 성폭행을 당했는데도 "음탕하여 절개를 지키지 못한 것이니 범죄자와 같다"고 여긴 잘못된 인식에 그저 어안이 벙벙할 따름이다.

1호차:
묻지마 승객들

6

세
스
스
캔
들

발
칵
뒤
집
은

조
선
을

조선 사회는 엄격한 유교 원리에 입각한 일부일처제 사회였다. 하지만 이는 명목상이었지 실제 조선 사회는 축첩 제도와 기생 제도가 존재하는 일부일처다첩제 사회였다. 그렇기에 사대부 남자들은 자신의 성적 욕망을 마음대로 발산할 수 있었다. 반면 여성에게는 여러 가지 사회적 제약을 덮어씌워 인간의 자연스러운 본능을 억제하도록 강요했다. 하지만 성적 본능이라는 것은 억누른다고 사라지는 것이 아님을 거듭 확인하지 않았던가. 오히려 억압하면 할수록 용수철처럼 튀어 오르는 반발 강도는 더욱 거세지기 마련이다. 그래서 조선 시대에는 표면적으로는 절제와 중용의 분위기가 지배했지만 내부를 들여다보면 충격적인 섹스 스캔들이 지속적으로 일어났다.

육감동과 어을우동, 누가 이들에게 돌을 던지랴?

1985년, 이장호 감독의 《어우동》이라는 영화가 개봉됐다. 조선의

53

어우동, 정확히는 어을우동이라는 여인을 소재로 한 에로 영화로, 배우 이보희가 주연했다. 3년 뒤인 1988년에는 유감동이라는 여인의 실화를 소재로 한 《감동》이라는 영화가 나왔다. 역시 이보희 주연이었다. 두 영화의 소재가 된 어을우동과 유감동은 성에 엄격했던 조선 사회를 지진처럼 뒤흔들었던 섹스 스캔들의 주인공들이다. 얼마나 사회적 파장이 컸던지 『조선왕조실록』에 이들의 사건이 기록되고 왕과 신하들이 그녀들의 처벌을 놓고 논쟁을 벌이기도 했다.

세종 때 엄청난 섹스 스캔들을 일으킨 유감동은 명예 서울시장에 해당되는 검한성 유귀수의 딸로 평강현감 최중기에게 시집갔다. 그녀는 남편이 무안군수로 부임하자 따라갔다가 병을 이유로 한양으로 올라오던 길에 김여달이라는 남자에게 성폭행을 당했다. 그런데 이 사건 이후로 그녀는 숨겨왔던 자신의 욕망을 아낌없이 발산했다. 김여달과 밀애를 즐기던 유감동은 집을 나와 창기라고 속이며 신분고하를 불문하고 수많은 남자와 정분을 뿌렸다.

정승에서 말단까지 "남자면 OK"

유감동과 관계를 맺은 인물들 중에는 남편 최중기의 매부인 상호군 이효량도 있었다. 우의정을 지낸 정탁은 그녀를 첩으로 삼기까지 했다. 더욱 황당한 것은 정탁의 조카 정효문으로, 유감동이 백부의 첩임을 알면서도 그녀와 간통했다. 이처럼 남자를 가리지 않고 애정 행각을 벌이던 유감동은 결국 사헌부의 레이더에 걸려들었다. 세종은 유감동에 대한 소문을 듣고 그녀뿐 아니라 관계한 관리들도 철저히 조사하라고 명했다.

그런데 사헌부의 조사 결과가 황당했다. 처음에는 총제 정효문, 상호군 이효량, 해주판관 오안로, 전前 도사 이곡, 수정장 장지 등 10여 명이 그녀와 관계했다고 자백하더니 조사가 계속될수록 수가 계속 늘어났다. 결국 행사직 주진자, 판관 유승유, 행수 이견수 등 그 수가 무려 40여 명에 이르렀다. 유감동은 영의정부터 말단 관리, 양반과 천민을 가리지 않고 닥치는 대로 통간했던 것이다.

조사를 마친 뒤 사헌부에서는 유감동을 교수형에 처하자고 주장했다. 세종은 이를 받아들이지 않고 곤장을 친 후 노비로 삼아 변방으로 보내버렸다. 관련된 관리들도 가볍게 처벌한 뒤 얼마 뒤에 대부분 복직시켰다.

어을우동 리스트: 남자들의 이름을 팔과 등에 새기다

조선 시대 섹스 스캔들의 대명사 어을우동 사건은 유감동 사건(1427년)이 일어난 지 53년 뒤인 성종 11년(1480년)에 일어났다. 그녀는 승문원지사 박윤창의 딸로 왕실의 종친인 태강현감 이동의 아내가 되었다. 하지만 은그릇을 만들러 집에 온 장인과 농담을 주고받는 등 행실이 바르지 못하다 하여 친정으로 쫓겨 왔다. 낙심한 어을우동에게 계집종이 "사람이 살면 얼마나 살겠나, 즐기면서 살라"며 오종년이라는 남자를 소개했다고 한다. 한번 길을 트기가 어려웠지 그 이후는 무사통과였다. 그 뒤로 어을우동은 종친인 방산현감 이난, 수산현감 이기, 생원 이승언, 학록 홍찬, 밀성군의 종 지거비, 서리 감의향 등 숱한 남자들과 염문을 뿌리고 다녔다.

재미있는 사실은 어을우동이 일종의 문신광이었다는 것이다.

『성종실록』에 "어을우동이 박강창을 나와서 보고 꼬리를 쳐서 맞아들여 간통을 하였는데, 어을우동이 가장 사랑하여 또 팔뚝에다 이름을 새기었다. [……] 서리 감의향이 길에서 어을우동을 만나자, 희롱하며 따라가서 그의 집에 이르러 간통하였는데, 어을우동이 사랑하여 또 등에다 이름을 새기었다."라고 기록되어 있다. 이렇게 어을우동은 자신이 특별히 아낀 남자들의 이름을 팔뚝이나 등에 새기고 다녔다. 요즘 연인들이 서로의 애정을 확인하기 위해 이름이나 이니셜을 새기듯이 말이다.

이처럼 화려한 남성 편력을 자랑하던 어을우동도 유감동처럼 사헌부에 체포되어 조사를 받았다. 어을우동과 관계했던 남자들의 리스트가 쏟아지면서 그녀의 처벌을 놓고 조정 대신들 간에 의견이 팽팽하게 갈렸다. 정창손, 김국광, 강희맹 등은 유감동의 전례도 있는 만큼 죽여서는 안 된다고 했고, 도승지 김계창 등은 극형에 처해야 한다고 했다. 애정 문제에 관대했던 성종이니 너그럽게 봐줄 수도 있었을 테지만, 웬일인지 어을우동은 교수형에 처해졌다. 어을우동이 종친의 아내임에도 음행을 일삼고, 특히 다른 종친들과 염문을 뿌리고 다니며 왕실과 종친의 얼굴에 먹칠을 했다는 괘씸죄가 적용되었던 것일까? 아니면 성종 대에 이르러 국가 사회의 기본 원리로 뿌리를 내린 유교 이데올로기에 정면으로 도전한 어을우동을 시범 케이스로 징치한 것일까?

조선을 경천동지시킨 이모와 조카의 불륜

성종 때에는 어을우동 사건 외에도 조정을 경악하게 한 간음 사건이 또 하나 있었다. 어을우동 사건 이후 6년 만인 성종 17년(1486년), 이모와 조카가 불륜을 저지르고 아이까지 낳은 사건이 발생했다. 그해 1월 12일, 옥산군 이제가 왕께 아뢰었다. 청상에 과부가 된 덕성군 이민의 후처 구씨가 아이를 낳았다는 충격적인 내용이었다. 종친의 일인지라 발끈한 성종은 의금부로 하여금 이 일을 조사하게 했다. 조사 결과 아이의 아버지는 다름 아닌 구씨 언니의 아들, 즉 조카인 이인언이었다. 이모와 조카가 불륜을 저질렀으니 근친상간이었다.

그런데 조사 과정에서 양쪽의 주장이 엇갈렸다. 구씨는 "조카 이인언이 어느 날 새벽에 갑자기 들어와 통정하고자 하기에 거절하였으나 어쩔 수 없이 당했으며, 그 후 매번 통정을 하게 되어 아이를 배었다"면서 '자신은 성폭행의 피해자'라고 주장했다. 하지만 이인언은 "이모인 구씨가 자신의 허벅지에 난 종기를 문지르면서 성기를 만지는 등 자꾸 성적으로 접근해왔고, 제2의 어우동이 되더라도 할 일은 해야겠다"며 유혹해 사통하게 된 것이라고 반박했다. 누구의 주장이 맞는지는 알 수 없지만 결국 이인언은 교수형에 처해졌다. 하지만 구씨는 처벌 기록이 별도로 남아 있지 않은 것으로 보아 극형은 면했을 것으로 추측된다.

고을 이름을 바꾸게 한 일곱 살 미혼모 사건

영조 43년(1767년), 팔순을 바라보는 영조에게 듣도 보도 못 한 해괴한 사건이 보고됐다. 경상도관찰사 김응순이 "산음현에서 일곱 살 먹은 아이가 사내아이를 낳았다."라고 장계를 올린 것이다. 소식을 접한 중신들은 '그 아이는 괴물'이라며 아이를 죽이자고 했다. 하지만 영조는 "이 역시 나의 백성인데 어찌 무고한 사람을 죽일 수 있는가?"라며 어사를 보내 조사하도록 했다.

조사를 명받은 산음어사 구상이 조사를 마치고 보고한 바에 의하면, 사내아이를 출산한 것은 일곱 살 여아 종단이었다. 종단은 체구가 유난히 커서 열두세 살은 되어 보였다. 종단의 어미와 이웃 사람들에게 확인해 보니 키가 크고 발육이 빠르기는 했지만 확실히 일곱 살이었다. 그렇다면 그녀를 임신시킨 것은 누구였을까? 종단의 언니 이단을 문초한 결과 집에 드나들던 소금 장수 송지명이 범인이었다. 송지명은 23세의 한창때인 청년으로, 소금을 팔러 자주 드나들다가 평소 눈여겨본 종단을 현혹해 아이를 낳게 만든 것이었다. 종단이 덩치는 컸지만 지각이 모자랐다는 기록을 보면 아마도 성조숙증과 약간의 지적장애가 있었던 것으로 추정된다.

일곱 살 아이가 어떻게 임신을 했는지는 현재로서도 잘 이해가 되지 않지만 조정을 발칵 뒤집어놓은 이 사건으로 산음현감은 파직당했고, 송지명, 종단과 그 아들, 종단의 어미 등은 외딴 섬으로 유배를 갔다. 하지만 영조는 이렇게 끝내지 않았다. 산음과 인근한 안음에서 반란을 일으킨 정희량이 태어나고 산음에서 일곱 살 아이가 아이를 낳은 것은 모두 이름이 좋지 않아서 그런 것이니 안음安陰을 안의安義로, 산음山陰을 산청山淸으로 고치도록 했다. 일곱 살 여아가 고을의 이름을 바꾼 것이다.

7

금지된 사랑,
「우리 그냥
사랑하게
해주세요!」

『영조실록』에 "궁인들이 혹 친척이라 핑계하여 일반 가정의 어린 아이를 궁중에 재우고, 혹 대식을 핑계하여 요사한 여자 중이나 천한 과부와 안팎에서 왕래합니다. [……] 그 출입의 방지를 준엄하게 하여 그 왕래하는 길을 끊으소서."라는 사헌부 지평 조현명의 상소가 나온다. 대식對食은 평소 궁 밖으로 나갈 수 없었던 궁녀들이 가족이나 친지를 궁으로 불러 함께 밥을 먹도록 한 면회 제도였는데, 이 기록을 보면 대식이 궁녀들의 동성애의 수단으로 이용됐다는 것을 짐작할 수 있다. 애초 면회를 뜻하다가 나중에는 궁녀들의 동성애를 칭하는 것으로 말뜻이 전성되었다.

보통 궁녀들은 상호 감시를 위해 한 방에 두세 명이 함께 생활했다. 그러다 보니 함께 생활하는 궁녀들끼리 동성애에 빠진 경우가 종종 있었다. 대식을 하면 곤장 백 대나 70대를 때린다는 처벌 조항까지 따로 있었으니, 궁녀들의 동성애는 실로 만연했던 것 같다. 대표적인 동성애 사건은 세종 때 일어났다. 그것도 세종의 며느리인 세자빈이 관련되어 왕실과 조정이 발칵 뒤집혔다.

섹스 스캔들 때문에 며느리 둘을 내쫓은 세종

역사상 최고의 성군으로 인정받고 있는 세종이지만 유달리 세종 때에 성性과 관련된 불미스러운 사건들이 많았다. 더욱이 세종의 며느리 두 명이 모두 이런 부류의 사건으로 폐출됐는데, 우리 역사상 며느리를 두 명이나 내쫓은 왕은 아마 세종이 유일할 것이다. 첫번째 며느리였던 세자빈 김씨는 압승술을 쓴 죄로 폐출되었다. 압승술이란 남편의 사랑을 받을 목적으로 행하는 일종의 민간 비방이다. 훗날 문종이 되는 세자이향이 학문에만 열중하고 자신을 찾아주지 않자 김씨는 시녀를통해 압승술을 배웠다고 한다. 처음에는 세자가 총애하던 궁인들의 신발 조각을 태워 술에 타서 세자에게 먹이려 했지만 뜻을 이루지 못했고, 그런 뒤에 다시 뱀 두 마리가 교접할 때 흐른 정액을 닦은 수건을 차고 있었다. 이를 알게 된 세종이 결국 김씨를 폐출시켰던 것이다.

두번째로 맞이한 며느리는 창녕현감 봉여의 딸이었다. 그런데봉씨는 더 큰 사고를 쳤다. 세자 이향이 여전히 세자빈보다 학문에더 관심이 많았는지, 봉씨는 자신이 데리고 있던 소쌍召雙이라는궁녀와 동성애에 빠졌다. 봉씨는 궁녀 소쌍을 육체적으로뿐만 아니라 정신적으로도 사랑한 듯하다. 소쌍을 늘 곁에 두고 떠나지 못하게 했고 잠자리도 함께했다.

한번은 소쌍이 승휘承徽(세자궁 내명부 하위 품계인 종사품) 권씨의 사비인 단지를 좋아하여 함께 잤는데 세자빈이 석가이라는 나인을 시켜 소쌍과 단지가 서로 어울리지 못하게 했다고 한다. 이를 보면 원래는 소쌍이 동성애를 즐겼던 듯하고 후에 세자빈이 소쌍을 사랑하게 되어 질투심에 다른 여성들과 관계하지 못하게 한 것으로 보인다. 심지어 봉씨는 소쌍과 동침하고 일어나면 궁녀들을 시키지 않고 손수 잠자리를 치웠다 한다. 소쌍에 대한 깊은 사랑이 느껴진다.

비극을 불러온 슬픈 사랑의 노래

세자빈과 궁녀 소쌍의 일이 너무나 공공연한 비밀이 되다 보니 세자 이향은 물론 세종에게까지 알려졌다. 한번은 세자가 소쌍에게 와서 "빈과 함께 자느냐"고 물었고, 소쌍은 그렇다고 대답했다. 결국 세종이 소쌍을 불러 진상을 물었다. 소쌍은 "지난해 동짓날에 빈이 불러 동침을 요구하여 사양했으나, 빈께서 윽박질러 강제로 저의 옷을 빼앗고 남자와 교합하는 형상과 같이 서로 희롱하였다"고 대답했다.

세종이 놀라 세자빈 봉씨에게 하문하니 봉씨는, "소쌍이 단지와 더불어 항상 사랑하고 좋아하여, 밤에 같이 잘 뿐 아니라 낮에도 목을 맞대고 혓바닥을 빨았으며, 자신은 동숙하지 않았다"고 강력하게 부인했다. 하지만 다른 궁인들이 모두 봉씨와 소쌍의 동성애 사실을 고했고, 결국 이번에도 세종은 며느리를 폐출시키고 말았다. 폐출된 봉씨는 친정으로 돌아갔지만 아버지 봉여가 그녀를 목매게 하고 자신도 함께 목매 죽었다. 동성애로 인해 봉씨 집안이 이른바 풍비박산 나고 만 것이다.

봉씨가 증언했듯이 당시 궁녀들은 깊은 밤만이 아니라 환한 낮에도 서로에 대한 애정을 과감하게 표현했던 것 같다. 봉씨의 폐출로 공석이 된 세자빈 자리에는 권승휘가 올랐는데, 원손(훗날 단종)을 출산한 후 사흘 만에 세상을 떠났다. 여자를 멀리하던 문종도 왕위에 오른 지 2년 4개월 만에 죽었고, 그 아들 단종도 숙부 수양대군에게 왕위를 빼앗기고 죽고 말았다. 세종의 며느리 둘이 모두 폐출된 사건은 가문의 비극을 암시하는 전주곡이었을까?

권력의 역사, 남색의 역사

남성들 간의 사랑도 우리 역사 속에서 자주 회자됐다. 이른바 남색男色이다. 동성애를 성애의 일반적인 형태 중 하나로 수용할지, 성적 본능의 왜곡된 형태로 볼 것인지는 각자가 판단할 문제일 것이다. 아무튼 남성들 간의 사랑이 인간의 역사가 시작되면서 함께 시작되었다고 할 수 있을 정도로 오래되었다는 것만은 확실하다. 고대 그리스에서는 미동과 잠자리를 하는 것이 평범한 일이었으며, 이런 전통은 후에 이슬람 문화에서도 나타난다. 중국에서도 남색의 전통이 오래도록 계속되었다. 대표적으로 전국시대 위魏나라 안리왕이 미동 용양군을 상대로 동성애를 즐겼는데, 이를 계기로 '용양龍陽'이라는 말이 남색을 의미하는 말로 쓰이게 됐다.

위왕과 용양군의 동성애와 관련된 고사는 이렇다. 하루는 위왕과 용양군이 함께 낚시를 하는데 용양군이 물고기 10여 마리를 낚더니 갑자기 울기 시작했다. 깜짝 놀란 왕이 이유를 묻자 용양군이 대답하기를, "점점 더 큰 고기를 잡을수록 앞서 잡은 고기를 아끼는 마음이 사라지는 것처럼 지금은 왕의 사랑을 받고 있지만 더 좋은 사람이 나타나면 나는 이미 잡은 물고기와 같은 신세가 아닌가 싫어 눈물이 난다"고 했다. 왕의 사랑을 차지하기 위해 조바심 치는 후궁들처럼 용양군도 왕의 총애가 자신에게서 떠날까 걱정하는 모습을 보이는 바, 역시 사랑에 빠진 이들의 마음은 매한가지인 모양이다.

중국의 사례를 하나 더 들어보자. 한漢나라의 애제와 환관 동현의 이야기다. 애제는 동현을 무척 사랑하여 자신의 수레에 태우고다녔고, 벼슬을 올려 군의 최고 사령관인 대사마에 책봉했다. 이커플도 유명한 일화를 남겼다. 하루는 함께 잠이 들었는데 아마도사랑을 나눈 후였나 보다. 먼저 잠이 깬 애제가 정무를 보러 가려는데 동현이 애제의 팔을 베고 자고 있었다. 애제는 동현을 깨우는것이 싫어 자신의 소맷자락을 칼로 잘랐다고 한다. 애인의 잠을 깨우지 않기 위해 옷소매를 자르다니, 정말 지극한 사랑이다. 이 일화에서 유래된 말이 '소매를 자르는 사랑'이라는 뜻의 '단수지폐斷袖之癖'로, 이 또한 후에 동성애를 지칭하는 표현이 되었다.

미모의 남자를 곱게 꾸며……

우리 역사에도 남성 간 동성애의 증거들이 많이 남아 있다. 논란의 여지가 많지만 신라시대 화랑들 사이에서 동성애가 이뤄졌다는 설이 있다. 아끼던 친구 무관랑이 죽자 이레 동안 슬퍼하다 따라 죽었다는 화랑 사다함. 이 둘은 단순한 친구가 아니라 연인 사이라고보는 것이 맞지 않을까? 하지만 이 이야기가 실린 『화랑세기』필사본이 조작된 것이라는 주장 때문에 화랑들의 동성애가 통설로인정받지는 못하고 있다.

『삼국사기』에도 "미모의 남자를 뽑아 단장시켜 화랑花郞이라 이

름하고 그를 받들게 하니, 무리가 구름떼처럼 모여들었다. 혹은 도
의로써 서로 갈고 닦았으며 혹은 노래로써 서로 즐거워하며 산수
를 유람하고 즐기어 멀리라도 가지 않은 곳이 없었다."라고 기록되
어 있다. 『삼국유사』에 남아 있는 「모죽지랑가」, 「찬기파랑가」의 내
용이 죽은 화랑에 대한 존경보다는 사모의 마음을 표현하고 있는
점도 동성애의 방증이라고 생각된다. 이 때문에 조선 후기의 실학
자 이익은 『성호사설』에서 "미남자를 뽑아 그들을 단장하고 꾸며
서 이름을 화랑이라 하니, [……] 반드시 미남자로서 한 것은, 또한
옛사람이 말한 남색의 유라 하겠다."라며 비난했다.

　동성애자로 강력히 의심되는 신라 시대의 왕이 있다. 신라 36대
왕 혜공왕이다. 일설에 혜공왕은 여자처럼 꾸미고 옷 입기를 좋아
했다고 한다. 『삼국유사』에 이를 뒷받침하는 혜공왕의 탄생 설화
가 실려 있다. 혜공왕의 아버지인 경덕왕은 생식기의 길이가 8촌
(24센티미터)이었는데 아들이 없었다. 그래서 하루는 불국사의 표훈
스님을 찾아가 "하느님에게 청하여 아들을 점지하도록 해주시오."
라고 부탁했다. 표훈이 하늘로 올라가 상제上帝를 보고 와 말했다.
"딸이라면 줄 수 있지만 아들은 줄 수 없다고 합니다." 그러자 왕
은 다시 아들로 바꿔달라고 청했고, 표훈이 다시 하늘로 올라가 상
제를 만나고 와서 "상제께서 말하길, 아들로 바꾸면 나라가 위태
로워진다고 합니다."라고 경고했다. 그래도 왕이 원하여 얻은 아들
이 바로 혜공왕이라는 것이다. 결국 혜공왕은 여자로 태어났어야
할 사람인데 억지로 남자가 되어 여자처럼 행동했고, 나라를 위기
에 빠뜨렸다는 주장이다. 물론 후대에 왕권의 정통성과 관련해 혜
공왕에 관한 이야기를 왜곡 조작해 선전했을 가능성도 배제할 수

없다.

화랑들과 혜공왕이 살았던 신라뿐만 아니라 고구려에서도 동성애의 흔적을 찾아볼 수 있다. 고구려 5대 왕 모본왕의 경우다. 『삼국사기』의 기록을 보면, 모본왕은 성정이 포악해 앉을 때는 언제나 사람을 깔고 앉았으며 누울 때는 사람을 베고 누웠는데, 그 사람이 움직이면 용서 없이 죽였다고 한다. 그런데 이 모본왕은 평소자기가 베고 잤던 두로라는 사람의 칼에 맞아 죽고 만다. 두로는 "나를 쓰다듬으면 임금이요, 나를 학대하면 원수로다."라고 말한 뒤 왕을 죽였다고 한다. 모본왕과 두로가 동성애 관계에 있었고 두로가 질투나 다른 이유로 왕을 살해한 것으로 추측할 수 있다.

남자를 사랑한 왕들, 그 왕의 남자들

삼국 시대에 행해진 남색의 전통은 고려 왕조에 이르러 화려한 정점을 찍는다. 고려 7대 왕 목종은 어머니의 압박으로부터 도피하기 위해 동성애에 탐닉했다. 목종은 19세에 왕위에 오르는데, 어머니 천추태후와 그의 정부 김치양의 힘이 강력해 왕권을 행사하지 못했다. 그 때문일까? 그는 유행간 등과의 동성애에 집착했다. 『고려사』에 "유행간은 용모가 아름다웠다. 목종이 특히 사랑하여 용양의 총애가 있었으니, 벼슬이 갑자기 합문사인으로 뛰어올랐다. 지시할 일이 있으면 먼저 그에게 문의한 다음에 처리했다. 이리하여 왕의 총애를 믿고 매우 교만했다."라고 기록되어 있다. 여기서 '용양의 총애'란 앞서 설명한 위왕과 용양군의 고사에서 유래된 말로, 남성 간 동성애를 지칭한다.

목종은 유행간 외에도 좌사낭중 유충정 등도 총애했고, 동성애자였기 때문에 아내 하나만 두었고 자식은 없었다. 그래서 태조의 손자 대량원군을 다음 왕으로 세우려 했다. 하지만 어머니 천추태후와 김치양이 자신들이 낳은 자식을 왕으로 삼으려 했다. 이에 목종은 강조에게 자신과 대량원군을 보호하도록 명하였으나 오히려 강조에게 죽임을 당하고 말았다. 어머니에 대한 반항으로 동성애라는 일탈 행위를 선택한 것인지 실제로 동성애자였는지는 알 수 없지만 그가 어머니의 욕심 때문에 불우한 생을 살았음은 분명하다.

다음은 고려 26대 왕 충선왕이다. 그 역시 파란만장한 삶을 살았다. 어릴 때부터 원나라에서 자란 그는 어머니 제국대장공주가 일찍 죽고 아버지 충렬왕이 왕위를 양위하여 왕이 된다. 하지만 그는 왕비인 원세조의 손녀 계국대장공주를 멀리하고 고려인인 조비를 아꼈다. 질투가 난 공주가 원에 이 사실을 알리자 원은 조비는 물론 계국대장공주와 충선왕까지 원으로 불러들이고 충렬왕을 다시 복위시켰다.

10년 뒤인 1308년, 충렬왕이 죽자 충선왕이 다시 왕위에 올랐다. 충선왕은 왕위에 오르자마자 다시 원나라로 돌아가 그곳에서 고려를 다스렸다. 고려의 왕이 원나라 수도에서 나라를 다스렸다니 정말 부끄러운 일이 아닌가? 여하튼 충선왕은 원충이라는 신하를 총애했다. 원충은 충선왕이 다시 왕이 되어 원나라로 돌아간 1308년부터 왕을 시종했다고 하니 환관이었던 것으로 짐작된다. 『고려사절요』에 "왕이 남색을 많이 좋아하여, 원충에게는 용양과 같은 총애가 있었는데, 왕이 대언으로 삼으려고 하자 원충이 '나이 어리고 무지해 갑자기 요직에 오르면 놀림을 많이 받을 것이니 다시 사람을 택하시라'며 사양했다. 이에 왕이 성을 내며 벼슬을 낮추었는데, 당시 원충의 나이는 아직 20세가 되지 않았다."라고 기록되어 있다. 원충 역시 용양의 총애, 즉 동성애의 대상이었던 것이다.

'쌍화점'의 비극…… 왜 공민왕은 남자에게 빠졌을까

다음은 공민왕이다. 그의 동성애는 영화화되어 유명해지기도 했다. 초창기 공민왕은 과감한 개혁 정치와 반원 정책으로 조선 후기 정조에 비견되는 개혁 군주로 평가받았다. 하지만 자신의 든든한 정치적 후원자였던 아내 노국대장공주가 난산으로 목숨을 잃은 뒤부터는 완전히 다른 사람이 되고 말았다. 특히 정신병적인 남색 행각으로 유명했는데, 1372년 자제위子弟衛를 설치해 나이 어린 미동들을 뽑아 음란한 행위를 시켰다고 한다. 이들 중 김흥경, 홍륜, 한안, 권진, 홍관, 노선 등이 공민왕의 총애를 받았다.

"항상 자신을 부인 모양으로 화장했다. 먼저 젊은 여종을 방 안으로 불러들여 보자기로 얼굴을 가리고, 김흥경과 홍륜 등을 불러들여 난잡한 행동을 하게 해놓고, 왕은 곁방에서 문틈으로 엿보았다. 그러다가 마음이 동하면 홍륜 등을 침실로 불러들여 마치 남녀 사이와 같이 자기에게 음행을 하게 했다. 이렇게 하기를 수십 명을 바꾸고서야 그쳤다." _『고려사』, 권43

한번은 공민왕이 김흥경, 홍륜, 한안 등을 시켜 후궁 익비를 강간하려 했는데 익비가 거부했다. 그러자 공민왕은 칼을 빼들어 익비를 죽이려 했고, 익비는 결국 강간을 당하고 말았다. 이 일로 익비는 아이를 가졌고, 내시 최만생이 이를 알리자 왕은 홍륜 등을 죽이려 했다. 최만생은 왕이 자신도 죽일까 두려워 홍륜에게 이 사실을 알렸고, 그날 밤 홍륜 등은 침전으로 숨어들어 공민왕을 시해했다.

조선 시대에는 남성 간 동성애의 기록을 찾기 어려운데, 『조선왕조실록』 세종 29년(1447년) 4월 18일 기사에 종친인 이선에 대해 "평상시 집에 있을 때는 방 한 칸을 따로 두고 예쁜 사내종 하나와 함께 거처하기를 처나 첩처럼 하니, 동네에서 그 종을 가리켜 '이 정승의 첩'이라고 부른다. 그 종은 안방에도 거침없이 출입하고 그의 처와 동침까지 하게 되어 추잡한 소리가 밖에까지 들렸다."라고 기록되어 있다. 조선 시대에도 분명 남성 간 동성애가 존재했을 것이다. 엄격한 유학자들의 관점에서 용납할 수 없는 일이었기에 기록 대상에서 제외되었으리라.

2호차: 불량(?) 승객들

2호차는 일종의 보안 구역입니다. 탑승하시기 전에 심호흡을 한 번 하시고 계속해서 경계와 주의를 게을리하지 마시기 바랍니다. 다만 지배 세력이 '불량'이라 찍은 낙인을 무비판적으로 받아들이지 마시고 승객들의 면면을 찬찬히 살펴보시길 부탁드립니다. 걸인, 양아치, 무뢰배 등 사회적으로 소외되고 소속감이 없는, 그래서 무기력하기도 하고 무시무시하기도 한 사람들. 어느 시대 어느 사회에나 이런 승객들은 존재해왔습니다. 특히 조선과 같은 신분제 사회에서는 양반이나 농민이 아닌 이들, 즉 오늘날로 치면 상업, 수공업, 예체능에 종사하는 이들이 모두 '백수'였다고 합니다. 놀랍지 않습니까?

오늘날의 고급 유흥 주점에 해당하는 기방에는 기생들만 있었던 것이 아닙니다. 기방의 운영자, 기생들의 매니저인 왈짜들이 한자리 차지하고 있었습니다. 이들은 대부분 중인층이었는데, 돈은 있는데 출세를 못 하니 먹고 노는 게 일이 된 이들입니다. 왈짜들은 기방의 분위기 메이커 역할을 톡톡히 하고, 가끔 주먹도 써가면서 기방 규율을 유지했습니다. 화려한 버섯일수록 독이 들어 있는 법, 유흥 문화의 번성은 칼과 문신으로 무장한 희대의 조직 폭력 집단, 검계를 낳았습니다. 현대 조폭의 뿌리라 할 만한 이들은 오늘날로 치면 정부서울청사에 해당하는 곳에 난입해 난동을 부릴 만큼 잔악무도하고 대담무쌍했습니다.

2호차에는 이 밖에도 북방에서 온 외국인 노동자 승객들이 탑승해 계십니다. 이들을 만나보면 단일민족국가라는 레토릭이 역사적으로 맞지 않다는 것을 충분히 납득하실 겁니다. 자, 준비되셨습니까?

2호차

1

역사의 뒤안길에 묻힌 사람들

양아치와
건달의
족보 타령

조직폭력배가 자신을 소개하며 '건달'이라고 힘주어 강조하는 장면을 영화에서 한 번쯤 보았을 것이다. 그렇게 말하는 의도와 욕구는 분명하다. '조폭'이라는 단어에서 연상되는 피비린내와 범죄자 낙인을 지우겠다는 것이다. 그리고 '양아치'나 '시정잡배'처럼 격 떨어지는 부류와는 구분되고 싶다는 것이다. 하지만 기를 써서 족보가 다르다고 할수록 사실은 같은 뿌리에서 나왔다는 점을 반증할 뿐이다.

'건달'은 불교에서 유래한 말이다. 'Gandharva'를 음역한 '건달바乾闥婆'에서 나왔다. 건달바는 제석천帝釋天(팔방천의 하나인 동쪽 하늘)에서 노래와 연주를 하며 지낸다. 술과 고기는 먹지 않고 향내만 맡으며 공중으로 날아다닌다. 어원을 보자면 뭔가 신선놀음을 하는 분위기다. 하지만 실제 용법은 '하는 일 없이 노는 사람', '가진 것 없이 난봉을 부리고 돌아다니는 사람', '아무것도 가진 것이 없는 빈털터리'라는 뜻이다. 조폭이 그렇게 질색하는 양아치의 사전적 풀이는 '거지', '품행이 천박하고 못된 짓을 일삼는 사람'이니 오십보백보다. 각각의 의미를 따라 역사적으로 거슬러 올라가면 걸인, 유수, 무뢰배, 왈짜를 만나게 된다. 이들이 한데 모여서 공통분모를 이룬 것이 양아치와 건달인 것이다.

조선 거지들이 사는 법

걸인乞人, 즉 거지는 자기 능력으로 끼니를 해결할 수 없어 남에게 빌어먹고 사는 사람이다. 어느 시대든 걸인은 항상 있었다. 농경 사회에서 흉년이 들면 특히 더했다. 백성을 나라의 근본으로 삼는 왕도정치를 표방한들 뾰족한 수는 없었다. 공적인 구호와 원조가 없으면 스스로 동냥을 다녀야 했다. 걸인들은 집집마다 돌아다니거나 사람이 많이 모이는 곳으로 갔다. 서서히 무리가 만들어졌다. 혼자다니는 것보다 유리해서 의도적으로 모으기도 했고, 어쩌다 보니 자연스럽게 모여들기도 했다.

무리가 형성되자 대내외적으로 힘의 문제가 발생했다. 먼저 외부적으로는, 집단으로 뭉쳐진 힘을 바탕으로 구걸이 아니라 징발을 하게 됐다. 동정심에 기대 수동적으로 기다리는 것이 아니라 위압감을 줘서 능동적으로 뜯어내기도 한 것이다. 떼를 지어 몰려다닐 때는 장타령이나 각설이타령을 부르는 것이 일반적이었다. 사람을 불러 모으거나 위세를 과시하기 위해서였다.

물론 동냥의 대가로 볼거리를 제공했다고도 할 수 있다. 하지만 그쪽으로는 더 전문적인 재인(광대)이 따로 있었다. 영조는 한양의 걸인 무리가 남에게 재물을 요구해 억지로 받아내는 일을 금지했

2호차:
불량(?) 승객들

다. 형편이 크게 나을 것도 없는 일반 백성에게 피해를 줬을 뿐 아니라 양반 세도가를 상대로도 행패를 부렸기 때문이다. 그리고 걸인 무리들은 서로 활동 범위를 조정해서 자신만의 구역을 갖고 있었다. 다른 구역에 들어갈 수 없는 대신, 자기 구역에서는 독점적인 이익을 누렸다.

다음으로 내부적으로는, 무리 안에 상하 내지 주종 관계가 형성됐다. 거지의 우두머리인 왕초나 개수丐帥는 똘마니를 보호하고 통솔한다는 명목으로 군림했다. 반면 똘마니는 왕초에게 상납을 함으로써 자기 몫과 안전을 보장받았다. 해마다 연말이 되면 왕초를 뽑았다. 청계천 일대를 무대로 활약하는 한양의 거지 두목은 힘이 세고 담이 커야 했다. 주먹도 주먹이지만 깡이 있어야 했다. 그래야 수백 명에 이르는 거지 똘마니들을 제압하고 이끌 수 있었다. 요즘 걸인이라 하면 지하철역 계단에 엎드려 손을 내밀고 있는 장면이 떠오른다. 조선의 걸인은 그렇지 않았다. 이미 조폭의 냄새를 솔솔 풍겼다.

노가다도 프리터도 모두 다 백수?

유수遊手는 말 그대로 일정한 직업 없이 노는 사람, 즉 백수白手다. 지금의 실업자와는 조금 다르다. 농업이 산업의 중심이자 어떻게 보면 산업 그 자체였던 조선에서는 농사를 짓지 않고 상업·수공업·예능 등에 종사하는 사람들을 유수로 통칭하곤 했다.

조선 전기부터 특히 문제시된 유수는 승려, 그리고 화척禾尺, 재인才人 등의 백정白丁이었다. 놀고먹으면서 세금이나 군역도 부담하지 않으니 눈엣가시였다. 그래서 승려를 대규모 토목공사에 동원하고, 재인과 화척은 농사를 짓고 군역을 질 때만 공납을 면제하는 정책을 펴기도 했다. 또 다른 유수인 상고商賈, 즉 장사치도 곱게 보이지 않기는 마찬가지였다. 생활필수품도 아닌 물품을 곡식을 받고 팔고 흉년에는 큰 차익을 남긴다는 것이었다.

사정이 이러하니 어리석은 백성들이 유수를 흠모해 농사에 힘쓰지 않고 '놀고먹으려' 하지 않을까 걱정하는 이들이 많았다. 태종 9년(1409년)에 예조좌랑 정효봉은 "근본(농업)을 후하게 하고 말엽(사업·공업)을 누르시어 놀고먹는 무리(유수)를 엄격히 금하소서."라고 글을 올렸다. 태종 17년(1417년)에 전라도관찰사가 올린 글에도 "경작 규모가 줄고 농사짓는 사람이 적어지니 유수가 많아져서 백성의 식량이 부족하다"는 내용이 담겨 있다.

유수를 달리 '한민閑民'이라고도 했는데, 일정한 직업 없이 여러 곳을 옮겨 다니며 품삯을 받고 일하는 부류를 가리켰다. 여기서 일은 농사가 아니라 길흉사, 각종 공사와 온갖 잡일 등을 말한다. 나중에 다시 언급하겠지만, 상여꾼 등의 역할을 맡은 향도계香徒契의 구성원 상당수가 유수였다. 조선에서는 '노가다'와 '프리터freeter'•도 백수였던 것이다.

'하는 일 없이 논다'고 하지만 그 의미를 잘 새겨봐야 할 것 같다. 신분 사회와 농경 사회의 기준으로 보면, 양반도 아닌 것이 농사도 짓지 않고 노비나 머슴도 아니면 일단 '하는 일 없이 노는' 사람의 혐의가 짙었다. 조선 사회의 틀과 규격에서 벗어나면 설령

• '프리free'와 '아르바이터arbeiter'의 합성어로, 특정한 직업 없이 일시적인 일로 생활하는 젊은 층을 일컫는다.

2호차:
불량(?) 승객들

뭔가를 해서 먹고살더라도 노는 사람이라는 딱지가 붙기 쉬웠다. 양반의 일은 벼슬 아니면 공부니까, 평생 성실한 학생이기만 하면 일단 노는 것은 아니었다. 하지만 과거 공부와 담을 쌓은 양반이라면 아무리 신분 사회라도 평가를 달리했다. 이런 부류를 '한량閑良'이라 했는데, 이들 중 일부는 뒤에 살펴볼 왈짜가 된다.

누구나 어떻게든 먹고살아야 한다. 동냥을 나가면 걸인이고 훔치면 도적이다. 그렇다면 유수는 어떤가? 공인된 범주에 들어맞지 않고 고정적이지도 않은 일이지만 '일을 한' 것으로 봐야 하지 않을까? 해결사, 심부름센터 직원, 브로커, 막일꾼 등을 포괄하는 부류가 아니었을까? 일단 노는jobless 사람으로 찍히니 무얼 해도, 소극적으로든idle away 적극적으로든make merry 노는 것으로 비친 게 아닐까? 사실 먹고살려면 사람을 만나고 어울려야 한다. 그냥 빈둥거린다고 해도 텔레비전이나 컴퓨터가 없었으니 방에만 틀어박혀 있지는 않았을 것이다. 딱히 술판이나 투전 등의 놀이판이 아니더라도 끼리끼리 몰려다니는 것이 자연스럽다. 뭔지 모를 수작을 부리면서 뭉쳐 다니는 패거리, 유수의 탄생이다.

이 유수의 성격은 묘하다. 걸인은 아니지만 건실한 직업인도 아니고, 도적떼는 아니지만 행실이 바른 축은 또 아니었다. 그러다 보니 이들에게는 색안경을 낀 시선이 쏠릴 수밖에 없었다. 살다 보면 누구나 사고를 칠 수 있지만, 이들이 저지르는 일은 단순한 실수가 아니라 본성을 입증하는 증거가 되었다. '행동거지로 보아 그럴 줄 알았는데 역시 본색을 드러냈다'는 식이었다. 세상일이 묘한 게, 한번 찍히면 진짜 그런 것이 된다. 어쩌다 보니 그리 됐는데 점점 진짜 그런 사람들이 꼬여든다. 유수 중 일부는 이제 무뢰한無賴

漢으로 진화한다. 무뢰한들이 뭉친 무뢰배無賴輩는 걸인 집단보다 훨씬 폭력적이었다.

돈맛을 본 조선의 해결사, 무뢰배

"무뢰無賴한 유수의 무리들이 향민鄕民으로 재물을 가지고 서울로 들어오는 사람을 유인하여 비록 채소나 닭이나 시초柴草 등의 작은 물건일지라도 모두 거간꾼으로 조종하여 스스로 팔지 못하게 하고 있으므로, 심지어는 서울의 아후兒候·임적林賊이라는 칭호가 있기에 이르렀습니다."

_『조선왕조실록』 영조 25년(1749년) 12월 10일

무뢰배는 쉽게 말해 불량배나 깡패다. '배輩'와 '패牌'는 의미가 확장, 혼용되어 무리와 구성원 둘 모두를 가리킨다. 조선 시대에 무뢰배라는 말은 폭넓게 사용됐다. 사회적 규범이나 규준에서 조금만 벗어난다 싶거나 불온한 낌새가 풍기면 무뢰한이고 무뢰배였다. 유수는 잠재적 무뢰배였다. 그런데 시간이 흐르면서 무뢰배는 점차 특정 집단이나 부류만을 가리키게 됐다. 무뢰배의 특징적 지표는 '위법'과 '폭력'이었다.

어느 시대나 폭력을 휘두르는 패거리들이 있었지만 조선 시대의 무뢰배는 등장 배경이 달랐다. 조선 후기로 접어들면서 상업과 화폐 경제가 발달했고, 자연히 빈부 격차가 심해졌다. 이제 도시는 화려와 비참이 공존하는 욕망의 도가니가 됐다. 막대한 부를 축적하고 소비와 유흥을 즐기는 계층이 등장했는가 하면, 맨몸으로 고향을 등질 수밖에 없는 유민도 급속하게 늘어났다. 돈과 사람이 한

양으로 몰렸다. 좇아서든 떠밀려서든 꾸역꾸역 밀려들었다.

소용돌이가 가장 세찬 곳은 시장판과 술판이었다. 여차하면 난장판, 아수라장으로 돌변했다. 술주정부터 이권 다툼까지 여기저기서 싸움과 혼란이 난무했다. 최소한의 질서를 유지하기 위해서든, 반칙으로 이익을 얻기 위해서든, 강한 주먹이 필요했다. 빈손으로 올라온 사람이 기댈 것도 역시 몸뚱이와 주먹이었다. 주먹만 있으면 할 수 있는 일이 많았다. 아귀다툼 같은 생존경쟁에서 살아남으려면 힘이 필요하다는 소극적 차원에서만이 아니었다. 힘만 있으면 굴러다니는 돈을 언제라도 주워 모을 수 있었다. 주먹을 필요로 하는 곳도 많았고, 주먹으로 돈 벌 기회도 많았다.

『조선왕조실록』 등 기록을 보면, 무뢰배들은 일부 상인과 결탁해 이권을 챙기거나 상인들의 분쟁에 개입했다. 채권 추심이나 추노 업무를 처리했고 해결사 노릇도 했다. 난전 상인은 무뢰배를 고용, 금난전권을 내세우는 시전 상인을 협박과 폭행으로 몰아낸 후 마음대로 시장을 열었다. 그 밖에 강제로 거래를 하게 하거나 못 하게 하기, 빚을 받아내기 위해 채무자를 협박하거나 고문하기, 심지어 관리를 협박하고 폭행해 민원을 해결해주기까지, 무뢰배는 각종 분쟁이나 이권 사업에 개입해 폭력 행사로 문제를 말끔하게 해결했다. 청부를 받았을 뿐 아니라 직접 자기 사무로 나서기도 했다.

폭력 청부 중에는 과거 시험과 관련된 것도 있었다. 조선 후기에는 대리 시험이 횡행하는 등 과거 제도가 엄청나게 혼탁했다. 무뢰배의 해결사 능력이 빛을 발했다. 시험을 대신 쳐주는 것이 아니라 아예 경쟁자를 제거해준 것이다. 첫날에 두각을 나타낸 무과 응시생에게 시비를 걸어 부상을 입히는 식이었다. 무과 시험은 며칠에 걸쳐 치러졌기 때문에 중간에 다치면 시험을 망칠 수밖에 없었다. 청부를 받은 무뢰배는 점찍어둔 응시생들이 머무는 곳에 나타나 행패를 부렸다. 시비가 붙으면 몸싸움을 벌였는데, 이때 육량전으로 갈비뼈를 때려 부상을 입히고 유유히 사라졌다. 육량전六兩箭은 무게가 6냥(240그램)에 달하는 화살촉으로, 제대로 맞으면 뼈가 부러질 수도 있었다. 의뢰인은 강력한 경쟁자들이 제거된 다음 여유롭게 시험을 치렀다.

"시정의 무뢰배들이 나쁜 쌀을 파는 것을 업으로 삼아, 물을 적셔서 불리거나 가는 모래를 섞거나 하며 사기를 자행합니다. 사헌부에서 적발해 처벌한다 해도, 죄는 가볍고 이익은 중하니 조금도 징계되지 않으므로 단속하기 어렵습니다."

_『조선왕조실록』 성종 12년(1481년) 9월 3일

위의 내용처럼 무뢰배는 폭력뿐 아니라 사기에도 연루됐다. 이익을 위해서라면 수단과 방법을 가리지 않았고, 법과 처벌을 두려워하지 않았으며, 급기야 경제 영역까지 직접 진출했다. 조폭은 불량배나 깡패 등 그냥 폭력배가 아니다. 보다 체계적이고 일사불란하며, 더욱 대담하고 잔인하게 폭력을 행사한다. 탈법의 줄타기가 아니라 애초에 불법을 본업으로 삼는다. 무뢰배는 조폭의 세계로 향하는 다리를 빠르게 건너고 있었다.

기방의 분위기 메이커, 왈짜

영화에서 조폭이 듣고 싶어 하던 호칭, 건달에 그나마 가장 가까운 부류가 왈짜다. 사전에 나

오는 뜻은 '말이나 행동이 단정하지 못하고 수선스럽고 거친 사람'
이다. 왈패라고도 한다. 혹자는 왈짜가 '왈자曰者'에서 온 것으로, 말
을 하는 사람을 뜻한다고 주장하는데, 사전에는 오히려 음만 따서
한자로 표기한 것이라 되어 있다. 어쨌든 사전만 봐서는 조폭, 건
달, 왈짜의 연결 고리를 도무지 찾을 수 없다.

　왈짜로 불리던 사람들의 면면을 살펴보면 뭔가 실마리를 얻을
것 같다. 『조선의 뒷골목 풍경』(강명관, 2003)의 내용이 좋은 참고가
된다. 일명 '왈짜타령'이라고도 하는 「무숙이타령」을 글로 적은 국
문소설 『게우사』에 주인공인 김무숙을 비롯해 여러 왈짜들이 등
장한다. 기방에서 호화판 왈짜 놀음이 벌어졌고, 내금위장, 비변랑,
도총 경력, 영문 교련관, 중방, 각사 서리, 역관, 포도청 군관, 대전
별감, 금부나장, 정원사령, 무예별감, 시전 상인, 남촌 한량 등의 왈
짜가 참석한 것이다.

　여기에서 다섯 가지를 알 수 있다. 첫째, 왈짜의 인적 구성을 보
면 중인 계급이 다수다. 둘째, 왈짜는 돈을 잘 쓰고 잘 논다. 즉, 소
비와 유흥이 속성이다. 돈은 있지만 출세하기는 그른 집단이니 열
심히 노는 게 정답이었으리라. 셋째, 기방을 근거지로 한다. 왈짜
의 속성을 충족시킬 수 있는 공간 중 으뜸이 기방이었다. 왈짜는
기방의 고객이자 운영자로서 기방과 떼려야 뗄 수 없는 관계였다.
넷째, 왈짜의 핵심은 별감, 포도청 군관, 의금부 나장 등이다. 운영
자가 되려면 돈과 더불어 주먹이 있어야 했기 때문이다. 기생의 기
둥서방 내지 매니저는 아무나 할 수 없었다. 특히 별감이 가장 두
드러졌다. 근무처가 대궐이었기 때문에 사헌부나 포도청도 이들을
함부로 단속하지 못했다. 주먹뿐 아니라 든든한 '빽'도 있었던 것

이다. 다섯째, 왈짜들은 적극적으로 노는make merry 사람들로, 예능과 밀접한 관련이 있었다. 예능에 종사하는 부류는 가객歌客, 금객琴客, 기생이었고, 그들의 활동 무대는 일차적으로 기방이었다. 그 기방의 운영자가 왈짜였다. 주된 향유 집단인 동시에 유사 흥행 업자의 지위에 있었던 것이다. 한마디로 정리하면, 경제력, 완력, 권력을 합친 힘 있고 흥 많은 부류였다 하겠다.

왈짜를 왈자曰者로 푸는 입장에서도 기방과의 밀접한 관련성을 긍정한다. 다만 『잡인열전』(이수광, 2008)을 보면 논리가 조금 다르다. 조선 초기의 화류 문화는 기생을 옆에 앉혀놓고 술을 따르게 하거나 가야금, 거문고를 타면서 담소를 즐기는 식이었다. 한마디로 '조용히' 놀았다. 그런데 경제 발전과 유흥 문화의 번성으로 풍속이 바뀌었다. 화끈하게 노는 쪽이 대세가 되었다. 분위기를 띄울 사람이 필요했고, 자연히 말하는 사람인 왈짜가 중요해졌다. 음악과 춤이 아무리 훌륭해도 좌중을 휘어잡는 재담이 없으면 썰렁해졌기 때문이다. 왈짜는 '바람잡이 MC 개그맨' 말고도 할 일이 많았다. 기생과 손님을 연결하고 몸값을 흥정하는 일부터 진상 손님을 처리하는 일까지 다방면으로 활약했다. '삐끼', '부킹 웨이터', '뚜쟁이', '기도' 등 여러 업무를 동시에 처리하려면 주먹이 필수였다. 주먹 쓰는 개그맨의 기질이 가장 두드러진 부류는 별감이었다.

조선의 기둥서방은 그런 기둥이 아니야 왈짜의 근거지였던 기방에 관해 좀 더 알아보자. 기방은 관청에 소속된 관기와 관청에서 벗어난 사창들이 성과 술, 음악과 춤을 파는 곳이었다. 기방에는 기생만 있는 것이 아니었다. 기생은 독립적으로 영업한 것이 아니라 배후에 기부妓夫라는 운영자가 있었다. 기생을 관리하는 기생어멈, 밥을 해주는 찬비, 잔심부름을 하는 행랑아범, 중개인 겸 매니저인 조방꾼도 있었다.

기부는 기방을 운영하는 영업권자인 동시에 기생의 보호자이자 매니저였다. 기둥서방이나 광의의 조방助房·助幇꾼(협의의 조방꾼은 기생과 손님을 연결해주는 거간꾼을 가리키는데, 대놓고 말하면 뚜쟁이다)이었는데, 서방, 즉 남편과는 달랐다. 좋게 말하면 기획사 사장이고 나쁘게 말하면 포주였다.

기생은 원래 관청에 소속된 노비다. 말하자면 국가 소유다. 그런데 기부가 왜 필요했을까? 첫째, 지방 기생의 경우 궁중 연회에 참석하는 데 비용이 많이 들었다. 국가에서 별도로 여비를 지급하지 않았기에 자기가 알아서 경비를 대야 했다. 한양까지 교통비도 만만치 않지만 도착해서는 당장 숙식이 문제였다. 이 문제를 해결해준 것이 기부다. 숙식, 의상, 생활비 등을 제공하고 이를 빌미로 기생을 거느리고 영업을 했다. 돈만 있다고 누구나 기부가 될 수 있는 것은 아니었다. 기생이 소속된 관청은 내의원, 상의원, 혜민서, 공조등 네 곳이었고, 기방의 운영자는 몇몇 부류로 지정되어 있었다. 자격을 제한한 이유는 기부가 필요한 두번째 이유와 통한다.

둘째, 기방 영업 중에는 문을 열 때부터 닫을 때까지 수많은 일들이 벌어졌다. 기생 수발 및 관리부터 유흥 분위기를 돋우고 기생과 손님을 연결해주며 진상 손님 처리하는 것까지 모든 일을 해결해야 했다. 아무나 감당할 수 없었다. 기둥서방이라고 하면 기생에게 얹혀 놀고먹는다는 이미지가 강한데 실상은 그렇지 않았다. 유흥에 대한 감각이 있어야 했고, 완력과 권력을 아울러야 했다. 웬만한 사대부도 찍 소리 할 수 없어야 기방과 기생을 온전히 보호할 수 있었다. 이 대목에서 조방꾼으로서 왈짜의 진가가 드러난다. 주로 별감, 포도청 군관, 의금부 나장, 승정원 사령, 종친의 청지기, 군영의 장교 등이 조방꾼 역할을 했다. 이들은 권력 핵심부 가까이에 있어 빽이 든든하고, 사회적 신분이 낮고 벌이가 시원치 않아 부업이 가능하고도 필요하며, 주먹이 세다는 공통점이 있었다.

　상업과 화폐 경제가 발달하면서 중인 계층과 상인들이 큰 부를 축적했다. 이들은 양반들처럼 체면과 격식을 차릴 필요가 없었기에 거리낌 없이 기방을 드나들었다. 한양 체류 경비를 벌어야 했던 기생, 돈 쓸 곳과 오락을 찾던 중인과 상인, 이 둘이 만나면서 화려하고 퇴폐적인 화류 문화가 번성했다. 공급이 수요를 따라가지 못해 급기야 요즘의 길거리 캐스팅 같은 상황도 벌어졌다. 지방 곳곳을 돌아다니며 예쁜 여자아이를 발굴해서 부모에게 돈을 주고 데려오는 식이었다.

기방을 움직인 왕의 남자

별감은 왈짜의 핵심으로 조선 후기 유흥계의 주역이었다. 사실 별감이라 칭하는 대상은 다양했다. 유향소留鄕所의 좌수 다음가는 자리도 별감이고, 하인들끼리도 서로를 별감이라 부르기도 했다. 왈짜를 말할 때는 궁궐에서 일하는 별감만을 가리킨다. 대전별감과 무예별감이 대표적이다. 대전별감은 액정서掖庭署 소속이었다. 액정서는 왕명의 전달과 알현, 왕이 사용하는 붓과 벼루의 공급, 궐문 자물쇠와 열쇠의 관리, 궁궐 내정의 설비 등을 담당했다. 이 액정서의 주력이 별감이었다. 물론 별감은 대전뿐 아니라 왕비전과 동궁전에도 소속되어 있었다. 주로 육체노동을 하는지라 격이 떨어지는 감이 있기는 했지만, 왕을 가까이서 모시는 일이므로 어지간한 양반 못지않게 위세를 떨쳤다. 무예별감은 군관으로 임금의 호위를 맡았다.

「무숙이타령」에 "장안의 유협을 왈짜라 하나니"라는 표현이 나온다. 유협遊俠은 곧 협객俠客으로, 힘으로 남을 돕는 이다. 핵심은 힘, 즉 주먹이다. 강명관 교수에 따르면, 유협은 폭력성에 주목한 표현이다. 실제로 별감에 관한 기록을 찾아보면 '술 먹고 몰려다니면서 깽판 친' 내용이 대다수다. 『조선왕조실록』을 보면 별감이 비슷한 계열의 포졸과 나장 들을 두들겨 팼다는 이야기가 많이 등장한다. 청와대 비서실이나 경호실 소속 말단 직원이 검찰 수사관과 경찰관 들을 마구 때렸다는 말이다.

하지만 별감은 조선 후기 유흥 문화의 주역이라는 점에서 주목할 만하다. 엔터테인먼트계의 큰손으로 판을 짤 힘이 있었다는 점이 핵심이다. 유흥의 소비와 유통을 장악했다고 할까. 출연진 섭외와 구성, 공연 기획 면에서 누구도 그들을 따라올 수 없었다.

조선 후기의 복식 유행을 주도한 그룹도 별감이었다. 별감의 생활은 사치스럽고 소비적이었는데, 특히 옷과 장신구의 꾸밈새에서 잘 드러났다. '조선 시대' 하면 '백의민족'부터 떠오르지만 별감은 그런 편견을 완전히 깨뜨렸다. 톡톡 튀는 개성과 세련된 감각을 자랑하며 유행을 선도했다.

이쯤 되면 앞서 말한 건달의 모습과 유사하지 않은가? '향내를 맡고 노래와 연주를 즐기며 공중을 날아다닌다'는 묘사와 들어맞는 구석이 많다. 물론 공중 발차기를 두고 날아다닌다고 하는 건 억지일 수 있다. 술과 고기를 먹은 것도 다르다. 하지만 건달이라고 들먹일 수 있는 존재는 그나마 왈짜라는 것도 분명하다. 그들은 합법, 탈법, 불법이 겹쳐진 영역에서 활동한, 정부 관리에서 무뢰배까지 포괄하는 독특한 집단이었다.

칼과 문신으로 무장한 조선의 조폭, 검계

무뢰배는 왈짜의 부분집합이다. 왈짜와 무뢰배를 가르는 기준은 폭력의 반사회성이다. 왈짜의 기본도 주먹이지만 적어도 그들은 반사회적인 범죄를 저지르지는 않았다. 폭력이 살인, 강도, 강간 등으로 이어지면 무뢰배와 검계가 된다. 검계는 무뢰배의 부분집합이다. 무뢰배가 비밀 조직을 결성해 칼을 들고 설친다? 그들이 곧 검계劍契다.

검계는 『조선왕조실록』 숙종 10년(1684년) 2월 12일 기사에 처음 등장한다. 좌의정 민정중이 "서울 시내의 무뢰배가 결성한 검계가 사사로이 진법을 익히며 백성들을 두렵게 하고 있으니 체포해 처벌해야 한다"는 내용의 보고를 올렸다. 한번 상상해보자. 대낮에 서울 한복판에서 깍두기 머리의 험상궂은 거구들이 편을 나눠 쇠파이프와 회칼을 휘두르며 패싸움 훈련을 한다. 심장이 떨리고 온몸이 오그라들어 구경이라도 제대로 하겠는가? 눈을 내리깔고 자리를 피하기 바쁠 것이다.

민정중은 2월 18일에 검계를 체포한 결과를 보고했다. "포도청에 간힌 검계 10여 인 가운데에서 가장 패악한 자는 칼로 살을 깎고 가슴을 베기까지 하여 흉악한 짓을 하는 것이 그지없다 합니다.

2호차:
불량(?) 승객들

느슨히 다스려서 그 무리가 번성하게 되면 걱정이 이루 말할 수 없을 것이니, 우두머리는 중한 법으로 처결하고 붙좇은 무리는 차등을 두어 속히 죄를 다스리는 것이 좋겠습니다."

2월 25일에는 검계의 기원 등에 관한 조사 결과를 보고했다. "무뢰배가 무리를 맺어 횡행하는 것은 이미 포도청에서 잡아 다스렸습니다. 그것의 기원을 따져보니 사실은 향도계에서 말미암은 것이었습니다. 향도계는 백성이 계를 맺어 무리를 모아 장례를 치르기 위한 것인데, 사대부와 종친 들도 많이 들었습니다. 그런데 무리를 모을 때 그 사람이 착한지 악한지 묻지 않고 다 거두어들였다고 합니다. 그런 까닭에, 보통 때에는 형세에 의지해 폐단을 일으키고, 상여를 멜 때는 소란을 피우면서 다투고 때리며 못 하는 짓이 없으며, 도가都家라 하여 매우 비밀하게 맺어 망명한 자를 불러 모은 곳이 되었습니다. 먼저 금지령을 내려 향도계를 죄다 폐지하고 그 도가를 헐어서 폐단의 근원을 끊어야 합니다. 그리고 향약의 법에 따라 장례는 각 동네 안에서 서로 돕게 해야 합니다."

향도계는 유수를 말할 때도 잠깐 등장했던, 장례를 치르기 위해 결성한 계를 말한다. 장례에는 비용과 일손이 많이 필요하니 평소에 얼마씩 금전을 걸었다가 누군가 상을 당하면 비용을 보태주고 일도 도와주려는 의도로 만들어졌다. 그러나 장례식장을 둘러싼 이권 다툼이나 상조 회사의 난립에서 알 수 있듯이, 돈이 많이 돌아다니는 장례의 특성상 돈 냄새를 맡은 이들이 꼬이기 마련이다. 돈을 두고 다툼이 벌어지고, 결국 법이나 주먹이 개입한다. 그리고 법보다는 늘 주먹이 먼저다.

도가都家는 향도계의 사무소 내지 관리센터 격으로, 주먹과 어깨들을 불러 모았다. 향도계 내의 다양한 업무를 처리하기 위해 유수들을 뽑는 와중에 '덩치'들까지 고용한 것이다. 개중에는 범법자도 섞여 있었다. 도가로서는 물리력이 필요했고 범죄자로서도 안전한 은신처가 필요했으니 이해관계가 맞아떨어졌다. 이런 이들의 수가 점점 늘면서 생겨난 도가 내부의 비밀 조직이 바로 검계였다.

그렇다면 민정중의 처방대로 향도계와 도가를 없앤 후에는 검계가 바로 사라졌을까? 아니다. 영조 대에 이르러 검계가 다시 활개를 쳤고, 포도대장 장붕익이 대대적인 소탕 작전을 펼쳤다는 기록이 있다. 검계는 몸의 칼자국으로 자신과 남을 구별했기 때문에 표식이 있는 자들을 모두 잡아 죽이자 마침내 사라졌다고 한다. 어쩌면 요즘과 그렇게 똑같을까. 조폭의 용 문신에 해당하는 것이 검계의 칼자국이다. 조폭은 문신을 대내외적으로 두루 사용한다. 대외적으로는 과시나 위압의 수단이고, 자기들끼리는 신원 확인 및 소속감 고취뿐 아니라 서열 표시 용도로 활용한다. 문신 부위와 용의 모양, 크기와 수 등을 따지는 것이다. 검계도 마찬가지였다. 수사당국의 대응도 그때나 지금이나 비슷하다. 칼자국으로 검계를 찾아낸 것처럼, 지금도 문신 여부로 용의자를 선별하고, 체포된 피의자를 언론에 공개할 때는 일단 웃통부터 벗긴다.

깍두기 머리에 야구방망이? 검계 스타일은 삿갓에 창포검

검계는 무예의 달인으로 검술 솜씨가 아주 뛰어났다. 허리에 창포검을 찼고, 삿갓을 깊이 눌러썼다. 창포검은 겉으로 볼 때 막대기나 지팡이 같지만 안에는 칼이 들어 있었으니, 요즘의 회칼이나 야구방망이보다는 세련됐다. 삿갓에는 깊숙이 눌러써도 바깥을 살필 수 있도록 구멍이 두 개 뚫려 있었다. 검계는 일반인들과 다른 일상을 살았다. 낮에는 자고 밤에만 활동했고, 안에는 비단옷을 입고 밖에는 낡은 옷을 걸쳤으며, 비가 오면 짚신을 신고 맑은 날에는 나막신을 신었다.

밤낮이 바뀌는 것은 활동의 속성상 크게 이상할 것이 없다. 눈에 확 띄는 비단옷을 피한 것도 범죄자의 심리나 비밀 조직의 생리를 생각하면 당연하다. 그래도 좋은 옷은 걸치고 싶어 안에라도 입은 것은 인간적이라 수긍이 간다. 하지만 짚신과 나막신을 바꿔 신은 이유는 도대체 모르겠다. 청개구리처럼 반대로 하고 싶었던 걸까? 그냥 튀고 싶어었던 걸까? 둘 다였는지도 모르겠다.

삿갓에 창포검부터가 범상치 않다. 복장의 기능적 장점과 필요성은 충분히 짐작이 간다. 문제는 전형적인 스타일로 굳어지는 순간 도리어 튄다는 점이다. 아주 많이. 깍두기 머리, 검은 정장, 도대체 어디서 구하는지 궁금하기 그지없는 화려한 색과 무늬의 셔츠, 금목걸이…… 오늘날 조폭들의 '고전적인' 패션이 떠오르는 대목이다.

희대의 검계 이영, 칼 들고 조정에 난입!

이영은 영조 대의 검계로, 출신이 얼자다. 첩의 자식을 서얼이라고 하는데, 첩인 어미가 양인이면 서자, 기생이나 여종 등 천인이면 얼자라 했다. 서얼이다 보니 가정에서는 구박덩어리에 찬밥이었고, 사회에서는 출셋길이 막혔다. 기방을 돌며 왈짜들과 어울리는 것이 낙이었다. 그러다 무뢰배와 결탁하게 됐고, 마침내 검계를 조직했다. 검계를 결성한 뒤 청파동이나 남산 등지에서 훈련했으며, 강령까지 만들었다. 간단하지만 무시무시한 것이었다. "양반들을 살육하고 재물을 약탈하며 양반 부녀자들을 겁탈한다."

검계는 뚜렷한 직업이나 마땅한 수입이 없어 주로 기방에서 뒷배를 봐주는 것으로 경제 문제를 해결했다. 조폭이 유흥가를 기반으로 활동하는 것과 비슷하다. 이영 역시 관리하는 기방이 있었고, 서방 노릇을 해주던 기생도 있었다. 일이 없으면 기생 방에서 죽치고 지냈다. 기생 입장에서 이영은 그저 매니저였을 뿐 연인으로는 내키지 않았다. 검계는 왈짜에 비해 재담에도 능하지 않았고, 풍류나 예능에도 문외한이었다. 매일 술이나 마셔대니 재미있을 리 없었다. 그러던 중에 기생이 공조의 낭관(정오품 정랑과 정육품 좌랑의 통칭)과 눈이 맞았다. 손님으로 맞은 것이 아니라 연애를 했다. 기둥서방 이영이 이를 알아채자 기생은 공조로 도망가서 낭관에게 사정을 말하고 숨었다. 하지만 가만히 있을 이영이 아니었다.

칼을 들고 직소(당직실)에 난입한 이영. 칼을 휘두르며 당장 기생을 내놓으라고 소리를 질렀다. 관원들은 깜짝 놀라 몸을 피했다. 칼을 들고 여기저기 휘저으니 경비를 서던 이졸吏卒들이 모두 겁에 질려 사방으로 흩어졌다. 공조를 한바탕 뒤집어엎은 이영은 끝내 기생을 찾지 못하자 달아났다. 조폭이 애인을 찾겠다며 회칼을 들고 정부종합청사 전체를 휘젓고 다니다 도주한 사건이랄까? 이 일은 즉각 왕에게 보고됐고(『조선왕조실록』 영조 14년(1783년) 8월 27일 기사에 보고 내용이 실려 있다), 검거령이 떨어졌다. 하지만 그 뒤로 이영이 어떻게 됐는지는 기록되어 있지 않다.

2호차:
결랑(?) 승객들

포도대장 장붕익, 검계의 아킬레스건을 끊다

이영처럼 간이 배 밖에 나온 검계도 감히 대적하지 못한 이가 있었으니, 바로 포도대장 장붕익이었다. 장붕익은 영조의 명으로 '검계와의 전쟁'을 진두지휘하면서 검계를 그야말로 발본색원한 '저승사자'였다. 저인망식 검거로 무뢰배를 잡아들였고, 검계로 판정되면 발뒤꿈치의 힘줄을 베는 형벌을 시행했다. 아킬레스건을 끊으면 제대로 걷지 못하고 평생 장애인으로 살아야 했다. 다시는 무뢰배나 검계가 될 수 없었다. 영화《친구》에서 조폭이 사용하던 수법을 오히려 조폭인 검계에게 사용한 것이다.

영조 대에는 형벌의 남용을 막기 위해 형구의 규격을 엄격하게 지정했고, 자자형(얼룩이나 팔뚝에 흠을 내 먹물로 죄명을 새기는 형벌)도 전면 폐지했다. 그런데 장붕익은 조선 전기에 없어졌던 단근형(발뒤꿈치의 힘줄을 끊는 형벌)을 다시 시행했다. 그만큼 검계를 척결하겠다는 의지가 강했다. 무뢰배들은 장붕익에게 자객을 보낼 정도로 극렬하게 저항했지만 소용없었다. 『광문자전』에 한창때 하도 난폭하게 날뛰어서 '표망동'이라는 별명이 붙었던 무뢰배 표철주 이야기가 나온다. 표철주는 "장붕익을 피해 오랫동안 도피 생활을 했건만 죽으면 저승에서 만날까 봐 죽지도 못하겠다"고 푸념을 늘어놓는다. 그만큼 장붕익은 검계에게 공포의 대상이었다.

장붕익 이후, 검계의 운명은?

그러나 검계는 끈질겼다. 순조 3년(1803년) 8월 9일, 사간 이동식이 올린 상소문에 검계가 다시 등장한다.

"문무백관이 게으르고 법의 기강이 해이해지면서 검계의 이름이 나오기에 이르렀습니다. [……] 무뢰한 무리들이 사람들을 불러 모아 무리를 이루고, 소와 송아지를 팔아 검을 차고 다니며, 하늘을 두렵게 여기지 않습니다. 돈을 추렴하여 개와 돼지를 잡지 않는 날이 없으며, 약탈을 생계로 삼고, 무리하게 침범하는 것을 장기로 삼고 있습니다. 심지어 고관의 집에 침입하여 재상을 꾸짖어 욕보이고, 깊은 규방에 돌입하여 부녀자를 때리는 등 행패를 부리고 있습니다."

조폭들이 누차 강조하듯이 검계도 나름 역사와 전통을 자랑하는 듯하다. 그러나 검계는 역사의 계승자가 아니라 변종일 뿐이다. 오로지 범죄만을 위해 특화된 이들에게 역사와 전통은 없다.

2호차:
불량(?) 승객들

2

백정,
북방에서 온
외국인
노동자들

고기는 좋아하면서 왜 고기 죽는 사람은 멸시할까

'단일민족국가'. 우리 민족의 장점과 우수성을 이야기할 때 상투적으로 등장하는 문구다. 어릴 때부터 들어서인지 입에도 착 달라붙는다. 30대 이상이라면 다들 그럴 것이다. 지금 생각하면 그것이 왜 우수성과 연관되는지, 정말 피가 같다는 건지 같아야 한다는 건지 의문이 든다. 혈통의 순수성과 우수성을 강조하는 것의 숨은 뜻을 파악하고 싶다면 히틀러의 나치 시대를 떠올려보라.

그나마 요즘은 덜한 편이다. 세계화 시대이기도 하지만, '다문화 가정'이라는 용어가 낯설지 않을 정도로 세태가 변했다. 그러면 최근 들어서야 사정이 달라진 것일까?

지금은 거의 쓰지 않는 말이지만 옛날에는 도축업에 종사하는 사람을 흔히 '백정'이라고 불렀다. 백정은 천대받던 계층, 기피되던 집단이었다. 망나니를 떠올리며 섬뜩하게 여기기도 했다. 아직도 좋지 않은 어감이 남아 있어서, 말이나 행동이 막된 사람을 욕하며 '개백정'이라고 한다. 요즘처럼 매일 고기반찬을 먹는 시절에 도무지 이해되지 않는 일이지만, '백정 집안과는 혼인할 수 없다'는 이들도 여전히 있다.

고려에서는 '백성=백정'

이희근의 『백정, 외면당하는 역사의 진실』(책 밭, 2013)의 도움을 받아 백정의 역사를 추적해 보자. 고려 시대에는 백정이 도축업 종사자가 아니라 가장 광범위한 일반 백성을 뜻했다. 16~60세의 성인 남자 丁男 중에서 특수한 신역이나 직역을 부담하는 사람을 정호丁戶라고 했다. 정호가 아닌 일반 농민이 바로 백정白丁이었다. 조선 시대에 들어와서는 일반 농민을 평민, 양인, 백성 등으로 불렀다.

조선은 건국 이후 물적 기반의 확충을 위해 노비를 제외한 모든 사람들을 일률적으로 양인良人으로 간주했다. 보다 많은 사람들로부터 세금을 거두기 위해서였다. 이에 따라 양인인지 천인인지 판별하기 어려운 사람, 양인 남자와 천인 여자가 결혼해서 낳은 자식도 양인으로 분류됐다. 따라서 조선 초기의 양인에는 다양한 계층이 포함됐다. 주축인 상민常民뿐 아니라 위로는 문무 관료부터 아래로는 신량역천인身良役賤人에 이르기까지 모두 양인이었다.

하지만 다 같은 양인은 아니었다. 실제 사회생활에서는 엄청난 신분 차별이 존재했다. '신량역천인'은 법적 신분은 양인이지만 주어진 구실이 천한 계층이었다. 양인 확대 정책을 펼 때 양천을 구분할 수 없는 경우 양인 신분은 인정했지만 일반인이 꺼리는 힘들고 천한 일을 맡겼던 것이다. 천한 일을 하니 천한 존재로 대하는

2호차:
불량(?) 승객들

일이 다반사였다. 지금도 주위에서 이런 경우를 숱하게 볼 수 있다. 세상인심의 고약한 구석은 세월이 흘러도 바뀌지 않나 보다.

직업에는 능 귀천이 '있다'? 조선의 3D 업종들

대표적인 신량역천인은 일곱 가지 천역, 즉 칠반천역七般賤役에 종사하던 칠반전인七般賤人이다. 관리의 호위·수행이나 형을 집행하는 조례, 죄인에게 매를 때리거나 압송하는 나장, 관아나 역의 잡무에 종사하는 일수, 배를 타거나 수리하는 조군과 수군, 봉화를 올리는 일을 하는 봉군, 역에서 일하는 역보 들이다. 이들이 하던 일은 고되긴 하지만 그래도 어엿한 국가의 역이었다. 일반인과 섞여 살았고 신분 상승의 기회도 있었다.

하지만 일반인이 아예 상종조차 하지 않는 부류가 있었다. 하는 일도 마음에 들지 않지만 사람 자체가 뭔가 다르다고 여겼다. '천한 일을 하는 데다 사람까지 별나니' 기피하다 못해 경멸하기까지 했다. 그러면 무엇이 그렇게 달랐을까?

"우리나라의 재인과 백정은 그 선조가 오랑캐의 종족입니다. 그래서 말을 잘 타거나 활을 잘 쏠 뿐만 아니라 천성이 모두 사납고 용맹스러워 걸어 다니면서 짐승을 잡는 데 익숙하여 예사로 여깁니다."
_『조선왕조실록』 성종 22년(1491년) 4월 23일

이 기록에서 두 가지를 알 수 있다. 첫째, 백정이 고려 시대와 다른 의미로 사용되고 있다. 일반 농민층이 아니라 특정 집단을 지칭하

고 있다. 둘째, 백정의 선조를 오랑캐, 즉 북방 출신으로 보고 있다. 말갈, 거란, 몽골 등 유목민의 후손이 조선에 집단으로 거주했다는 뜻이다.

북방 출신의 이주민이라니 대체 무슨 말인가? 백정의 의미는 또 어떻게 해서 바뀐 것인가? 기록을 살펴보면 '이류', '이종', '호종', '별종' 등으로 지칭되는 집단이 조선에 살고 있었다. 한결같이 다르다고 강조하는 표현인 걸 보면 분명 배달민족은 아닌 듯하다.

> "화척禾尺, 재인才人, 달단韃靼 등 그 종류가 하나가 아닙니다. [……] 오래된 자는 5백여 년이며, 가까운 자는 수백 년이나 됩니다. 본래 우리 족속이 아니므로 옛날 풍속을 바꾸지 않고 서로 모여 살며 자기들끼리만 결혼합니다." _『조선왕조실록』 세조 2년(1456년) 3월 28일

화척, 재인, 달단 등 다양한 이민족 집단이 고려 시대부터 자기 풍속과 혈통을 유지하면서 한반도에 거주했다는 기록이다. '회회인回回人'이라고 불리던 아랍 사람들도 고려 때부터 살고 있었으니 그리 놀랄 일은 아니다. 그렇지만 회회인은 극소수였을 뿐이다.

이름은 고쳐도 차별은 계속된다

화척과 재인이 출신과 직업 때문에 따돌림을 당하자, 아예 일반 백성을 뜻하던 말인 '백정'으로 바꿔 불렀다. 양인을 확대해서 모두를 동등한 일반 백성으로 대우하겠다는 제민화齊民化 정책의 일환이었다.

"재인과 화척은 본래 양인이지만 직업이 천하고 칭호가 특수해 백성들이 모두 다른 종류의 사람으로 보고 그와 혼인하기를 부끄러워하니, 진실로 불쌍하고 민망합니다. 칭호를 백정白丁이라고 고쳐서 평민과 서로 혼인하고 섞여서 살게 하며, 호적을 만들어 이름을 올리고, 밭을 나누어 주어서 농사를 본업으로 하도록 하며, 사냥하는 부역과 버들그릇(유기柳器)과 피물皮物 등의 공물을 면제해주십시오. [……] 만약 농업에 종사하지 않고 이전처럼 생활하면서 이리저리 떠돌아다니면 처벌하십시오."

_『조선왕조실록』 세종 5년(1423년) 10월 8일

하지만 이름만 바꾼다고 해서 될 일이 아니었다. '신新백정'이 등장하자 일반 백성들은 백정이라 불리는 것을 꺼렸다. 즉, 이제 백정은 평민이 아니라 화척(화백정)과 재인(재백정)만을 가리켰다. 평민들은 '백정'이라는 자기 이름표를 내버림으로써 자신들과 신백정을 구별했다. 멸시와 냉대는 계속됐다. '근본이 의심스럽다'는 생각 때문이었다. 뿌리가 어떻기에 그런 반응이 나올까? 기록을 좀 더 찾아보자.

**단일민족?
그러면
백정은?**

"우리나라에는 특별한 종류의 사람이 있는데, 사냥과 유기 만들기가 직업이어서 일반 백성과 다르다. 이들을 백정이라 부르는데, 고려에는 양수척楊水尺이라고 했다."

_『조선왕조실록』 중종 5년(1510년) 8월 4일

"(양수척은) 수초를 따라 옮겨 다녀 사는 곳이 일정하지 않고, 오직 사냥을 일삼고 유기를 엮어 파는 것을 직업으로 삼았다. 기녀妓女의 종족은 본래 유기장이 집에서 나왔다." _『고려사』 권129

"화척은 곧 양수척이다." _『고려사』 권134

"양수척은 고려 초기에 있었는데 몽고의 침입으로 강화 천도(1232년) 했을 때도 있었으며, 재인과 백정은 충렬왕 때(재위 1274~1308년)에 있었는데 공민왕 때(재위 1351~1374년)에도 있었습니다. 멀리는 5~6 백 년, 가까이는 수백 년이 되었습니다. 하지만 현악기를 타며 노래 하는 풍습과 짐승을 잡아 죽이는 일은 지금까지도 고치지 않았습니 다." _『조선왕조실록』 예종 1년(1469년) 6월 29일

사냥과 유기 제조로 살아가던 양수척에서 화척과 재인이 유래했다. 화척은 도축업, 재인은 공연에 좀 더 특화된 집단이다. 재인의 기원을 달단에서 찾기도 하지만 『세조실록』에서 둘을 병기한 것으로 보아 구분된다고 하겠다. 달단은 '달달達達'이라고도 불렸는데, 몽골족의 하나인 타타르Tatar를 가리킨다. 태종과 세종 대의 기록을 보면, 소나 양의 젖을 바치던 수유간酥油干이나 수유적酥油赤에서 이들의 존재를 확인할 수 있다.

　백정의 계보에 관한 어떤 설명도 확증은 없다. 다만 이들이 북방 유목민의 후예로서 생활 방식이 유목민들과 비슷했고, 종족이나 직업에 따라 다양한 이름으로 불리다가 백정으로 통칭됐다는 사실만큼은 분명하다. 백정은 도축업에만 종사했던 것은 아니고, 유

기 제조(고리백정), 공연(광대, 창우), 가죽 가공(갖바치) 등도 업으로 삼았다. 백정이 북방 유목민 계열의 사람들로만 구성된 것도 아니었다. 물론 이희근처럼 그렇게 봐서 조선을 대단한 다민족국가의 반열에 올리는 입장도 있지만 이는 지나친 확대해석이다. 많은 유랑민들이 백정으로 유입되었기 때문이다. 하지만 북방 유목민의 피가 섞여 들어온 것은 분명 사실이므로 단일민족국가, 아니, 단일민족의 신화는 재고의 여지가 있다.

백정 차별이 낳은 태도들, 임꺽정과 장길산

조선 전기의 백정들은 그나마 사정이 나은 편이었다. 조선 후기에는 그들에 대한 통제와 차별이 더욱 심해졌다. 여행과 거주 이전의 자유를 박탈했고, 호적부를 따로 작성해 관리했다. 밀도살에 대한 형벌도 가혹했다. 무엇보다 사회적 차별이 심했다. 주거 공간, 말씨와 행동거지, 옷차림새 등에 대한 규제가 심했고, 혼인, 제사, 장례 때에도 금기가 있었다. 예를 들어 백정은 아이에게도 항상 머리를 숙이고 자기를 소인이라 불러야 했고, 일반인 앞에서는 담배나 술도 할 수 없었다. 규제와 금기를 어기면 지역 주민 전체가 나서서 처벌했다. 순조 9년(1809년)에 개성의 백정이 혼인 잔치 때 관복과 양산을 사용했다며 동네 주민들이 그를 난타하고 집을 부숴 헐어버린 일도 있었다.

실학자 성호 이익은 조선의 3대 도둑으로 홍길동, 임꺽정, 장길산을 꼽았다. 흔히 이들을 조선의 3대 의적이라 한다. 임꺽정은 백정, 장길산은 광대(말하자면 재백정 계열) 출신이었다.

1894년 갑오개혁으로 신분제가 법적으로 폐지됐지만 백정에 대한 사회적 차별은 여전했다. 호적부를 별도로 작성했고, 일반인과 통합 작성하게 됐을 때도 직업란에 별도로 표시를 남겼다. 백정들은 차별에 계속 항의하고 저항했으며, 1920년대에는 백정들의 신분 해방 운동인 형평운동衡平運動이 이어졌다. 오늘날 백정을 비롯한 천민 신분은 더 이상 '법적으로' 존재하지 않는다. 하지만 우리 사회에는 아직도 차별이 엄연히 존재한다. 무수한 신량역천인들이 냉대 속에 묵묵히 일하고 있다. 비정규직, 파견직, 계약직 등 다양한 명찰을 달고, 수많은 을과 병, 정들이 '신성한 노동'을 하고 있다.

2호차:
불량(?) 승객들

3호차: **열차 수사대**

껄렁한 2호차 승객들도 이곳, 3호차에서는 주눅이 팍 들 겁니다. 범죄자를 잡아들이고 벌주는 사람들이 타 있거든요. 칼 들고 설쳐봐야 완장 찬 군기 반장 앞에서는 꼬리를 내리는 법이죠. 호송 중인 강력범, 흉악범들이 보이네요! 드문드문 사이코패스가 천연덕스럽게 앉아 있으니 각별히 조심하십시오. 그래도 베테랑 수사반장과 과학수사대가 동승하고 있다니 안심이 됩니다.

조선 시대의 형사사법刑事司法은 나름 죄형법정주의에 기반을 뒀습니다. 죄인을 처단할 때는 반드시 율령의 조문을 구체적으로 인용해야 했지요. 아무리 왕이라 해도 제멋대로 처벌하진 못했습니다. 형벌은 법으로 미리 정해져 있었지만, 그야말로 뜨거운 맛을 보여주는 것이었습니다. 가둬서 콩밥을 먹이는 것보다 정신을 번쩍 차리게 두들겨 패는 게 낫다는 계산이었을까요? 치도곤을 놓는 장면을 보면 '차라리 몸으로 때우겠다'는 말이 쏙 들어갈 겁니다.

그런데 말입니다…… 우리는 취재, 아니, 조사 과정에서 새로운 사실을 알게 됐습니다. 살인 사건의 경우 합리적이고 신중한 수사와 재판을 위해 오늘날의 '검시'와 '삼심'에 해당하는 제도가 운영된 것입니다. 법의학적 지식이 총동원됐고, 검시의 객관성, 정확성, 공정성을 위한 장치도 마련됐습니다. 그런데 말입니다, 수사와 재판 과정에서 드라마틱한 반전이 거듭된 경우가 많았습니다. 요즘 같으면 TV 시청률과 인터넷 검색어 순위를 휩쓸었을, 상상 초월 잔혹 범죄도 보시게 될 겁니다. 조선판《그것이 알고 싶다》라고나 할까요…….

3호차

1

**"네 죄를
네가 알렷다!"**
TV 사극에 등장하는 익숙한 장면 하나. 동헌 마당에 끌려온 피의자를 내려다보며 고을 사또가 "네 죄를 고하라!" 하며 추궁한다. 원하는 답변을 듣지 못하면 이내 "바른대로 불 때까지 매우 쳐라!" 하고 호령한다. 몇 대 맞다 보면 얼떨결에 피고인이 되어 있다. "네 죄를 네가 알렷다!"라는 일갈과 함께 판결이 내려지고, 곧장 형벌에 따라 더 맞는다. 수사와 재판, 형 집행이 한자리에서 일사천리로 진행된다. 중간에 옥에 갇히는 장면이 추가될 때도 있지만 사정은 마찬가지다. 어차피 피의자와 피고인의 구분이 없고, 사또는 경찰이자 검사이자 판사다. 답은 정해졌으니 너는 그대로 말만 하라는 '답정너'나, 속마음을 들여다보는 '관심법'이 기본 규칙인 것 같다. 이것이 '원님 재판'의 이미지다.

조선도 '죄형법정주의' 조선 시대에는 행정권과 사법권이 명확하게 분리되지 않았다. 검사와 판사도 구분되지 않았다. 행정관이 자신의 직권에 따라 체포하고 심문하며 판결을 내리고 처벌까지 할 수 있었다. 더구나 절대주권자인 왕이 통치하는 나라였다. 하지만 명확하고 엄격한 기준 없이 자의적으로 판결이 내려졌다고 생각하면 그것은 오해다. 일찍이 고려 시대에도 중국 법률을 받아들여 성문법 체계를 갖췄다. 조선의 경우에는 명나라의 『대명률』을 일반법으로 하고 『경국대전』과 『속대전』 등의 고유한 특별법을 편찬해서 적용했다. 『대명률』의 기본은 '죄형법정주의'였다. 즉, "죄인을 처단함에 있어 반드시 율령의 조문을 구체적으로 인용하고, 만약 율문이 수 개조에 달하면 범죄에 적절한 조문만 인용하는 것을 허용한다"고 되어 있다.

죄형법정주의의 기본 원칙이 지켜졌고, 다양한 사법 기구가 법과 원칙에 따라 형사 절차를 진행했다. 죄형법정주의가 선언에만 그친 것이 아니라는 점은 『조선왕조실록』만 찾아봐도 쉽게 확인할 수 있다. 해당 사건에 적용할 법조문이 무엇인지, 관련 법조문을 어떻게 해석해야 하는지 등에 관한 법리 논쟁이 심심찮게 등장한다. 최종 결정권자인 왕도 논의에 적극적으로 참여할 뿐 아니라 그 결론에 따르는 모습을 보인다. 아무리 왕일지라도 처벌을 원한다면 법적 근거를 내세워야 했던 것이다. 적어도 원리상으로는 왕을 비롯한 모든 관리들이 법과 원칙에 따라 사법권을 행사했다고 할 수 있다.

고무줄 같은 죄와 벌

그렇다면 조선 시대 형법과 형벌의 특징은 무엇일까? 『조선후기 국가권력과 범죄 통제』(심재우, 2009)와 『네 죄를 고하여라』(심재우, 2011) 등을 참조해 정리하자면 이렇다. 첫째, 신분 형법이다. 동일한 범죄 행위라도 범죄자와 범죄 대상의 관계에 따라 형량이 크게 달라졌다. 폭행을 예로 들어보자. 자손이 부모나 조부모를 구타하면 목을 베는 참형에 처했다. 존속 폭행은 지금도 가중 처벌한다. 하지만 조선에서는 참형으로 가중 정도가 실로 엄중했다. 존·비속이라는 가족 관계뿐 아니라 사회적 신분과 지위까지 확장해서 고려했다. 노비가 주인을 폭행하면 참형, 양인을 구타하면 일반인들끼리 폭행한 경우보다 한 등급 가중했다. 반대로 양인이 타인의 노비를 폭행하면 한 등급 감경했다. 왕족, 공신, 고급 관료 들에게는 형사 특권이 부여됐다. 범죄 행위를 저질러도 그 범죄에 해당하는 형법으로 처벌받지 않고 죄가 감경됐다. 이렇듯 동일한 범죄 행위에 대해서도 신분에 따라 형벌이 가중되거나 감경되었다.

둘째, 삼강오륜으로 대표되는 유교 윤리가 강하게 반영된 윤리 형법이다. 열 가지 중범죄를 '십악十惡'이라 해서 사면 대상에서 제외했는데, 반역뿐 아니라 가족 윤리나 신분 질서를 침해하는 범죄도 포함됐다. 특히 '효제孝悌'와 '친친親親'의 도리(가족 윤리)를 강조했다. 부모나 조부모를 구하려다 상대방을 폭행·상해하거나 살해할 경우 죄를 감면했다. 뼈가 부러지는 상해 이하이면 아예 처벌하지 않았고, 살인했더라도 장형이나 유형으로 감경했다. 심지어 부모와 조부모의 피살 현장에서 범인을 즉시 살해한 경우 죄를 묻지 않았다. 부자 간의 도리를 침해당했을 때 자손이 사적으로 복수하는 것을 어느 정도 허용한 것이다. 부부 간의 도리도 마찬가지다. 아내와 상대 남자를 간통 현장에서 살해한 경우 무죄, 아내가 남편

의 원수를 갚으려 한 경우 살인해도 장형에 그쳤다. 죽을 만한 패륜
범을 응징했다면 결코 범죄가 아니라는 것이 기본 인식이었다.

맞을 죄, 쫓겨날 죄, 죽을 죄

셋째, 신체에 위해를 가하는 신체형 위주다. 형벌에는 태형, 장형, 도형, 유형, 사형 등 다섯 가지 유형이 있었다. 태형笞刑과 장형杖刑은 볼기를 때리는 형벌로, 매의 규격과 횟수에 차이가 있다. 각각 태와 장으로 때리는데, 태형은 10~50대, 장형은 60~100대다. 둘 다 5등급으로 나뉘며, 한 등급에 10대씩 올라간다.

도형徒刑은 장형에 1~3년의 강제 노역이 6개월 단위로 부가된다. 역시 5등급으로 나뉘는데, '장 60대, 도 1년', '장 70대, 도 1년 6월', 이런 식으로 해서 '장 100대, 도 3년'까지 올라간다. 특정 장소에서 강제 노역을 한다는 점에서 오늘날의 징역형과 유사하다. 다만 장형이라는 신체형이 덧붙는다는 점에서 차이가 있다.

유형流刑은 중죄인을 멀리 유배 보내는 것이다. 흔히 '귀양'이라 하는 것으로, 역시 장 100대의 신체형을 함께 부과했다. 거리에 따라 2천 리, 2천5백 리, 3천 리의 3등급으로 나뉜다. 국토가 넓지 않아 중국의 거리 규정을 그대로 적용할 수는 없었다. 초기에는 거주 지역에 따라 유배 지역을 미리 지정했고, 후기에는 유배지로 바로 가지 않고 빙 둘러 가서 거리를 맞추기도 했다. 유배지는 '삼수갑산'이 일반명사가 될 정도로 함경도나 평안도의 국경 지역이 많았다. 경상도와 전라도의 섬 지방도 자주 이용됐다.

마지막으로 사형死刑은 최고 형벌로 생명형이다. 집행 방법에 따라 밧줄로 목을 옭아매는 교형絞刑과 목을 베는 참형斬刑으로 나뉜

다. 같은 사형이라도 중죄인은 참형에 처했다. 집행 시기에 따른 구분도 있다. 부대시不待時와 대시待時다. 일반적으로는 만물이 소생하고 자라는 봄과 여름을 피해 추분부터 춘분까지만 사형을 집행했다. 대시 집행은 사형이 확정된 후 일정 기간 기다렸다가 추분과 춘분 사이에 따로 날짜를 정해서 집행하는 것이다. 부대시 집행은 사형이 확정되면 즉시 집행하는 것으로 중죄인에게 적용됐다. 일반적인 사형 집행은 대시교, 부대시교, 대시참, 부대시참으로 나뉘었다. 이 밖에 특수한 집행 방법으로 '능지처사' 규정이 있었다 (106쪽 참고). 사형을 제외하고는 모든 형벌이 단독이든 결합이든 신체형이 기본이었다.

넷째, 처벌 규정에 있어 사형의 비율이 높은 엄벌주의다. 18세기 후반의 형법을 보면, 처벌 조문이 전부 2038개인데, 사형을 규정한 조문이 365개로, 거의 18퍼센트에 달한다. 실제 사형 판결과 집행은 그보다 적었지만 법 규정만큼은 엄중했다. 사형에 해당하는 범죄로는 역모와 반란뿐 아니라 살인, 강절도, 성범죄, 폭행과 상해, 위조, 고소와 무고, 방화 등이 있었다. 살인 같은 강력 범죄는 당연했지만, 절도와 폭행 같은 일반 형사사건의 경우에도 사형에 처해질 수 있었다. 왕실의 물건을 훔치거나 노비가 주인을 폭행하면 참형이었다. 사내종이 주인 마나님이나 딸과 간통해도 마찬가지였다. 자손이나 노비가 부모나 주인을 고소하면 그 행위 자체만으로 사형에 처해졌다.

'에이, 경칠 눔'의 기원

형벌 이야기가 나온 김에 좀 더 이야기해보자. 신체형이 기본 형벌이라고 했는데,

신체적으로 '고통'을 주는 것에 그치지 않고 아예 신체 자체를 '훼손'하는 형벌도 있었다. 고대 중국에서는 먹으로 문신을 새겨 넣는 묵형墨刑, 코를 베는 의형劓刑, 발뒤꿈치를 자르는 월형刖刑, 남자의 생식기를 자르는 궁형宮刑 등의 육형肉刑이 집행됐다. 조선에서도 유사한 육형이 일부 시행되다가 영조 대에 공식적으로 폐지됐다.

경형黥刑이나 묵형이라 불리는 자자형刺字刑은 얼굴이나 팔뚝에 죄명을 새겨 넣는 벌인데, 대개 강절도범에게 집행됐다. '경칠 놈'이라는 욕은 바로 여기서 유래한 것이다. 문신을 새기면 그 부위를 천으로 감고 3일 동안 옥에 가둔 뒤 풀어줬다. 먹물이 피부 깊숙이 스며들어 물로 씻거나 입으로 빨아내 지울 수 없을 때까지 기다린 것이다. 월형과 비슷한 단근형斷筋刑은 발뒤꿈치의 힘줄을 끊는 형벌이다. 상습 절도범에게 집행됐는데, 힘줄을 3센티미터 정도 잘랐다. 간혹 멀쩡하게 걷거나 심지어 뛰어다니는 경우가 있어 확인 후에 다시 끊기도 했다.

문제는 자자형과 단근형의 효과였다. 범죄 예방과 재범 방지가 목적이었으나 기대만큼 실효를 거두지 못했다. 강절도는 줄지 않았고, 육형을 받고 다시 범죄를 저지르기도 했다. 특히 재범이 문제였다. 전과자라는 것을 단박에 알 수 있으니 정상적인 사회생활이 불가능했다. 범죄 말고는 달리 살길이 없었다. 낙인 효과가 너무 지나쳐서 오히려 재범을 부추기는 꼴이었다. 결국 실효성은 별로 없고 처벌만 가혹하다 하여 폐지됐다.

고얀 놈! 치도곤 한번 맞아볼려?

'곤장'이나 '치도곤'을 듣도 보도 못한 사람은 드물 것이다. 역사 드라마 속 동헌 마당으로 돌아가보자. 나졸 배역들은 시대를 따지지 않고 으레 삼지창 모양의 당파를 들고 있다. 당파는 임진왜란 때 명나라 군사들이 들고 온 것인데 말이다. 그에 못지않게 아무 때나 등장하는 것이 바로 곤장이다. 준엄하게 "곤장을 매우 쳐라!" 하고 외치는 장면은 아주 익숙하다.

곤장은 태형과 장형을 집행할 때 사용하는 '태'나 '장'과는 다르다. 태는 길이가 1미터 조금 넘고 지름이 1센티미터가 채 안 되는, 회초리 비슷한 것이다. 장은 태보다 지름이 약간 길다. 곤장은 길이가 최소 1.5미터가 넘는다. 생김새도 배의 노처럼 넓적하다. 용도와 규격에 따라 다섯 종류로 나뉘는데 치도곤治盜棍이 가장 넓고 두껍다.

곤장은 임진왜란 무렵부터 사용됐고(그러니 조선 전기에는 곤장이 등장해서는 안 된다), 군법을 집행하거나 도적을 다스리는 기관에 한해서만 허용됐다. 또 하나, 지방 수령에게는 곤장을 치라고 명령할 법적 권한이 없었다. 왜란 이전, 심지어 고려 시대에, 그것도 고을 사또가 곤장을 매우 치라고 목청을 높이는 장면은 틀린 장면인 것이다. 조선 후기에는 수령들이 규정과 상관없이 곤장을 함부로 사용해 물의를 일으키곤 했다. 태나 장과 비교할 때 곤장의 위력은 가공할 만했다. 특히나 악명이 높은 것은 무시무시한 치도곤. 타격이 엄청나서 목숨을 잃거나 다행히 살아도 심각한 후유증에 시달렸다.

알고 보면 더 끔찍한 '육시랄 놈' 사형 집행 방법에는 능지처사, 육시, 부관참시, 사약 등도 있었다. 능지처사陵

遲處死는 교형이나 참형과 함께 법률에 직접 규정된 방법이지만 아주 특수한 경우에만 적용됐다. 흔히 말하는 '능지처참'이다. 능지는 산이나 구릉의 완만한 경사를 말한다. 언덕을 오르듯 가능한 느린 속도로 고통을 극대화하면서 사형에 처한다는 뜻이다. 칼로 천천히 살을 한 점씩 베어내다가 거의 다 도려냈을 때 배를 가른 후 목을 자르는 경우도 있었다. 산 채로 포를 뜨고 각을 뜨는, 실로 끔찍한 형벌이다.

조선에서는 역적, 존속 살해범, 주인 살해범, 집단 살인범, 토막 살인범 등에게 능지처사가 선고되고 거열형이 집행됐다. 죄인의 팔다리와 목을 각기 다른 소달구지에 매달고 끌어서 찢어 죽였다. 거열 후 절단된 머리는 '효시梟示'나 '효수梟首'라 해서 3일 동안 거리에 매달아뒀다. 잘린 팔과 다리는 팔도의 각 지역에서 돌려 보도록 했다.

사형은 산 사람을 죽이는 형벌인데, 대역죄의 경우 이미 죽은 사람에게 집행되기도 했다. 죄인이 죽어버렸다고 끝이 아니며 반드시 형을 집행하겠다는 분노와 의지의 표현이었다. 육시戮屍는 죽은 죄인에 대한 능지처사이고, 부관참시剖棺斬屍는 이미 무덤에 묻힌 시신을 참형하는 것이다. '육시랄 놈'은 알고 보면 무시무시한 욕인 것이다.

역사 드라마에는 사약을 받는 장면도 자주 등장한다. 이는 먹으면 죽는 약死藥이 아니라 왕이 내린 약賜藥이다. 물론 먹으면 죽는 독약이지만 말이다. 법전에 규정된 공식 형벌은 아니었고, 명예롭게 죽을 수 있도록 배려하는 차원에서 집행됐다. 주로 왕실 가족이나 양반 관리들에게 내려졌다.

"사형은 나의 것, 백성은 내 재산"

가장 빈번하게 발생한 사형 범죄는 사람의 목숨과 관련된 것이었다. 인명 사건이 발생하면 종류를 불문하고 왕에게 보고하는 것이 원칙이었다. 사형은 오직 왕만이 내릴 수 있는 형벌이었다. 조선의 왕은 최고 재판관으로서 유일하게 최종 판결권, 사형 결정권, 사면권을 행사했다. 지방 수령은 태형에 해당하는 범죄인만을 직접 처벌할 수 있었다. 관찰사와 형조도 유형 이하의 범죄인까지만 처리했다.

『심리록』은 조선 시대 살인 범죄의 실상을 잘 보여준다. 정조가 사형에 해당하는 중범죄를 직접 심리한 내용을 기록한 일종의 형사 판례집으로, 정치범을 제외한 일반 형사범 가운데 왕의 심리를 거쳐야 하는 사형 범죄 1112건의 내용과 처리 과정을 수록했다. 당시에는 인명 사건을 '살옥殺獄'이라 했는데 살인뿐 아니라 자살도 포함됐다. 자살이라 해도 모욕이나 핍박 등 동기를 제공한 사람은 중죄인으로 간주해 처벌했다.

조선 시대에도 살인 이유는 '술, 여자, 돈'

심재우에 따르면 『심리록』에 나오는 전체 사형 범죄의 90퍼센트가 인명 범죄, 그중 96퍼센트가 살인이다. 그러므로 사형 죄수에 대한 심리와 판결이란 사실상 살인 사건에 대한 재판이었다. 살인 범죄자의 4분의 3 이상은 평민이었다. 사소한 갈등과 우발적 폭행으로 인한 것이 많았다. 다음으로 노름과 빚 등의 재물, 간통과 추문 등 성 문제, 음주 등의 순이었다.

조선 후기로 갈수록 음주 풍조가 만연해져서 술로 소비하는 쌀이 밥으로 먹는 양과 엇비슷할 정도였다. 정조 14년(1790년)에 대사간 홍병성이 "온 나라가 미친 듯이 오로지 술 마시는 것만 일삼고 있습니다."라고 지적한 데서 사태의 심각성을 짐작할 수 있다. 술판이 벌어져 거나하게 취하면 뒤끝이 안 좋기 마련이다. 정조 역시 술, 여색, 재물을 살인 사건의 주요 원인으로 꼽았다.

그리고 보면 오늘날과 별반 다르지 않다. 욱해서 홧김에, 술 먹고 난동을 부리다가, 또는 돈이나 여자 때문에 사람을 죽인 것이다. 기록을 보면 참으로 시답잖은 이유들이 줄줄이 등장한다. 욕을 해서, 반말을 해서, 이름을 함부로 불러서, 말투가 건방져서, 심지어 술을 권하지 않거나 잠을 깨워서 사람을 죽이기도 했다.

유교적 신분 사회라는 구조적 특성 때문에 발생한 살인 사건도 적지 않았다. 남편의 가정 폭력과 아내 살해가 빈번했고, 양반의 사형私刑이나 관리의 남형濫刑도 비중이 높았다.

과학수사대와 수사반장 사이

조선 시대에는 이런 살인 범죄를 어떻게 처리했을까? 의심되는 자를 잡아들여 족쳐서 억지 자백을 받아낸 후에 그냥 목을 벴을까? 체계적인 형법전을 갖추고 죄형법정주의를 천명했다면 수사에서도 일종의 과학성과 합리성을 엿볼 수 있지 않을까?

드라마《별순검》이나 몇몇 영화들을 보면 조선에서도 과학적인 검시와 수사를 시도한 것 같다. 하지만 과대평가는 금물이다. 미드《CSI: 과학수사대》에 나오는 장면들은 사실 21세기 대한민국에서도 기대하기 어렵다. 《그것이 알고 싶다》의 단골 소재 중 하나가 미궁에 빠진 사건이니 말이다.

1970~80년대에 방영된 《수사반장》과 비교해보면 어떨까? 탄성을 자아내는 과학기술도 쓰이지 않고 톡 쏘는 반전의 묘미도 적으며 영드 《셜록》은 고사하고 만화영화 《명탐정 코난》보다도 지적쾌감과 긴장감이 떨어진다. 하지만 사람을 따뜻하게 바라보는 시선, 세상의 진실을 깊고 넓게 이해하려는 자세, 복잡한 문제를 해결하려는 끈질긴 노력, 편견과 예단을 뛰어넘으려는 시도만큼은 좋은 평가를 받을 만하다. 조선의 수사에서 과학수사대의 흔적, 수사반장의 노력을 발견해보자.

시체의 발견, 그다음은?

지금 어디선가 시체屍體가 발견됐다고 하자. 무엇부터 시작해야 할까? 우선 용어부터 정리해야겠다. 주검을 흔히 '사체死體'라 부른다. 법률 문장이나 뉴스 기사에도 등장하지만 실은 일본식 표현이다. 일본어로는 '屍'와 '死'의 발음이 모두 '시し'다. '死'가 간단하니 그냥 '死體'라고 쓰는 것이다. 하지만 사체는 죽은 짐승의 몸뚱이다. 죽은 사람의 몸은 주검이나 시체, 시신이라고 해야 한다. 송장도 맞긴 하지만 혐오스러운 느낌을 준다. 그렇다면 변사체나 익사체도 잘못된 걸까? 아니다. 각각 변사 시체와 익사 시체의 준말이다.

사망은 자연사와 외인사로 대별된다. 자연사自然死는 노쇠나 병으로 인한 사망이다. 외인사外因死는 다시 자살, 타살, 사고사로 나뉜다. 외인사지만 셋 중 무엇인지 구분할 수 없거나, 아예 자연사인지 외인사인지조차 모른다면 불상不詳이다.

범죄의 의심이 가는 외인사나 불상의 사망을 변사變死라고 한다. 변사가 범죄로 인한 것은 아닌지 전체 상황을 조사하는 것이 검시

檢視다. 변사가 의심되는 경우 검사의 지휘로 검시를 해야 한다. 변사체 발견자와 발견 경위, 현장 상황, 사망자의 신원, 유가족과 주변인의 진술, 사망 원인과 종류 등을 두루 조사해 범죄 관련성을 판단한다. 검시 결과 범죄의 혐의가 인정되면 수사가 개시된다.

검시檢屍는 검시檢視의 보조 행위로, 검시관이 시체를 검사하는 것을 말한다. 주검의 외관만 관찰하는 것은 검안檢案, 주검을 해부하고 내부까지 관찰해서 사인 등을 알아내는 것은 부검剖檢이다.

말 없는 시체와 대화하는 법

법의학자 강신몽은 『타살의 흔적』(강신몽, 2010)에서 검시와 법의학적 판단을 임상 의료의 진찰과 진단에 비유한다. 현재의 증상뿐 아니라 과거의 병력까지 물어본 후 여기저기 만지고 들여다보며 필요하다면 여러 가지 검사도 시행하는 것, 이 과정이 '진찰'이다. 의사는 환자의 주관적 호소와 객관적 검사를 종합적으로 판단해 '진단'을 내린다.

변사 사건의 처리 과정도 유사하다. 변사체가 발견된 현장 상황을 조사하고, 목격자의 증언, 유가족과 주변인의 진술, 수사기관의 수사 내용은 물론 진료 기록 등 사망과 관련된 모든 정보를 수집한다. 그리고 시체에 대해 검안과 각종 검사, 부검 등도 시행한다. 임상의 진찰에 해당하는 이 과정이 바로 검시檢視다. 검시 결과를 종합해서 진단, 즉 법의학적 판단을 내린다.

그런데 결정적인 차이가 있다. 환자의 경우와는 달리 변사자의 경우 주관적 호소를 참고할 수 없다. 죽은 자는 말이 없기 때문이다. 변사자의 이야기는 상황 정보가 들려준다. 상황 조사를 하지 않고 시체만으로 판단하면 환자의 호소를 듣지 않고 진단하는 것과 같다. 반대로, 시체는 두고 상황만 본다면 환자의 호소에만 의존해서 진단하는 것이다. 상황 정보(주관적 호소)와 시체 정보(객관적 검사)를 꼼꼼하게 수집해 제대로 종합할 때 올바른 판단을 내릴 수 있다.

조선에서는 원님이 법의학 책임자

조선 시대에도 변사 사건이 발생하면 엄격한 절차를 거쳐 수사가 진행됐다. 특히 변사자의 사망 원인을 정확히 파악하고 확정하기 위해 다양한 법의학적 지식과 방법이 동원됐다.

살인 등 인명 사건이 발생해 관에 신고가 들어오면 즉시 사건 수사를 진행하는 것이 원칙이었다. 1차 조사는 시체가 놓인 지역을 관할하는 관리가 맡았다. 행정권과 수사권, 사법권 등이 명확하게 구분되지 않았기 때문에 행정관이 직접 수사하고 검시까지 해야 했다.

조선 시대에는 검시檢視를 검험檢驗이라고 했다. 한양의 5부는 지금의 구청장쯤 되는 부장이, 지방은 시장·군수에 해당하는 고을 수령이 1차 검험인 초검初檢을 책임졌다. 사건 현장에 관할관이 검험관으로 출동할 때 '응참각인應參各人'이라 불린 아전들을 보조 인력으로 데려갔다. 이들은 시체를 다루는 일부터 관련자 신문까지 제반 실무를 담당했다. 시체를 뒤집고 만지는 일은 오작인仵作人이 맡았다.

사건 수사의 핵심은 크게 두 가지였다. 하나는 사망 원인을 밝히는 것으로, 사망에 이르게 된 직접적 원인인 실인實因을 파악하는

데 주력했다. 다른 하나는 목격자와 관련자들의 진술과 증언을 확보하는 것으로, 유력한 피의자가 체포되면 공초供招를 통해 진술을 받아냈다.

검험 과정은 크게 세 단계로 진행됐다. 관련자들을 신문하고 진술을 받는 초초初招, 실인을 판정하기 위한 법의학적 검시檢屍, 다시 신문하고 진술을 받는 갱초更招의 순서였다. 검시에 앞서 상황 정보를 수집하고, 관련자들을 신문하고, 검시가 끝난 뒤에 다시 부족하거나 의심나는 점을 신문한 것이다. 상황 정보와 시체 정보를 종합적으로 수집해 판단한 셈이다.

이상의 과정을 모두 기록해 검험 보고서인 검안檢案('검험문안檢驗文案'을 줄인 말)에 담았다. 즉, 검안은 지방 수령이 검시와 신문 결과를 종합해 관찰사에게 보고한 사건 수사 보고서였다.

시체가 억울하지 않도록 두 번 볼 것

조사는 한 번에 끝나지 않았다. 조선 시대에는 검시를 두 번 시행하는 복검제를 원칙으로 했다. 객관성과 정확성을 위한 장치였다. 2차 검시인 복검覆檢은 이웃 고을의 수령이 초검 결과와 무관하게 독립적으로 실시했다. 즉, 서로 다른 주체가 정보를 교환하지 않고 초검과 복검을 별도로 진행했다. 초검과 복검의 검안은 한성부나 관찰사를 거쳐 형조에 각각 보고됐다. 초검과 복검의 결과가 일치할 때만 검시가 종결됐다. 그렇지 않거나 문제가 있으면 세 번, 네 번이라도 다시 검시해야 했다. 경우에 따라서는 오검, 육검까지도 실시했고, 검험관들이 모두 모여 합동으로 조사하는 동추同推로 이어지기도 했다. 그래도 결론이나지 않으면 암행어사를 파견해 조사관의 자질과 수사 과정을 살피고 신문했다.

이처럼 겹겹이 보완 장치를 마련해둔 것은 자연과학적 지식이 부족하고, '신체발부수지부모'라 해서 부검을 금기시했던 시대적·사회적 한계 때문일 수 있다. 요즘처럼 한 번의 검시로 언제, 어디서, 누가, 어떻게, 왜 사망했는지 확실하게 알 수 있다면 그렇게 여러 번 검험을 시행할 필요가 없었을 것이다. 하지만 어떻게든 한계를 돌파해 억울한 사람을 만들지 않으려던 의지와 노력만큼은 높이 평가해야 한다.

객관성과 정확성뿐만 아니라 공정성을 확보하기 위한 장치도 마련되어 있었다. 담당 수령이 사건 관련자와 친인척 관계면 다른 지방 수령이 검시를 맡았다. 검험관은 사건 관련자와 사적으로 접촉할 수 없었고, 보조 인력인 아전들도 검험관 곁을 떠날 수 없었다. 청탁이나 뇌물 등에 연루되지 않도록 예방한 것이다. 사건 조사를 게을리하거나 결과를 조작했다가 발각되면 파직되는 동시에 엄벌에 처해졌다.

원님의 엉터리 수사라고 욕하지 마오

조선의 검시(검험) 제도는 상황 정보와 시체 정보를 유기적으로 통합하는 선진 시스템을 갖추었던 것 같다. 수사반장과 과학수사대가 한 몸을 이뤘다고나 할까. 그렇다면 오늘의 대한민국보다 오히려 나았다는 말인가? 그렇지는 않았다. 비전문가인 행정관이 수사를 총괄한다는 것부터 어딘가 미심쩍은데 검시까지 직접 담당했다니, 선진적 통합이 아니라 후진적 미분화라는 말이 맞을 것이다.

　하지만 조선 시대의 수사와 검시가 완전히 엉터리였다고 할 수도 없다. 체계적인 수사·법의학 지침서, 『무원록』이 있었기 때문이다. 실무에서 즉각 활용할 수 있었기에 지방 수령들도 시체를 검시하고 사인을 밝혀 범인을 검거할 수 있었다.

조선 법의학 교과서, 『무원록』

행정관이라면 『무원록』의 내용을 필수적으로 숙지해야 했다. 정조 대에는 정식 시험 과목으로 채택될 정도였다. 수사뿐 아니라 재판(심리)에서도 법전에 버금가는 근거로 활용됐다.

　'무원無冤'은 원통함, 즉 억울함이 없게 하라는 뜻이다. 제목대로 『무원록』에는 원통하고 억울한 피살자, 유가족, 피고인이 없도록 사건의 진상을 정확하게 밝힐 수 있는 법의학적 지식이 담겨 있다. 원나라 왕여가 송나라의 『세원록洗冤錄』과 『평원록平冤錄』 등을 참조해서 편찬한 것인데, 조선에서 본격적으로 활용된 것은 세종 대에 『무원록』에 주석을 단 『신주무원록』을 간행하면서부터였다. 이후 영조 대에 우리 실정과 시대 변화에 맞게 내용을 보완한 『증수무원록』과 『증수무원록대전』을 편찬했다. 정조 대에는 한글로 풀어쓴 『증수무원록언해』를 펴내 널리 보급했는데, 조선에서 누적된 다양한 검시 지식과 수사 기법들이 추가되고 최고의 의학 지식이 반영된, 가장 중요한 법의학 지침서였다.

　『무원록』에는 검시의 기본 자세와 주의 사항, 전체적인 검시 순서와 과정, 검시 요령, 검시 도구, 사망 원인별 특징과 검시 방법 등이 자세히 설명되어 있다. 중독사를 판별하기 위해 은비녀나 닭을 활용하는 방법은 유명하다. 독에 반응하는 은의 성질을 이용, 시체의 입이나 항문에 비녀를 넣어 색이 변하는지 보고, 백반을 시체의 목구멍에 넣었다가 닭에게 먹여 닭이 죽는지를 보았다.

혈흔 찾기, 그쯤이야……

무엇보다 놀라운 것은 혈흔을 찾는 방법이다. 살인 흉기로 의심되는 깨끗한 칼을 숯불로 달군 뒤 고농도의 식초로 칼날을 씻으면 숨었던 핏자국이 선명하게 드러났다. 혈액의 단백질 성분이 산에 노출되면 응고하는 성질을 이용한 것이다. 오늘날 현장 감식 때 루미놀 기법으로 혈흔을 발견하는 것과 유사하다. 루미놀은 혈액 속에서 과산화수소를 작용시키면 파란 형광을 내는 유기 화합물이다. 루미놀과 과산화수소수를 혼합한 용액을 사건 현장에 뿌리면 아주 작은 핏자국이라도 반딧불처럼 빛난다. CSI가 즐겨 쓰는 방법을 조선의 수사관들도 알고 있었던 것이다.

물론 한계는 있었다. 당시에는 부검을 할 수 없었고, 첨단 장비와 과학기술의 도움도 받을 수 없었다. 따라서 검시의 핵심은 시체의 몸 색, 상처나 흔적 등을 육안으로 관찰하는 것이었다. 예를 들어 시체의 얼굴빛이 희면 살해 후 위장한 것으로 여겼다. 사망 후에 목을 조르면 이미 기혈이 통하지 않아 상흔이 검붉거나 붉지 않고 얼굴빛이 희다는 것이다. 얼굴과 전신이 검푸르며 손톱 끝이 까맣고 목구멍과 배가 부풀어 올라 검은색을 띠면 독살로 판단했다. 하지만 독살이 아니라도 시체가 부패하기 시작하면 검게 변한다. 한정된 지식으로 더러 잘못된 판단을 내리기도 했을 것이다.

친자감별법,
그건 좀……

색과 상흔 관찰에만 의존하는 방식을 역이용하는 경우도 많았다. 타살의 흔적을 지우거나 반대로 거짓 연출하는 기술이 등장한 것이다. 살해 후 목맨 자살로 조작한 경우가 특히 많았는데, 이는 판별하기가 무척 어려웠다. 시체의 상태뿐 아니라 목맨 장소와 높이, 끈의 종류와 길이, 주변 정황 등을 살펴야 했다. 오늘날에도 자살 여부를 가리는 것은 그렇게 쉽지 않다고 한다. 어떤 타살이라도 자살처럼 보이게 할 수 있기에 자살의 확증이란 없다는 것이다.

검시는 교묘한 위장과의 싸움이기도 했다. 하지만 조선의 수사관들은 그냥 손 놓고 있지 않았다. 숨겨진 상흔을 찾아내거나 조작된 상흔을 밝혀내는 기술을 점점 발전시킨 것이다. 같은 색도 여러 단계로 나눴고 상흔의 특징도 세밀하게 규정했다. 상처 부위를 직접 손으로 만져 확인하기도 했다. 검시 도구나 재료인 법물法物도 적극 활용했다.

이렇듯 조선 시대에도 진실을 파헤치기 위해 나름 과학적인 방법이 총동원되었다. 끝내 극복할 수 없는 제약 때문에 비과학적으로 흐른 경우도 많았지만 말이다. 대표적인 사례가 피의 응고 현상을 이용한 친자 감별법이다. 아버지의 시체나 뼈에 피를 떨어뜨릴 때 친자의 피는 스며들지만 친자의 것이 아니면 스며들지 않는다거나, 두 사람의 피를 한 그릇에 떨어뜨려 응고되면 친자나 친형제 사이라는 설명은 전혀 근거가 없다.

증거의 왕,
자백

살인 등 인명 사건이 발생하면 수사가 개시되고 검시가 진행된다는 점은 이미 이야기했다.

범인을 체포하고 진상을 밝혀 살인 사건의 수사를 마치려면 크게 두 가지가 필요했다. 상흔과 진술로, 앞에서 살펴본 상흔 못지않게 진술의 비중도 컸다. 진술에는 관련자와 목격자의 증언도 중요했지만 무엇보다 결정적인 것은 범인의 자백이었다. 자백이 있어야 사건이 종결되고 판결과 집행을 할 수 있었다. 형을 확정하기 위해서는 피고인의 자백이 '필수'였다.

자백을 받아내기 위해 다양한 신문 방법이 동원됐다. 대질 신문은 물론이고, 유도 신문과 고신拷訊, 즉 고문까지 이뤄졌다. 오늘날과 달리 고문은 공식적으로 인정된 합법 행위였다. 범죄 혐의자나 범죄자 등 범죄 관련자들은 일단 옥에 가둬서 조사했다. 조선 시대에는 지금의 징역형이 없었다. 따라서 구치소와 교도소의 구분이 없었고, 옥에는 미결수만 있었다. 이들로부터 자백을 얻기 위해 고문이 행해졌다. 자백을 하지 않으면 계속 미결수로 투옥돼 있었다. 제대로 불 때까지 흠씬 맞으면서 말이다.

사형보다 고문으로 죽을 확률이 2배

고문을 할 때는 원칙적으로 신장을 사용했다. 조선 시대에 죄인을 때리는 형구로는 태와 장, 곤장, 그리고 신장이 있었다. 태와 장, 곤장은 앞에서 살펴보았다. 신장訊杖은 태, 장과 길이는 비슷하나 끝이 넓적했다. 처음에는 정강이 부위를 제외한 다리 옆이나 장딴지를 치도록 규정되어 있었으나 나중에는 정강이 부위도 때렸다. 누구나 얼마든지 신장을 칠 수 있었던 것은 아니었다. 지방 수령들은 신장으로 고문할 때 반드시 관찰사의 허락을 받아야 했다. 증거가 명백한데도 자백을 하지 않는 경우에 한해서,

한 번에 30대까지만 때릴 수 있었다.

신장은 형벌 자체가 아니라 자백을 받아내려는 수단이었다. 따라서 죄인이 죽어버리는 물고物故는 피해야 했다. 하지만 정조 대를 기준으로 사형이 집행된 경우보다 심리 과정에서 사망하는 물고의 비율이 2배 이상 높았다. 정조 대에는 사형 범죄에 대한 사형 판결과 집행이 특이할 정도로 적기는 했다. 그래도 형량을 확정하기 전인 추문 과정에서 고문과 기타 사정으로 옥중에서 사망한 경우가 적지 않았다는 것만은 분명하다.

한번 매를 들기가 어렵지, 일단 들었으면 끝장을 보는 게 당연한 속성인 걸까. 신장에도 버티고 불지 않는 피고인을 그냥 둘 수는 없는 법, 다른 고문 방법들도 동원됐다. 허용되지 않은 곤장을 치는 것은 물론이고, 무릎을 꿇리고 그 위에 널을 올리고 짓밟는 압슬형, 숯불에 달군 쇠로 발바닥을 지지는 낙형, 양쪽 엄지발가락을 함께 묶어 매달아 발바닥을 치는 난장, 여러 개의 붉은 몽둥이로 난타하는 주장당문, 다리 사이에 끼운 두 개의 몽둥이를 엇갈리게 벌리는 주리 같은 고문들이 행해졌다. 뿐만 아니다. 나무집게로 급소를 집거나, 곤장의 모서리로 정강이나 발꿈치를 때리거나, 곤장으로 엉덩이를 마찰해 피부가 벗겨지게 하기도 했다.

그중에서 가장 익숙한 것이 아마도 주리일 것이다. TV 드라마에 주리 틀기가 자주 등장하기 때문이다. 주리는 양 발목과 무릎을 묶은 뒤 몽둥이 두 개를 정강이 사이에 끼운 뒤 가위 벌리듯 엇갈리게 벌리는 고문이다. 그런데 이러한 주리는 조선 후기에 등장했다(따라서 삼국 시대나 고려 시대에는 주리를 틀 수 없었다). 그리고 일반 사건이 아니라 도적을 취조할 때만 행해졌다. 물론 곤장처럼 원칙과 상

관없이 남용됐지만 말이다. 주리는 아주 혹독한 고문으로 후유증
이 심각했다. 주리 틀기를 당하면 평생 부모 제사도 모실 수 없을
정도로 거동이 어려웠다고 한다.

3심 재판, 조선에서도 시행 중

살인 사건의 처리 과정은 크게 검시 절차와 검시 이후의 심리 절차로 구분할 수 있다. 검시로 상흔과 실인을 밝혀내고 고신으로 자백까지 받아내면 일단 수사가 마무리됐다. 그러면 형조에서 법률에 따라 형량을 결정해 왕에게 보고한 뒤 재가를 받아 형을 집행했다. 수사만 종결되면 재판은 일사천리로 진행됐다는 말일까? 그렇지 않았다.

조선 시대에도 오늘날의 3심 제도와 비슷한 삼복三覆 제도가 시행됐다. 사형 죄수에 대한 심리를 신중히 하기 위해 세 차례에 걸쳐 반복 심리한 것을 말한다. 심리가 종료되면 왕이 판부判付로 확정 판결을 내렸다. 사형 죄수에 대한 삼복은 이미 고려 문종 대에 시작됐지만 제도적으로 정착된 것은 세종 대에 이르러서였다.

세종 대에 살인 사건 처리의 골격, 즉 수사와 재판의 기본 틀이 마련됐다. 살인 사건의 검시 규정과 지침을 담은 『신주무원록』을 반포하고, 사형 죄수에 대한 삼복 제도를 정비한 것이다. 정조 대에 이르러서는 이것이 더욱 체계화됐고, 실제로도 철저하게 시행됐다. 제도만 번듯하고 실제로 운영하는 사람은 따로 노는 것이 일반적인 현상인데 정조 대에는 그렇지 않았다. 이처럼 조선 시대에도 고신을 제외하면 합리적이고 체계적인 수사와 재판 제도를 갖추고 있었다.

**살인에도
등급 있다**

수사 결과 자살로 밝혀지더라도 끝난 것이 아니
었다. 오늘날에도 자살 교사나 방조 등 자살관
여죄가 있지만, 당시에는 '위핍치사威逼致死(위협
하고 핍박해서 죽게 만든 죄)'라 해서 자살의 원인을 제공한 사람도 처
벌했다. 자살 관여 정도가 아니라 아예 살인의 책임을 물은 것이다.

조선의 일반법인『대명률』은 살인죄를 대체로 여섯 가지로 구분
했다. 즉, 모살, 고살, 투살, 희살, 오살, 과살로 나눴다. 모살謀殺은
계획해서 죽인 것, 고살故殺은 고의적으로 해친 것, 투살鬪殺은 싸
우다가 때려 죽인 것, 희살戱殺은 장난치다가 죽인 것, 오살誤殺은
잘못 알거나 모르고 죽인 것, 과살過殺은 실수로 죽인 것이다.

정약용은 이를 다시 고의를 기준으로 고살, 오살, 투살 등 세 가
지로 분류했다. 죽일 의도를 갖고 죽였으면 고살, 실수로 죽였으면
오살, 다투다가 때려 죽였으면 투살이다. 투살은 경우에 따라 고살
이나 오살이 될 수 있었다.

현대 형법으로 따지자면, 모살과 고살은 둘 다 고의가 있다는 점
에서 고의범, 투살과 희살은 폭행 또는 상해 행위가 결과적으로 사
망으로 이어진 것으로 보아 결과적 가중범, 과살은 과실치사와 유
사하다는 점에서 과실범, 오살은 구성요건적 착오나 과실범의 문
제로 구분할 수 있다.

자살이냐 살인이냐, 살인이면 어떤 유형이냐에 따라 유무죄와
형벌이 달라졌기 때문에 이를 둘러싸고 많은 일들이 벌어졌다. 살
인범은 자신의 범행을 자살이나 등급이 낮은 살인으로 위장하거
나 조작하려고 했다. 수사 당국은 이에 대응해 진상을 밝히기 위해
조사와 심리에 많은 노력을 기울였다. 사건의 실체가 드러난 뒤에

도 어떤 조문을 적용해야 할지 법리 논쟁이 이어졌다. 이와 관련된 대표적인 사건 하나를 살펴보자. 조금 길지만 엎치락뒤치락 반전을 거듭하는 과정이 무척 흥미로울 것이다. 뿐만 아니라 조선의 수사와 재판에 관해 많은 것을 알게 될 것이다.

조선을 뒤흔든 박 소사 살인 사건

정조 9년(1785년), 황해도 평산 관아에 변사 사건에 관한 고발이 들어왔다. "시집온 지 석 달 밖에 안 된 양반가 새댁 박 소사召史('조이'라 읽으며 상민 이하의 부녀자를 일컬음)가 목매고 칼까지 찔려 죽었으나 당국에 알리지 않고 몰래 매장했다"는 내용이었다. 신고자는 딸의 죽음을 미심쩍게 여긴 친정아버지였다. 고발을 접수한 평산 군수는 즉시 초검에 나섰다. 관련자들을 신문하니 진술이 엇갈려서 결국 매장된 시체를 파서 검시하는 굴검까지 실시했다.

검시의 초점은 자살인지 살인인지, 사망 원인이 목매단 것인지 목을 칼로 찌른 것인지 판정하는 것이었다. 목맸는지 목매달렸는지, 칼로 찔렀는지 찔렸는지, 모든 것이 불분명했다. 시체를 보니 두 눈이 감겨 있고 오른손은 부드러웠다. 칼에 찔린 상처는 세 군데. 상처의 너비와 깊이는 목 앞쪽으로 한 곳이 1~2푼(0.3~0.6센티미터), 다른 한 곳은 3~4푼, 목 옆에 난 상처는 푹 꺼져 있었다. 찔린 상처 위쪽에 목맨 자국이 있었다. 직접적인 사망 원인은 식도와 기도를 관통한 자상이었다.

목매려다 연속해서 목을 찔렀다?

평산 군수로서는 자기

스스로 목을 여러 번 연속으로 찔렀다는 것이 선뜻 이해되지 않았다. 관련자들을 다시 신문했다. 시어머니 최아기는 "며느리가 속이 좁고 성격이 소심한 탓"이라 했다. "시댁에 역병이 돌아 한 달 같이 살았을 뿐인데 그새 꾸중을 몇 번 들었다고 목을 맸다"는 것이었다. 그런데 동네 사람들은 오히려 시어머니 최씨가 미심쩍다고 했다. 후처로 들어왔다가 사별한 지 10년이 넘었는데, 평소 행실이 바르지 못했다는 것이다. 계집종 사단은 주인마님인 최씨가 이차망이라는 사내와 몰래 만나는 것을 봤다고까지 진술했다. 뚜렷한 확증은 없었지만 의심스러운 구석이 있어 일단 이차망을 옥에 가뒀다.

신문이 끝나고 시체를 다시 살펴봤다. 손바닥을 보니 칼에 찔리거나 베인 상처가 없었다. 몸에는 줄로 묶인 흔적이 없었다. 칼로 피살됐다고 보기엔 시체 정보가 부합하지 않는 듯했다. 칼에 맞서 반항했으면 손에 상처, 즉 방어흔이 있어야 했다. 만약 몸이 묶인 채로 찔렸다면 줄 자국이 남아 있어야 하는데 몸 어디에도 없었다. 이 모든 것은 『무원록』의 스스로 찌른 조목과 일치했다.

게다가 목맨 것은 사망과 직접적인 관련이 없어 보였다. 높이가 낮아 두 발이 허공에 뜨지 않고 바닥에 닿아 있었다. 줄로 사용한 베도 부드럽고 느슨해서 조임 효과가 있었을지 의문이었다.

초검관인 평산 군수는 이러한 초검 결과를 종합해 자살로 결론을 내렸다. 목매 죽으려다 실패하자 다시 자기 목을 칼로 세 번 찔러 자살했다고 본 것이다. 칼이 무뎌서 두 번은 제대로 찔리지 않았고, 위치를 바꿔 찌르자 비로소 죽음에 이르렀다고 추리했다. 자살 이유로는 시어머니 최씨에 의한 가혹한 시집살이와 며느리 박씨의 소심한 성격을 들었다. "며느리는 시어머니가 행실이 바르지 못해 평판이 나쁘다는 것을 알면서도 그냥 묻어둔 채 잘 모셨다. 하지만 시어머니는 반성하기는커녕 오히려 며느리에게 노여운 감정을 품고 날로 핍박했다. 결국 며느리가 원망하다 못해 자살하고 말았다"는 것이었다. 군수는 최씨를 위핍치사로 다스려야 한다고 의견을 덧붙였다.

두 발이 땅에 닿으면 스스로 목매 죽은 것이 아니다?

여기서 평산 군수의 논거 중 하나를 현대 법의학의 관점에서 검토할 필요가 있다. 우리 역시 군수와 비슷하게 생각할 때가 많기 때문이다. 두 발이 바닥에 닿거나 심지어 앉은 상태에서 목을 매고 있으면 뭔가 부자연스럽게 여겨지고, 자살이라고 하면 선뜻 믿기지 않는다. 강신몽의 『타살의 흔적』, 이윤성의 『법의학의 세계』(이윤성, 2003), 문국진의 『지상아와 새튼이』(문국진, 2011)의 도움을 받아보자.

목이 눌려 질식해 죽는 유형에는 의사縊死(목맴),● 액사扼死(손 조름), 교사絞死(끈 조름) 등 세 가지가 있다. 의사는 완전 의사와 불완전 의사로 나뉜다. 완전 의사는 몸이 완전히 공중에 뜬 상태로 목매달아 죽은 경우, 불완전 의사는 몸의 일부분이 벽이나 바닥에 닿아 있는 경우다. 완전 의사의 경우 사망자의 체중 전체가 끈에 전달되어 목을 강하게 압박한다. 반면 불완전 의사의 경우 체중의 일부만이 목을 압박하는 데 작용한다.

● '縊'는 자전에서 '액'으로 읽지만 '扼死'와 구별하기 위해 본디 훈과 음대로 '목매달 의'라 한다.

한데 체중 전체가 끈에 걸리지 않아도 혈관과 숨통이 막힐 수 있다. 즉, 체중의 극히 일부가 목에 가해져도 사망할 수 있다. 단시간 내에 사망할 정도로 강력한 힘이 아니라도 오랜 시간 지속되면 결국 사망하기 때문이다. 목에 적절한 압박이 가해지고 그 상황이 상당 시간 지속된다면 거의 모든 자세에서 의사가 성립할 수 있다. 목맨 시체가 발견됐을 때 오로지 높이나 자세만을 따져서 자살 여부를 논할 수 없는 이유다.

액사와 교사는 목을 조를 때 손을 사용하느냐, 끈이나 줄을 사용하느냐로 구분한다. 자액사自扼死는 불가능한 반면 자교사自絞死는 가능하다는 것도 흥미로운 차이점이다. 손으로 자기 목을 눌러 죽을 수는 없다. 목을 계속 조르면 의식이 희미해지고, 의식이 급격하게 저하되면 손에 힘이 풀리기 때문이다. 자기 목을 끈으로 졸라 죽을 수는 있다. 목에 끈을 두르고 양쪽 끝을 잡고 조이는 것은 자액사와 마찬가지로 불가능하다. 하지만 끈으로 목을 조인 후 아직 의식이 있을 때 매듭을 묶거나 다른 방법으로 고정하면 사정이 달라진다. 힘이 크지 않더라도 끈에 의한 압력이 목에 가해지고, 충분한 시간이 흐르면 죽음에 이를 수 있다.

복검 결과도 자살……등기가 충분하고 상흔과 진술이 일치

얼마 후에 배천 군수가 복검을 실시했다. 복검 결과도 초검과 비슷했다. 차이가 있다면 칼자국이 네 군데이고, 초검 때 발견됐던 목맨 자국이 눈에 띄지 않았다는 정도였다. 목맨 흔적이 없는 것은 목맬 때 꽉 죄이지 않았기 때문이라고 봤다.

관련자 신문에서는 자살을 뒷받침하는 중요한 진술을 확보했다. 박씨가 실수로 불을 내자 그녀의 행실에 관해 나쁜 소문이 돌았고, 시어머니가 박씨를 심하게 꾸중했다는 것이다. 친정아버지가 사위인 조광선을 협박해 계모 최씨가 아내 박씨를 죽였다고 진술서를 쓰게 했다는 사실도 추가로 밝혀졌다. 따라서 박씨의 남편과 친정아버지가 시어머니의 음란한 행실과 살인 혐의에 관해 진술한 내용은 신빙성이 떨어졌다. 계집종 사단의 진술 역시 마찬가지였다. 주인에 관한 내용이라 증언의 가치가 떨어져 신경 쓰지 않았는데 사단 스스로도 번복했기 때문이다. 이로써 유력한 살인 용의자로 거명되었던 시어머니와 이차망은 혐의를 벗었다.

복검관인 배천 군수는 이러한 복검 결과를 토대로 역시 자살이라고 결론을 내렸다. 갓 시집온 박씨가 실화失火로 부덕婦德이 모자란다는 소문을 듣자 부끄러워 스스로 목을 찔렀다는 것이다. 다만 시어머니 최씨는 위핍치사로 처벌할 만하다고 의견을 보탰다.

관찰사의 최종 결론도 자살…… 이대로 종결?

초검과 복검의 결과를 각각 보고받은 황해도 관찰사 홍병찬 역시 자살로 결론 내렸다. 초검과 복검의 결과가 일치하는 데다 그렇게 보는 것이 가장 합당하고 무리가 없었기 때문이다.

시체 정보를 보면 자살로 기울만도 했다. 목매고 찌른 일이 겹쳐서 실인을 구분하기 어려웠지만 초검과 복검에서 치명적인 자상 흔적을 확인했으니 목맨 것은 사망 원인이 될 수 없었다. 칼자국으로 보자면 『무원록』의 스스로 목을 찌른 조문과 합치했다. 따라서 살인이 아니라 칼로 자살한 사건임이 명백해 보였다.

상황 정보도 마찬가지였다. 채 백 일이 되지 않은 신혼이고 부부 사이도 별 문제가 없었는데 자살까지 한 것은 의문이었다. 하지만 실화에서 비롯된 추문 때문에 분하고 부끄러워 자살한다는 게 전혀 얼토당토않은 소리는 아니었다. 관찰사는 충분히 그럴 수 있다고 봤다. 계집종 사단과 전처소생 조광선의 진술도 믿을 게 못 됐다. 노비와 자식이 주인과 부모에 관해 진술하는 것은 증언의 신빙성이 떨어진다고 생각했기 때문이다. 따라서 시어머니 최씨에게 혐의를 씌우는 그 둘의 진술도 배척됐다.

관찰사는 자살로 사건을 종결하겠다는 의견서를 왕에게 제출했다. 그리고 친정아버지는 사위를 협박해 진술서를 쓰게 한 죄를 물어 형장을 치고 신문했다. 이차망은 범죄의 혐의가 없으나 여러 진술에 등장하는 등 행실이 바르지 않다는 이유로 형장을 친 후 석방했다.

신임 관찰사의 재조사, 누은 채 찔려 죽은 며느리

이렇게 사건이 마무리되나 싶었지만 아니었다. 박씨의 남동생이 신임 관찰사 엄사만에게 억울함을 호소했다. 뒤이어 정조에게 격쟁擊錚(원통한 일을 당한 사람이 왕의 행차 때 꽹과리를 쳐서 하문을 기다리던 일)까지 하면서 삼검이 실시됐다.

신임 관찰사 엄사만이 사건 기록을 다시 들춰보니 의심스러운 구석이 많았다. 우선 박씨가 스스로 목을 찔렀다는 점이 이상했다. 목맨 후 연속해서 세 번 이상을 칼로 찌르는 것이, 더구나 여자가 그렇게 한다는 것이 쉽지 않기 때문이었다. 『무원록』을 자세히 보니, 스스로 목구멍 아래를 베었다면 칼 흔적이 한 군데만 있을 뿐이고, 한 번 베고 나면 다시 베지 못한다는 구절이 나와 있었다. 이 내용대로라면 박씨가 스스로 목을 찔렀다고 보기 어려웠다.

사실 현대 법의학에서 보면 엄사만의 추론에도 허점이 있다. 칼자국의 개수는 자살과 살인의 감별에 크게 도움이 되지 않는다. 칼자국이 아무리 많더라도, 왼쪽 가슴이나 목의 양쪽 등 자연스러운 자세로 스스로 가해할 수 있고 통상적으로 선택되는 부위라면 자살 가능성을 배제할 수 없다. 상처가 매우 깊거나 크다면 모를까, 오히려 주저흔으로 볼 여지가 많다.

다음으로, 초검과 복검은 오른손이 부드럽고 눈이 감긴 것이 『무원록』의 스스로 찌른 조문과 일치한다고 봤지만, 엄사만이 보기에는 『무원록』의 누운 자리에서 찔린 조문과 더 부합했다. 누운 피해자가 오른손잡이이고 저항하려 했다면 칼날 끝이 오른쪽 가장자리로 향한다고 돼 있었다. 박씨의 상흔과 딱 들어맞았다. 누운 자리에서 찔린 것이 명백해 보였다.

셋째, 손으로 칼에 맞선 흔적이 없으니 자살이라는 논리도 문제가 있어 보였다. 방어흔이 없다고 무조건 자살인 것은 아니다. 『무원록』에는 급소를 한칼에 맞아 죽으면 손에 칼을 맞은 상처가 없다고 나왔다. 밤에 자다가 칼을 맞은 경우처럼 대항할 새도 없다면 말이다. 그런데 박씨는 대낮에 죽었다. 그렇다면 손발이 묶이거나 팔다리가 붙잡혀 제대로 반항할 수 없는 처지였을 가능성이 높다. 엄사만이 판단하기에, 팔이 묶인 흔적이 없다는 것은 살해 협조자가 있었음을 뜻했다.

이는 두번째 논거와는 모순되어 보인다. 저항했기 때문에 칼끝이 목 오른쪽을 향했다면서 동시에 항거가 불가능했기 때문에 손에 상처가 없다니, 혼란스러운 게 사실이다. 그러나 팔은 붙들렸지만 본능적으로 오른손을 뻗치려고 몸을 틀거나 뒤척였다면 그런 상황이 연출될 수 있다.

마지막으로, 복검에서 목맨 흔적이 보이지 않은 것이 타살의 확증이라고 봤다. 살아서 목을 매면 살갗이 썩어도 흔적이 남아야 했다. 흔적이 사라졌다는 것은 혈맥이 돌지 않을 때, 즉 죽은 뒤에 목을 매달았다는 뜻이었다.

시어머니가 즉범, 그녀의 내연남이 종범

엄사만은 이런 점들을 근거로 자살이 아니라 살인이라고 판단했다. 박씨는 누워 있는 상태에서 칼에 찔려 죽었고, 범인은 두 명 이상이라는 게 엄사만의 추측이었다. 그렇다면 박씨 시댁을 들락거린 사람들을 조사할 필요가 있었다.

이전 수사 기록을 뒤져보니 눈에 들어오는 대목이 있었다. 계집종 사단의 진술이었다. 이차망이 친척도 아닌데 수시로 집을 왕래했고 최씨와 몰래 만나는 것도 봤다는 것이었다. 박씨의 시체가 발견되기 직전에 최씨가 뽕잎을 베겠다며 칼을 찾았다는 진술도 있었다. 스스로 찾아봐도 될 일을 굳이 시켰을 뿐 아니라, 며느리가 아니라 아들을 불러 "너희 방에 있을 테니 가져오라" 했다 하니 무척 의심스러웠다. 확대 재조사가 필요했다.

엄사만은 탐문 수사를 지시하는 한편, 관련자들 모두를 다시 잡아들여 신문했다. 먼저 사단을 신문해, 시어머니 최씨와 이차망이 만나는 것을 며느리 박씨가 알았으며 이를 이상하게 여기며 싫어

했다는 진술을 확보했다.

탐문 수사에서는 최씨가 아이를 낳은 적이 있다는 첩보를 입수했다. 사단에게 확인하니 그렇다고 답변했다. 조광선의 사촌이며 최씨와는 5촌 당숙모와 조카 사이인 조광진의 진술 역시 마찬가지였다. 조광진은 새로운 사실까지 털어놓았다. 사건 당일 최씨가 갑자기 옷을 갈아입는 것을 수상히 여겨 헌 옷을 살펴보니 핏자국이 있었다는 것이었다. 조광진과 최씨를 대질 신문하니 최씨가 어물거리면서 "네가 나를 죽이려고 하느냐"는 말만 반복했다. 비록 자백은 하지 않았지만 최씨가 주범이 틀림없다는 생각을 굳히기에 충분했다.

봐주기, 부실 수사 의혹까지……

엄사만은 이러한 조사 결과를 토대로 자살이 아니라 살인, 최씨가 주범, 이차망이 종범이라고 결론을 내리고 형조에 보고서를 올렸다. 그는 "최씨가 의붓아들이 어리므로 함부로 음란한 행실을 하다가 새로 들어온 며느리에게 발각되자 입막음을 하려고 살해했다"고 봤다. 살해 과정도 추리했다. "며느리가 누워 있을 때 칼로 한 번 찌르자 숨통이 끊어졌으나 확실히 죽이기 위해 더 찔렀다. 그리고 자살로 위장하기 위해 시체를 꿇어앉힌 뒤 목을 매달았다." 그러면서 "이차망의 협력은 아직 증거가 없고 자백도 받아내지 못했으나, 살인의 출발점이 간음이고 그가 간음 당사자라는 점은 분명하므로 취조 신문을 해 밝혀내겠다"고 했다.

엄사만은 나아가 초검관과 복검관도 봐주기 수사와 부실 수사의 책임을 물어 처벌해야 한다고 의견을 냈다. 조씨 집안과 혼인 관계가 있는데도, 같은 스승 밑에서 공부한 사이인데도 검험관으로 나섰다는 것이었다. 설령 봐주기 수사가 아니었다 해도 조씨 집안의 말만 믿고 수사를 제대로 하지 않아 타살을 자살로 처리했고, 이차망의 간통도 조사하지 않았으니 잘못이 크다고 지적했다.

특별수사관 파견, 진상 규명에 나서다 전임 관찰사와 후임 관찰사의 보고가 다르고 대신들의 의견도 나뉘자 정조는 정확한 조사를 위해 안핵어사按覈御史를 파견했다. 평산부 안핵어사 이곤수는 합동 재조사를 실시했다. 기존 보고서들을 다시 검토하고 관련자들을 모두 잡아들여 신문했다.

이곤수는 최씨의 간통 여부가 사건의 핵심이라고 봤다. 며느리 박씨의 죽음이 시어머니 최씨의 간통과 연관됐다고 판단한 것이다. 그런데 관련자 신문에서 특이한 점이 눈에 띄었다. 조광진이 당숙모인 최씨를 감싸기는커녕 살인범으로 몰아세우려고 안달했던 것이다.

사단을 신문하니 애초에 이차망을 지목한 것도 조광진의 부탁 때문이었다. 그뿐 아니었다. 출입이 잦은 것은 오히려 조광진이었고, 염병이 돌 때도 유독 조광진만 최씨 집을 들락거렸다고 했다. 최씨가 출산해서 아이를 버렸다는 확증 역시 없다고 실토했다.

조광진을 다시 불러 이리저리 추궁하니 당일 행적을 제대로 대지 못했고, 진술에도 허점이 많았다. 결국 형장으로 다스리니 일곱 대를 맞고 마침내 자백했다.

반전! 최씨의 내연남은 5촌 조카, 함께 며느리를 살해

조광진은 "당숙모 최씨와 간통한 사람은 바로 자신이고, 박씨가 둘의 관계를 눈치채자 죽였다"고 털어놓았다. 최씨와 조광진은 조광선과 노비들이 낮에 잠시 집을 비운 틈을 타서 살인을 저질렀다. 박씨를 묶어놓고 목을 조르다가 최씨가 먼저 뽕잎 써는 칼로 두 번 찌르고 조광진이 다시 두 번을 더 찔렀다는 것이었다. 하지만 최씨는 자백한 조광진과 대질 신문을 할 때도 혐의를 부인했다. 이미 탄로가 났으니 사실대로 말하라는 조광진의 채근과 책망에도 끝끝내 입을 열지 않았다.

어사 이곤수는 자살이 아니라 살인이고, 주범은 조광진, 종범은 최씨라는 내용의 보고서를 형조에 보냈다. 처벌에 관한 의견도 보냈다. 그는 조광진을 마땅히 주범으로 참형해야 한다고 강조했다. "대낮에 여자 혼자 칼로 찌르는 것은 불가능하니 살인 행위를 주도한 것은 조광진이다. 게다가 자기 죄를 이차망에게 뒤집어씌우기 위해 사단에게 거짓 진술을 강요하고 탐문 수사관까지 뇌물로 포섭했다"는 것이 그 이유였다.

또한 이곤수는 초검관과 복검관, 전임 관찰사와 후임 관찰사 등 수사 담당자와 책임자 모두를 처벌해야 한다고 했다. "초검관과 복검관은 조사를 제대로 하지 않아 혼선을 빚게 했다. 전임 관찰사는 검토를 게을리했을 뿐 아니라 오히려 고발자인 친정아버지를 처벌한 잘못이 있다. 후임 관찰사도 살인이라는 점은 제대로 밝혔지만 엉뚱하게 이차망을 범인으로 몰았고, 형사 사건에서 금지된 주리를 사용한 것에 대해서도 책임을 물어야 한다"는 내용이었다.

명탐정 정조, 30가지 의문을 제기하다

형조는 안핵어사가 보고한 내용을 그대로 수용했다. 다만 주범은 최씨, 종범은 조광진으로 변경해 정조에게 보고서를 올렸다. 진상이 드러났는데도 아직 자백을 하지 않은 최씨가 악독한 주모자라는 것이 이유였다.

정조는 어사와 형조의 의견을 받아들여 일단 관리들을 삭직 또는 파직했다. 그 후에도 확정 판결을 위해 심리를 계속 진행했다. 그러던 중 조광진이 옥사했다. 석방을 명령한 이차망 역시 이미 옥사했던 터였다. 그러자 정조는 주범 조광진이 옥사했으니 실체적 진실을 알 수 없고 이 사건에 대한 의문점이 30가지나 된다면서 최씨를 감형하라는 판부를 내렸다.

정조가 보기에 이 사건은 음옥淫獄이자 살옥殺獄인데 각각 열다섯 가지 의문점이 있었다. 그중 몇 가지를 살펴보자.

먼저 음옥과 관련된 의문점이다. 첫째, 과부가 된 지 10년이 넘었는데, 한창 나이에 아들이 어릴 때는 가만히 있다가 왜 아들이 장성한 지금에 와서야 음탕한 짓을 저질렀을까. 둘째, 며느리를 죽이면 젊은 아들이 새장가를 갈 텐데, 그러면 또 들켜서 며느리를 죽여야 한다. 며느리를 데려오는 족족 죽일 것인가. 셋째, 최씨가 낳았다는 아이가 묻혔는지 버려졌는지 증인도 없고 물증도 없다. 넷째, 박씨가 시집오자마자 최씨와 조광선이 돌림병을 앓아 따로 지냈다. 식구가 같이 지낸 것이 한 달밖에 되지 않는다. 아무리 음탕하다 해도 이제 막 며느리가 들어온 상황에서, 그것도 병석에서 일어나자마자 간음을 했겠는가. 그리고 뭐가 바쁘다고 한 달 만에 계획적으로 살인을 했겠는가. 다섯째, 한마을에 사는 일가친척들은 음행에 대해 낌새를 챘으면서도 왜 가만히 보고 있었을까.

다음으로 살옥과 관련된 의문점이다. 첫째, 사지가 묶인 흔적이 없고 손에 방어흔이 없다면, 스스로 목을 찌르지 않았다고 단정할 수 없다. 둘째, 칼에 찔릴 때 앉았는지 누웠는지 확정할 수 없고, 죽은 사람을 일으켜 무릎 꿇리는 일이 쉽지 않다. 셋째, 칼에 찔린 사람을 보면 혹시 구할 수 있을까 하는 마음에 자연히 만지게 된다. 그러다보면 옷에 피가 묻게 마련이다. 넷째, 박씨를 계획적으로 죽이고자 했다면 동네 한복판에서, 대낮에 잠시 빈틈을 노려 죽이지는 않았을 것이다. 쉽게 의심을 사고 구실을 대기도 어려운데 굳이 그럴 이유가 없다. 더구나 잠시 출타한 아들과 노비들이 언제 돌아올지 모르고 누구라도 불쑥 방문할 수 있는 상황이었다. 다섯째, 만일 둘이 공모했다면 조광진의 배신에 반발해 죄를 떠넘기려고 했을 텐데 최씨는 일절 진술이 없었다. 여섯째, 조광진의 자백에 따르면 박씨를 묶어놓고 끈으로 목을 조르다가 칼로 찔렀다 하는데, 목에 끈자국이 남아 있지 않았다.

처음에는 자살로 출발했다가 중간에 살인으로 바뀌고 다시 간음까지 결부되는 등, 사건 해결 과정이 무척 복잡하고 드라마틱하다. 『심리록』,『일성록』,『흠흠신서』 등에 나오는 내용만으로는 정확한 내막을 알 수 없고, 정조의 문제 제기에도 일리가 있어, 사건의 진상에 대한 의문이 완전히 가시지는 않는다. 하지만 당시에도 진범을 가려내려는 노력이 대단했으며, 나름 과학적이고 합리적인 수사와 재판을 진행했다는 사실만큼은 충분히 확인할 수 있다.

주범과 종범 그것이 문제   한 형사 사건에서 두 명 이상의

범인이 있을 경우 반드시 주범(원범原犯, 수범首犯)과 종범(간범干犯)으로 구분해야 한다는 것이 조선 시대의 기본 원칙이었었다. 오늘날로 말하면 정범과 공범을 구분한 것인데, 공동정범이라고 할 상황에서도 경중을 따져 주범을 가려내고자 했다. 특히 두 명 이상이 한 명을 폭행해 죽게 한 경우는 주범과 종범을 구분하는 것이 더욱 중요했다. 살인죄에는 상명률償命律, 즉 피살자의 죽음을 살인자의 목숨으로 배상하는 원칙이 적용됐기 때문이다. 목숨 값을 정확하게 셈하기 위해 피살자가 한 명일 경우 가해자를 한 명만 사형시켰다. 이를테면 목숨의 등가 교환인 셈이었다. 따라서 누가 주범인지 반드시 확정해야 했다.

그렇다면 주종을 어떻게 정했을까? 정황과 사리에 비추어 볼 때 누가 결정타를 날렸는지를 기준으로 삼았다. 타격 부위와 강약을 따져 사망에 가장 직접적이고 결정적인 영향을 미친 가해자를 주범으로 봤다. 그런데 문제가 있었다. 결정타를 구분하기도 어렵지만 설령 검험으로 이를 밝혀낸다 해도 누가 이 결정타를 날렸는지 찾아내기 어려웠다. 뒤엉켜서 정신없이 싸우는 과정이었다면 제대로 기억하지 못하는 게 당연하다. 혹 정확하게 기억하는 사람이 있더라도 자기 죄를 줄이기 위해 당연히 거짓말을 할 것이다. 제삼자인 목격자가 있다 해도 사정은 마찬가지다. 슬로모션으로 관찰한 것도 아닐 테고, 생생하고 세세하게 묘사한다 해도 증언의 객관성과 공정성을 또 어떻게 믿겠는가. 당시에는 CCTV도 없었는데 말이다.

집단 폭행 사건에서　여럿이 폭행에 개입한 인명 사건에 대한
주범 찾기　판결문을 보면 이런 고민이 잘 드러난다.

허다한 사건들 중에서 그냥 잡히는 대로, 정조의 판부 몇 개를 들취보자.

먼저, 결정타를 확정할 수 없는 경우가 있다. 부부가 돌과 몽둥이로 사람을 때려 죽였다고 할 때, 남자와 여자, 돌과 몽둥이라는 일반적이고 추상적인 잣대로 예단할 것이 아니라 실제 인과를 실증적으로 따져봐야 할 것이다. 남편과 아내 중 실제로 누구의 타격이 더 강했는지, 돌과 몽둥이 중에서 어느 것이 결정적인 치명상을 입혔는지 구체적으로 구분해야 한다는 것인데, 쉽지 않은 문제다.

"여자는 남자에 비해 힘이 부치니 남자와 여자라는 측면에서는 의당 강약을 구분 지어야 할 것이나, 돌이 몽둥이에 비해 단단하지만 몽둥이와 돌 무엇을 가지고 더 세게 때렸는지 어떻게 구분하겠는가. 만일 누가 먼저 구타를 시작했느냐의 선후로 수범과 종범을 구분 짓는다는 법으로 따진다면 이 여인이 당연히 원범이 될 것이고, [……] 손찌검을 한 경중을 구분 짓고자 한다면 돌로 때린 자는 중한 범죄가 될 것이나 몽둥이로 때린 자도 꼭 가벼운 범죄라고 하지는 못할 것이다. 본도의 계사는 돌과 몽둥이의 크기를 가지고 말하고 있으나, 몽둥이는 현재 관아에 압수되어 있지만 돌은 현재 보존되어 있지 않으니 어떻게 그 크기를 구분 지을 수 있겠는가. 그리고 사증詞證을 가지고 말한다면 남자와 여자 중에 누가 더 매서웠는지 말을 전하는 사람이 없고, 상처를 가지고 말한다면 몽둥이와 돌로 치고 때린 흔적을 찾아낼 길이 없다. [……]"

"이 옥사를 판결하는 데의 요점은 남자와 여자 중 누가 더 센가 하는 차이와 돌과 몽둥이 중 어느 것이 더 결정적인 치명상을 주었느냐의 차이에서 벗어나지 않을 것이다. 그런데 여자가 먼저 때렸고 남자는 뒤에 그 자리에 이르렀으니 남자는 셌고 여자는 약했다고 말할 수도 없고, 몽둥이는 찾아내어 압수되어 있으나 돌은 현재 보존되어 있지 않으니 또한 어떻게 돌은 치명상을 주었고 몽둥이는 하찮은 것이었다고 구별해낼 수 있겠는가. 거듭 규명해 볼수록 의심만 수없이 일 뿐이다. [……]"

_『심리록』제16권, 「평양 전예광의 옥사」 중 7월 판부와 11월 판부

둘의 폭행이 모두 결정타인 경우가 있다. 사례를 보자.

"한 옥사에 범인이 둘이라면 당연히 수범과 종범을 가려야 하는데, 누가 수범이고 누가 종범이냐는 마땅히 상처가 어디가 심하고 어디가 헐한지를 살펴보아야 한다. 호가는 돌로 쳐서 눈두덩이 뼈가 으스러지기까지 하였다고 하고, 김가는 몽둥이로 때려서 등줄기의 살이 문드러지기까지 하였다고 하는데, 대저 이른바 뼈가 으스러지고 살이 문드러진 곳이 모두 당장 죽을 급소의 부위이고 보면, 단지 상처의 심하고 헐함만을 가지고 원범을 확정 지을 수는 없다. 지금에 결정지을 방법으로는 먼저 손을 댄 것의 선후 여부와 주모자가 누구인지를 가려내는 것보다 더 나은 방법이 없다. [……]"

_『심리록』제14권, 「광주 호성룡의 옥사」 중 7월 판부

폭행의 선후는커녕 폭행한 사람을 가려내고 서로 구분하기 어려울 때도 있다. 시할머니의 구박 때문에 손자며느리가 자살하자 친

정에서 사람들이 몰려가 행패를 부린 사건(『심리록』 12권, 「개성부 김용귀의 옥사」)을 보면, "무려 10여 명이나 되는 많은 사람들이 동시에 작당을 하여 힘을 합쳐서 구타하였고, 시각이 또 사물을 분간할 수 없는 저물녘이어서 누구 손으로 묶고 누가 때렸으며, 누가 더 때리고 누가 덜 때렸는지, 누가 심하게 때리고 누가 약하게 때렸는지를 비록 한방에 같이 있던 시친屍親인 며느리와 손자로서도 분간하여 지적할 수 없으니" 의문스럽다는 내용이 나온다.

이처럼 주범과 종범을 가리기가 어려웠기 때문에 심리가 10년 가까이 진행되거나 주범과 종범이 계속 뒤바뀌는 경우도 있었다. 대표적인 사건 두 개를 소개하겠다.

사건 1. 청상과부를 보쌈하려다 목숨을 보쌈한 사건

정조 즉위년(1776년), 경기도 장단군에 살던 홀아비 고지방은 마음에 둔 청상과부를 보쌈하기로 마음먹었다. 마을의 건달들인 최원세, 김용손, 고태위, 점돌 등에게 술을 사주며 함께 일을 벌이기로 했다. 고지방이 과부를 어깨에 들쳐 메고 나와 최원세에게 넘겨주었다. 최원세가 다시 업으려고 했으나 과부가 소리를 지르며 저항했다. 비명을 듣고 동네 사람들이 몰려오자 과부를 그냥 내려놓고 모두 도망쳤다.

고개 위에 도착한 뒤 고지방은 최원세에게 화풀이를 했다. 최원세가 힘을 다하지 않아 성공하지 못했다는 것이었다. 고지방이 갖은 욕을 퍼부으면서 싸움이 시작됐고, 이내 집단 폭행으로 바뀌었다. 두들겨 맞던 최원세가 축 늘어지자 다들 자리를 피했는데, 고지방은 혼자 남았다가 뒤늦게 떠났다. 다음 날 최원세는 허리띠로 목을 맨 시체로 발견됐다.

　장단부사가 검험을 하니, 스스로 목매 자살한 시체가 아니었다. 인후에 목 졸린 상처가 청적색이었다. 다른 곳을 살펴보니, 배꼽 부위가 자주색이고 딱딱했으며, 고환의 피부가 까졌고 적흑색이었다. 초검관은 실인이 발로 차인 것이라고 판단했다. 목을 조를 때 폭행으로 이미 죽어가던 목숨이었으므로 사망의 직접적 원인은 폭행이라는 것이었다. 김용손, 고태위, 점돌은 옥에 갇혔다. 신문 결과 발로 찬 사람은 김용손이었고 목을 조른 사람은 고지방이었다. 복검 결과도 마찬가지였다.

　이후에 심리가 개시됐다. 싸움이 어떻게 벌어졌는지 추궁하니, 보쌈에 실패한 것을 두고 다투다가 최원세를 폭행했다는 점에서는 대체로 진술이 일치했다. 하지만 누가 죽였는지에 대해서는 진술이 엇갈렸다. 고태위와 점돌은 김용손이 최원세의 고환을 발로 차 죽인 것이라 했다. 반면 김용손은 고지방이 최원세의 목을 졸랐다고 주장했다. 주범을 결정하기 어려웠지만 초검관과 복검관은 김용손이 주범이라고 판단했고, 관찰사도 마찬가지로 보고했다. 하지만 정조는 사건을 다시 심리하라고 지시했다.

　도망간 고지방이 아직 잡히지 않은 데다 김용손은 완강하게 부인하는 상황이라 쉽게 결론을 내릴 수 없었다. 추관이 바뀔 때마다 판단이 달라졌다. 주범은 김용손에서 고지방으로, 고지방에서 다시 김용손으로 계속 바뀌었다. 그러다 고지방이 붙잡혔다. 4년 넘게 도피하던 끝에 체포된 것이다. 고지방의 심리를 맡은 경기도관찰사는 '주범은 역시 김용손'이라고 보고를 올렸다.

정조,
수사반장이
되다

하지만 정조는 '고지방이 주범'이라며 철저한 재심리를 명했다. 그리고 고지방을 주범으로 본 근거를 크게 세 가지로 나누어 각각을 세세하게 설명했다.

먼저, 범행 동기가 분명하고 강력한 데다 주모하고 주동까지 했으니 당연히 혐의를 둘 수밖에 없다. 첫째, 당초 보쌈을 모의한 자가 고지방이다. 둘째, 보쌈에 실패했을 때 고지방의 분한 마음이 김용손보다 몇 배 더 컸을 것이다. 셋째, 최선을 다하지 않았다며 최원세에게 욕을 퍼붓고 싸움을 시작한 것도 고지방이다.

다음으로, 관련자 진술과 시체 정보를 살펴봐도 그렇다. 첫째, 김용손이 세게 차자 최원세가 주저앉았다는 고태위와 점돌의 진술은 믿을 수 없다. 고태위는 고지방과 일가붙이고 점돌은 가까운 인척이니 당연히 고지방을 편들었을 것이기 때문이다. 둘째, 그런 그들도 고지방이 홀로 뒤에 남았다는 사실은 인정했다. 최원세가 숨진 것은 바로 그때였다. 셋째, 최원세 목의 자국은 스스로 목맨 자국이 아니다. 김용손은 고태위 등과 먼저 내려왔고 고지방은 뒤에 남았으니 결국 고지방이 목을 조른 것이다.

마지막으로, 고지방이 현장에서 보인 행동도 그러하고, 나중에 신분을 숨기고 도피 생활까지 한 것은 스스로 죄를 인정하는 것이나 다름없다. 첫째, 고지방이 최원세를 때리지 않았다면 그냥 김용손에게 죄를 돌리면 된다. 굳이 뒤에 남아서 목을 조르고 자살로 위장한 것은 처음부터 주도적으로 때린 것이 꺼림칙했기 때문이다. 둘째, 고지방이 죄가 없다면 무엇 때문에 이름까지 바꿔가며 장기간 도피한 것인가. 셋째, 김용손이 죄가 있다면 어떻게 최원세의 집에 부음을 전하러 갔겠는가.

재심리 결과 고지방이 주범으로 확정됐고, 김용손 등은 감형된 뒤 사면됐다. 이제 고지방의 처리만 남았다. 형조의 관리들 대부분이 사형을 주장했는데, 이번에도 정조는 생각이 달랐다. 의문점이 여전히 남아 있다는 것이었다. 때는 사건이 발생한 지 8년이 지난 1784년이었다.

정조의 입장 철회

사실 쟁점은 처음부터 하나였다. '발로 차인 것과 목 졸린 것 중 직접적인 사망 원인은 무엇인가.' 최원세가 죽기 전에 고지방이 목을 조른 것이면 김용손의 죄가 가벼워진다. 반대로 죽은 뒤에 목을 조른 것이면 김용손이 주범이 된다.

문제는 그 시점을 정확하게 판정할 방법이 없다는 것이다. 시점이 아니라 법적 평가를 따져봐도 사정은 마찬가지였다. 죽은 뒤에 목을 조른 것이라 해도 살인의 고의가 분명하므로 발로 차서 죽게 만든 결과적 가중범보다 죄가 작다고 할 수 없다. 하지만 사망이라는 결과만을 놓고 보면 어쨌든 발로 찬 것이 원인이므로 그 또한 죄가 작지 않다. 초검관부터 정조까지 모두가 이 문제로 고민했다. 다만 정조가 고지방을 주범으로 지목하는 바람에 문제가 해결된 것처럼 보였을 뿐이다.

결국 정조는 사형을 선고하고 집행하기가 찜찜했던지 고지방이 주범이라며 내세웠던 근거를 일부 철회 내지 수정하기에 이른다. 첫째, 이웃 간의 시비에 끼어들어 말리다 칼을 뽑는 경우가 다반사이고, 말 한마디에 욱할 수도 있으니 김용손이 더 날뛰었을 수 있다. 둘째, 김용손이 주먹으로 때리고 발로 찼다는 것은 처음부터 스스로 인정했던 바이다. 반면 고지방이 때렸다는 확증은 없다. 셋째, 고지방이 장기간 도피한 것은 어쨌든 사람이 죽은 사건에 연루됐으니 두려워서 도망친 것일 수도 있다. 넷째, 김용손이 범인이라면 부음을 전하지 않았을 것이라 했지만 자기 죄를 감추려고 일부러 나서는 경우가 허다하다. 더구나 점돌과 고태위는 가지 않고 김용손만 먼저 내세운 것은 사태에 책임이 있는 사람이 혼자 가서 감당하라는 뜻이었을 것이다…….

김용손을 주범이라 보면 고지방이 의심되고, 고지방을 주범이라 보면 다시 김용손이 의심스러우니, 다시 조사를 해서 어떤 결과가 나오더라도 여전히 미심쩍을 터였다. 이미 김용손 등은 석방, 사면됐으니 고지방에게도 사면 조치를 내리려고 이전 판단에서 한 발 물러선 것으로 보인다. 이에 대해 정약용은 『흠흠신서』에 이렇게 기록했다.

"정조 임금 때 주범·종범이 분별되지 않는 사건을 만나면 언제나 먼저 그 죄상이 가벼운 자를 잡아내 정상을 참작해 처리하고, 시간이 조금 오래되면 또 그 죄상이 무거운 자를 잡아 다시 의심스러운 실마리를 풀어 결국에는 두 사람을 모두 살리도록 하셨습니다. 이는 살리기 좋아하는 자애로운 임금의 권한입니다. 갑을 풀어줄 때는 을의 사실이 무거운 것 같고, 을을 풀어줄 때는 갑의 사실이 무거운 것 같음은 그 판단 기준이 전날과 달라서가 아닙니다. 그 사건 내용에 본래 의문이 있어 의심하면 아마도 이럴 것이라 생각하게 되고, 이럴 것이라 생각하게 되면 또 두 갈래로 생각하게 되니, 이것이 임금께서 의심스러운 형사 사건을 판결하신 방법입니다. 아아, 훌륭하신 처리입니다."

사건 2. 북한산성 나졸 집단 폭행 치사 사건

정조 17년(1793년), 북한산성의 평창平倉 소속 나졸인 서필흥이 동료 김이수와 함께 경기도 양주에 갔다. 김말손에게 환자곡還子穀을 독촉하기 위해서였다. 김말손은 갚을 형편이 못 되었다. 그러자 그들은 김말손의 팔촌인 김상필의 집에 가서 소를 대신 끌고 갔다. 이른바 족징族徵을 한 것이다. 졸지에 소를 빼앗긴 김상필은 활쏘기 계모임을 하고 있던 동네 사람들에게 도움을 청했다. 함봉련, 김대순 등이 김상필을 따라나섰다. 뒤쫓아 가서 서필흥 일행과 맞닥뜨렸고, 이내 시비가 붙어 싸움이 벌어졌다. 수와 완력에서 우세했던 김상필 일행이 결국 소를 되찾았다. 일행은 서필흥과 김이수를 결박해 관아로 향하다가 동네 사람들의 만류로 그냥 풀어주고 각자 흩어졌다. 그런데 집단 구타를 당했던 서필흥이 피를 토하고 12일 만에 죽고 말았다. 이에 서필흥의 형 서재흥이 김상필 등을 수사 당국에 고발했다.

사건 개요를 전하는 기록들을 찾아보면 서로 일치하지 않는 부분들이 있다. 피살자가 『일성록』에는 서필흥, 『심리록』에는 서재흥이라고 되어 있는데, 여기서는 형제의 이름을 모두 기록한 『일성록』을 따랐다. 그리고 김상필 역시 『심리록』이나 『일성록』과 달리 『흠흠신서』에는 김태명, 『다산시문집』에는 김복선으로 나온다. 또 『흠흠신서』에는 고발자가 서필흥의 아내로 나오고 사건 발생일도 몇 년이나 앞선다. 큰 흐름에는 별 차이가 없으니 다시 사건으로 돌아가보자.

초검관은 먼저 시체를 살폈다. 가슴 부위의 검붉고 딱딱한 상처를 제외하곤 별다른 특징이 없었다. 이어서 관련자를 신문했다. 김상필의 진술에 따르면 먼저 때린 사람은 함봉련이었다. 김이수의 뺨을 때린 후 서필홍에게 돌진해 뺨을 때리고 가슴팍을 발로 찼다는 것이었다. 서필홍이 고꾸라지자 발로 음부를 차고 몽둥이로 어깨를 친 후 다시 갈비뼈를 찼다고 했다. 뒤이어 김대순이 주먹과 발로 김이수를 때렸지만, 김상필 자신은 전혀 폭행에 가담하지 않고 그냥 소만 풀어서 먼저 나왔다고 했다.

김대순의 진술도 비슷했다. 김상필이 그냥 말로 따지고 있는데 갑자기 함봉련이 서필홍의 뺨을 때리고 가슴 한복판을 주먹으로 쳤다는 것이다. 함봉련은 고꾸라진 서필홍의 음부를 차고 몽둥이로 허리를 치기까지 했다고 했다. 함봉련을 신문하니 폭행은 인정했지만 내용이 조금 달랐다. 김상필이 따지자 김이수가 때렸고, 함봉련이 다시 김이수를 때리니 서필홍이 덤벼들었다는 것이었다. 이장과 이웃들을 신문하니 모두 함봉련이 떼밀어서 죽인 것이라 했다.

초검관은 이런 조사 결과를 토대로 실인은 구타로 인한 사망이며, 함봉련이 주범이고 김대순은 간범, 김상필은 무혐이라고 결론을 내렸다. 복검관과 형조의 판단 역시 마찬가지였다. 하지만 심리가 진행되면서 함봉련이 혐의를 부인하기 시작했다. 자기는 싸움을 구경하기만 했을 뿐 애당초 때리거나 찬 일이 없다고 했다. 함봉련은 엄중한 문초와 형신刑訊이 뒤따르자 자백하는가 싶더니 이내 진술을 번복했다. 실제로 때린 사람은 김상필이라고 말이다. 진

술이 오락가락하자 괘씸죄로 형신의 강도가 세졌다. 하지만 함봉
련은 몇 년이 지나도 끝내 죄를 인정하지 않았다.

정조와 정약용, 그때까지 엄중한 형신으로 반드시 자백을 받
묵고한 백성의 아내라고 다그치던 정조도 뭔가 미심쩍다는
억울함을 풀다 생각이 들었던 모양이다. 정조 22년(1798년)과
정조 23년(1799년)의 판부에서 사건을 다른 시
각에서 재검토해보라고 지시를 내린 것을 보면 말이다.

정조가 보기에, 서필흥이 구타를 당한 뒤 30리나 걸어갔고 집에
돌아온 뒤에도 12일이나 지나서야 사망했다는 부분은 인과관계나
책임과 관련해서 생각할 여지가 있었다. 그리고 김가들은 모두 혐
의를 벗고 오로지 함봉련만 모든 것을 뒤집어쓴 측면이 없지 않은
지도 검토할 필요가 있다고 봤다. 마침 정약용이 정조의 특명으로
형조참의에 임명되어 전국의 형사 사건을 심리하던 중이었다. 심
리 대상에는 확정 판결된 사건과 함께 미해결 사건도 포함됐다. 정
조는 함봉련 사건의 재검토를 따로 주문했다. 그만큼 의문과 관심
이 컸던 것이다.

정약용이 초검과 재검 등 모든 기록을 검토해보니 수사의 첫 단
추부터 잘못 꿰어져 있었다. 형사 사건의 판결은 세 가지 근거가
있어야 하는데, 유족의 진술, 시체 검험서의 증거, 공변된 증언이
그것이다. 이 세 가지가 서로 들어맞아야 했지만 그렇지 않았다.
초검과 복검에서 유족의 진술과 시체 검험서가 일치함에도 무시
한 반면, 김상필의 허위 증언은 그대로 믿었던 것이다.

서필흥의 아내가 고발한 내용을 보면 "김상필이 무릎으로 가슴

을 제겨 남편이 그 자리에서 피를 토했다"고 되어 있었다. 이는 서필홍이 죽기 전에 직접 밝힌 것이니 신빙성이 가장 높았다. 그리고 시체 검안서를 보면 가슴에 검붉고 단단한 타박상이 있었다. 유족의 진술과 상흔이 일치했다.

함봉련이 떼밀어서 죽였다는 증언에서 핵심은 떼밀었다는 말이다. 정말 떼밀었다면 뒤로 넘어지면서 등에 상흔이 있어야 하는데 전혀 없었다. 폭행했다는 허리와 옆구리, 어깨에도 상처는 없었다. 결국 김상필이 무릎으로 가슴을 짓찧은 것이 치명적인 결정타였던 것이다. 김상필은 마을에서 행세깨나 하는 집안의 사람이었고 함봉련은 김상필 일가친척의 머슴이었다. 그렇다면 상황은 분명했다. 김상필은 강자였고 함봉련은 약자였으니 동네 사람들의 증언이 공변되지 못했다. 더구나 주범인 김상필이 핵심 증인을 자처했으니 수사가 제대로 될 리 없었다.

정약용의 회계回啓를 받은 정조는 곧바로 함봉련을 석방하고 이전의 사건 기록을 모두 태워 없애도록 지시했다. 그리고 김상필을 체포해 재조사할 것을 명령했다. '유전무죄, 무전유죄'가 떠오르는 씁쓸한 사건이다.

조선판
그것이
알고싶다

하늘이 두렵지 삼강오륜을 강조하던 도덕 사회 조선, 그러나
않았던 사람들 바로 그 삼강오륜을 어긴 반인륜적인 범죄가
적지 않았다. 잔혹한 방법으로 살해하거나 한
꺼번에 여러 명을 살해하는 등 엽기적인 살인 사건도 빈번했다.

사건 1. 아들에게 아비를 죽이라고 시킨 어미

세종 10년(1428년) 5월, 평안도에서 부부와 자녀 넷, 도합 여섯 명
이 밤중에 자다가 한꺼번에 살해되었다. 일가족이 몰살된 강력 범
죄였으므로 일차적으로 원한 관계에 초점이 맞춰졌다. 실마리는
가족 구성 자체에 있었다. 살해된 아내는 후처였고 본처는 따로 살
고 있었다. 정확히 말하면, 살해된 유인수는 집을 나와 후처와 살
림을 차린 것이었다.

처자식을 버리고 후처와 알콩달콩 살아가다니, 본처인 부은은
도저히 참을 수 없었다. 그래서 자기 아들들을 시켜 일가족을 살해

했다. 내가 못 가질 바엔 그냥 망가뜨리는 게 낫다는 심정이었을까. 그렇다고 아들에게 아버지를 죽이라고 시킬 것은 뭔가. 아, 아들도 어머니와 같은 심정이었을지도 모르겠다. 하여튼 부은은 확실하게 분풀이를 한 후 능지처참됐다.

사건 2. 누나의 가족을 몰살시킨 동생

현종 1년(1660년) 5월, 평안북도 정주에서 부부와 아들딸 등 일가족 여덟 명이 모두 몽둥이에 맞아 죽었다. 잔혹한 범죄를 저지른 자는 바로 아내의 친동생이었다. 범인인 막립은 전문 절도범으로 평소에도 행실이 좋지 않았다.

문제는 어머니가 돌아가신 후 상속재산을 분배받지 못하면서 불거졌다. 막립은 누나가 어머니 소유의 논밭을 팔아치우고도 자기에게는 한 푼도 나누어주지 않았다고 불만을 터트렸다. 앙심을 품고 있던 차에, 같이 어울려 나쁜 짓을 하던 무리 중에 누나와 원수 사이인 자들이 있었다. 공동의 원수를 둔 동업자들이니 쉽게 의기투합했다. 복수도 하고 재산도 가로채고, 꿩 먹고 알 먹고였다. 막립은 누나와 자형, 조카들까지 일가족 모두를, 패거리들과 함께 나무 몽둥이로 때려 죽였다. 누나를 죽인 것은 일반적인 강상의 죄와 다르지 않나 하는 논의가 있었지만, 형을 죽인 사건의 전례와 마찬가지로 삼성추국 후에 능지처참됐다.

사건 3. 식구끼리 칼부림! 열 명의 목숨을 앗아간 피의 참극

숙종 9년(1683년) 1월, 함경도 경성에서 한집안 식구들이 서로 칼로 찌르고 찔려 열 명이나 죽은 참사가 벌어졌다. 집주인 김명익 본인은 물론이고 그의 어머니, 아내, 두 딸, 세 아들, 사촌 누이, 노비 등 모두 열 명이 칼에 찔려 죽었다. 현장에서 살아남은 아들 김유백과 사촌 누이의 남편 백삼길은 참혹한 살인극에 동참한 죄로 처형됐다.

사건의 내막은 이렇다. 김명익의 여러 아들들이 천연두를 앓았는데, 그중 하나가 미치광이처럼 헛소리를 했다. 이에 김명익은 요사스러운 귀신이 붙은 것이니 떼야 한다며 모두에게 불침을 놓았다. 그러자 아들들이 한꺼번에 미쳐 날뛰며 칼을 휘둘렀고 급기야 피의 참극이 벌어진 것이다.

김명익은 자신의 어머니와 두 딸 및 사촌 누이를 칼로 찔러 살해했다. 그리고 아들 김유백에게 어머니, 즉 자신의 아내를 죽이라고 했다. 사촌 누이의 남편인 백삼길에게는 아들 둘을, 노비에게는 아들 하나를 찔러 죽이라 했다. 김명익이 다시 그 노비를 찔러 죽이고, 백삼길이 김명익을 죽임으로써 마침내 살인극이 끝났다.

현장에는 몸과 머리가 여기저기 흩어져 있었다. 아들 김유백은 칼을 맞고도 살아남았다. 나중에 그는 "어미를 보니 마치 산짐승이나 들짐승 같았으므로 아비의 말에 따라 칼로 찔렀다"고 진술했다.

조정에서는 사건의 진상을 조사한 후, 김명익과 김유백이 각각 어머니를 죽였고, 노비는 주인의 아들을 죽였으니, 한집안의 세 사람이 강상의 죄를 범했다고 하여 엄중하게 다스렸다. 김유백은 국문하여 목을 베었고, 백삼길은 십악十惡으로 논죄했다.

사건 4. 30여 명을 죽인 저주⋯⋯ "그의 복수는 정당했다"

영조 10년(1734년) 5월, 경기도 광주에서 한 사람이 30여 명을 집단 살해했다. 노비 영만이 주인 김대뢰와 동료 노비 등 무려 30여 명을 '저주하여' 죽인 것이다. 영만은 이 사건으로 부모를 잃은 동료 노비 세적에게 죽임을 당했다.

저주의 의미와 살해 방법은 기록에 등장하지 않는다. 어떤 이유로, 어떤 저주를 해서 30여 명을 죽였는지는 알 수 없다. "세적이 부모와 주인의 원수를 갚겠다며 영만을 살해하고 자수하자, 형조에서는 형률에 따라 장 60대의 형벌을 결정했고, 영조도 이를 옳게 여겼다"고 한다. 살인 저주의 실체를 인정하고, 그 부모와 주인을 죽인 자에게 복수를 했다는 정상을 참작해 감형한 것이다.

'또라이'의 살인죄, 그 처벌은?

범죄 행위를 저지른 미치광이를 처벌할 것인가. 처벌한다면 어떻게 할 것인가. 사리분별을 하지 못할 뿐 아니라 범죄 사실조차 기억하지 못하는 광인을 처벌해야 하는가. 조선 시대에도 미치광이들의 살인 행각이 없지 않았다.

원칙적으로 미치광이는 관대하게 처벌했지만 사건마다 처벌의 강도가 조금씩 달랐다. 중종 대에 함경도평사 이정호가 실성해서 헛소리를 하고 다니던 중에 절도사가 반역을 꾀했다고 고발해 함경도 변방에 큰 소동이 벌어졌다. 하지만 조정에서는 이정호를 처벌하지 않았다. 그의 정신 상태가 정상이 아니라고 판단했기 때문이다. 하지만 인종 대에는 미쳐서 아우를 죽이고 이를 말리던 어머니를 구타한 자를 관용 없이 사형에 처했다.

다산 정약용은 미치광이를 감형하는 제도를 악용해 미친 척하면서 처벌을 피하는 자들이 많다고 지적했다. 정신지체나 정신이상이 확실하다면 감형할 수 있지만, 어디까지나 타고난 바보, 천치, 미치광이로서 사리분별을 전혀 하지 못하는 경우로 한정해야 한다고 했다.

『속대전』에 '미치광이로 정신이상인 자가 사람을 죽인 경우는 사형에서 감형하여 유배시킨다'는 내용이 있다. 문제는 진짜 미치광이와 미친 척하는 가짜를 구별하는 일이 쉽지 않다는 것이다. 그뿐 아니다. 흉악범죄를 저지르는 미치광이를 계속 용서해야 할까. 선천적인 광인이라 감형해야겠지만 성품이 악독해서 다른 사람들에게 계속 피해를 끼칠 경우에는 어떻게 해야 할까.

반사회적 인격 장애는 처벌해야

다산은 '미침에도 여러 등급이 있다'고 보았다. "귀신이 씌어 정신에 이상이 있고 제정신이 아닌 경우가 있는가 하면, 본래 지닌 성품이 흉악하고 사나워 하늘과 땅이 두려운 줄 모르고 미치광이라 자처하며 몹쓸 짓만 하는 자도 있다. 이 두 종류는 분명히 분별해야 한다." 후자는 백성을 위해 해로움을 없애는 차원에서 사형에 처해야 한다고 봤다. 이 경우는 사이코패스나 소시오패스에 가깝지 않을까? 공격적 성향이 강하고 타인의 고통에 무감각하며 양심의 가책도 느끼지 않아 반사회적인 흉악 범죄를 거리낌 없이 반복해서 저지른다는 점에서 유사하다 하겠다.

이런 반사회적 인격 장애까지는 아니라고 해도 범행 수법이 잔혹하고 엽기적이기 이를 데 없어 도저히 정상인의 짓이라고는 생각할 수 없는 사건들이 있었다. 국가마저 참혹한 신체 절단형인 능지처사를 집행하던 시대였으니 범죄의 흉포성은 말할 것도 없다고 생각할지 모르겠다. 하지만 도덕과 인륜을 무엇보다 강조하던 사회에서 벌어진 사건임을 감안한다면 충격이 적지 않을 것이다.

사건 1. 감히 내 남편한테 꼬리를 쳐? 똥오줌이나 먹어라!

세종 9년(1427년), 형조판서 노한은 길에서 이상한 장면을 목격했다. 노비로 보이는 사내가 무슨 물건을 지고 있었는데, 얼핏 사람 같기도 하고 아닌 것 같기도 했다. 자세히 살펴보니, 사람 모습이긴 했지만 앙상하게 말라 가죽과 뼈가 서로 붙어 있었다. 거죽만 있다뿐이지 해골과 다름이 없었다. 어찌 된 영문인지 다그쳐 물으니 "집현전 응교인 권채의 여종 덕금인데, 도망가려고 해서 가두었더니 이 지경이 됐다"고 했다. 형조는 즉시 조사에 착수하는 한편 세종에게도 보고했다.

조사 결과, 내막은 이러했다. 권채가 여종 덕금을 첩으로 삼자 권채의 아내 정씨가 질투심을 품었다. 그러던 차에 덕금이 무단 외박을 하는 일이 생겼다. 조모의 병문안을 위해 휴가를 청했으나 허락을 받지 못하자 그냥 가버린 것이었다. 정씨는 이때를 놓치지 않고 덕금이 다른 남자와 눈이 맞아 도망갔다는 거짓말로 권채의 심기를 건드렸다.

분개한 권채는 덕금을 붙잡아 머리카락을 자르고 매질한 후 발에 고랑을 채워 가둬버렸다. 정씨로서는 눈엣가시 같은 덕금을 아예 제거할 절호의 기회였다. 덕금의 목을 베려고 칼을 들자, 여종 녹비가 더 좋은 방법이 있다며 말렸다. "목을 베면 여러 사람이 알게 되어 골치 아프니, 고통을 주어 저절로 죽게 하는 것이 더 낫다"고 한 것이다.

정씨는 그 말대로 덕금에게 음식을 제대로 주지 않고 대신 오줌과 똥을 먹게 했다. 더불어 매질도 했다. 오줌과 똥에 구더기가 생겨 덕금이 먹지 않으려고 하면 침으로 항문을 찔렀고, 고통에 못이긴 덕금은 구더기까지 억지로 삼켰다. 그렇게 몇 달이 지났고, 덕금이 거의 죽을 지경이 되자 내다버리려고 하다가 형조판서와 우연히 맞닥뜨려 들통이 난 것이다.

하지만 권채와 정씨는 조사를 받으면서도 전혀 반성하지 않고 오히려 큰소리를 쳤다. "주인과 종의 일에 개입해서는 안 되며, 이런 일로 주인을 신문하면 장차 노비를 어떻게 다스리겠느냐"고 한 것이다. 세종은 "진실로 차별 없이 만물을 다스려야 할 임금이 어찌 양민과 천민을 구별해서 다스릴 수 있겠느냐"면서, "죄를 인정하지 않으면 형벌로써 신문하겠다"고 경고했다.

팔은 안으로 굽는다고 했던가. 사대부들은 권채와 생각이 다르지 않았다. 노비는 노비일 뿐 사람이 아니라는 것이었다. 결국 권채의 파면과 정씨의 속전으로 사건이 종결됐다. 이후 권채는 다시 복직했으며 당대의 문장가로 이름을 날리다가 세종 20년에 40세의 나이로 요절했다.

사건 2. 자식 앞에서 어미를 죽인 사건

세조 11년(1465년), 동대문 밖에서 전직 참판의 아들 조진경이 여종을 죽였다. 조진경은 첩 흔비의 자식이었다. 양반이 노비를 죽였다는 사실은 충격적인 일은 아니었다. 하지만 살인 행태가 끔찍하기 그지없었다.

흔비의 여종 보로미가 자식의 장례를 치르기 위해 휴가를 청했다가 거절당한 것이 발단이었다. 앙심을 품은 보로미는 흔비에 대해 험담을 하고 다녔고, 이 소문이 흔비의 귀에 들어갔다. 흔비는 원래 첩의 딸이었는데 그녀도 역시 첩이 되어 콤플렉스가 있었던 모양이다. 더구나 남편 조효문이 세상을 떠났기 때문에 그녀의 행실을 지켜보는 눈들이 많았다. 분노한 흔비는 아들 조진경에게 보로미를 죽여달라고 했다.

조진경은 노비 두어 명을 거느리고 보로미와 자식을 동대문 밖으로 끌고 갔다. 보로미의 자식에게 "네 어미가 죽는 꼴을 지켜보라"고 한 후, 노비 부황에게 다듬잇방망이로 보로미의 머리를 치게 했다. 아이는 울부짖으며 차마 쳐다보지 못했다. 보로미가 머리를 맞고도 죽지 않자 조진경이 직접 활을 쏘았다. 그런데도 목숨이 끊어지지 않자 보로미의 몸에 박힌 화살을 뽑아 다시 쏘아 죽였다.

이 장면을 목격한 이가 승정원에 사실을 고했다. 소식을 들은 세조는 크게 노해 군사를 출동시켰다. 체포된 흔비 모자를 세조가 직접 심문했다. 의금부에 가둔 후 어떤 판결을 내릴지 신하들에게 물으니 한 명을 제외하고 모두가 극형에 처하라고 의견을 냈다. 홀로 반대 의견을 낸 노사신은 "노비를 마음대로 죽인 주인을 사형에 처한다는 법조문이 없는 데다, 선례를 남기면 주인을 배반하는 노비를 막을 수 없다"는 점을 논거로 제시했다.

결국 조진경은 능지처사, 흔비는 참형에 처해졌다. 보로미의 자식은 불쌍히 여겨 옷을 내려줬다. 참혹한 사건을 앞에 두고도 혹시 노비들이 대들지 않을까만 걱정했던 노사신. 이번에는 노사신의 입장이 소수 의견이었지만 조선 시대에는 노비와 양반의 목숨 값이 같지 않았고, 노사신의 걱정은 사대부들의 일반적인 정서였다.

사건 3. 아무리 노비라지만 이렇게까지……

성종 5년(1474년), 흥인문 밖 야산에서 젊은 여인의 시체가 발견됐다. 흉기로 찌르고 불로 지진 상처들이 온몸에 가득했다. 온전한 살이 없고 뼈까지 드러나 있었다. 범인은 잔혹하게도 얼굴과 가슴뿐 아니라 음문까지 단근질을 했다. 동부의 관원들이 출동해 검험을 했고, 탐문 수사 끝에 시체의 신원이 밝혀졌다. 북부에 사는 참봉 신자치의 여종 도리였다.

신자치는 도리를 겁탈한 후 노리개 삼아 데리고 놀았는데, 신자치의 아내 숙비가 이를 알아챘다. 질투에 눈이 뒤집힌 숙비는 도리를 묶어놓고 온갖 잔혹한 짓을 저질렀다. 그 어미 막생도 이에 가세했다. 도리의 머리카락을 마구 깎아버린 후, 발가벗겨 묶어놓고 얼굴과 가슴을 할퀴고 때리고 찔렀다. 쇠를 달구어 얼굴과 가슴, 음문까지 지졌다. 도리가 끝내 목숨을 잃자 산에 갖다버렸다. 동부의 보고를 받은 사헌부가 성종에게 고했고, 성종은 의금부로 하여금 신자치와 아내 숙비, 장모 막생을 잡아다 국문하도록 했다. 심문 끝에 범죄의 진상이 드러났다. 이제 남은 것은 처벌이었다.

의금부는 주범인 숙비와 종범인 막생을 장형에 처하고, 신자치에게도 가장의 책임을 물어 장형으로 다스려야 한다고 건의했다. 하지만 양반가 아녀자는 장을 때릴 수 없다는 것이 문제였다. 이번에도 노사신이 나섰다. 죄인이 양반가 아녀자일 뿐 아니라 사건이 주인과 종의 일이므로 장형으로 다스릴 수 없다는 데 의견이 모아졌다. 결국 각각 지방으로 귀양 보내는 처벌인 부처付處로 사건이 종결됐다.

사건 4. 아무리 간통이 죄라고 해도……

정조 9년(1785년), 경상도 고성에서 여인의 참혹한 시체가 발견됐다. 손목과 발목을 비롯해 온몸에 자황색 상처가 있었다. 불로 지진 자국으로, 살아 있는 사람을 불로 지져서 죽인 것이었다. 피살자는 마태붕의 전처인 허씨였다.

허씨는 사건 몇 달 전에 집에서 쫓겨났다. 간통을 했다는 것이 이유였다. 탐문 수사 끝에 마태붕이 살인 혐의로 체포됐다. 마태붕은 취조가 시작되자 살인 사실 자체는 곧 인정했다. 손발을 묶고 불로 지져서 17일 만에 죽게 했다고 실토했다.

하지만 살인의 이유가 좀 엉뚱했다. 아내의 간통을 알게 되었을 때에는 충격이 너무 커서 아무 생각이 없다가 뒤늦게 분노가 폭발해 일을 벌인 것일까? 아니었다. 허씨와 내연남이 대놓고 붙어 다니며 시시덕대는 장면을 목격하고 순간적으로 이성을 잃었던 것일까? 그것도 아니었다.

마태붕은 뜻밖에도 '형제의 복수'라고 이야기했다. 무슨 말인고 하니, 허씨를 내쫓고 몇 달 새 형제들이 연달아 죽었는데, 분명 허씨의 저주 때문이라는 것이었다. 마태붕은 "형제의 의리를 지키기 위해 요망한 계집을 응징했을 뿐"이라고 했다. 하지만 허씨가 저주했다는 물증은 제시하지 못했다. 간통했다는 말도 거짓이 아닐까 주변을 조사했더니 그것은 어느 정도 근거가 있어 보였다. 밤중에 안방에서 남자가 뛰쳐나갔고 이를 두고 죽이네 살리네 하는 소동이 벌어졌기 때문이다.

초검관, 복검관, 관찰사의 입장이 똑같았다. 화가 나서 주먹으로 때리고 발로 찰 수는 있지만, 제 자식의 어머니를 불로 달군 쇳덩이로 고문해 죽인다는 것은 도저히 사람이 할 짓이 아니라 판단했다. 보고를 받은 형조의 판단도 마찬가지였다. 증거가 분명하고 자백까지 했으며, 살해 의도가 분명하고 수법이 잔인하므로 신속하게 사형을 판결하고 집행해야 한다고 보고서를 올렸다.

형제의 원수라면 단근질쯤이야…… 법의 도덕화라는 덫

그런데 뜻밖의 반전이 있었다. 정조가 쟁점을 바꿔버린 것이다. 단근질이 아니라 저주가 쟁점이라는 것이었다. 저주가 사실이라면 형제의 원수를 갚은 것이니 사형시킬 수 없고, 거짓이라면 일반적인 살인 사건으로 처리하면 된다는 논리였다. '저주 여부를 따지지 않고 단근질에만 얽매이는 것은 본말이 바뀐 것'이라는 이유로 재조사가 명해졌다. 그런데, 저주의 증거가 끝내 나오지 않자 정조는 더욱 이상한 논리를 폈다.

아내의 간통은 참았지만 형제의 죽음에는 분노한 것으로 볼 때 아내에 대한 사랑에만 치우친 보통 사람과 달리 우애가 지극하다는 점, 허씨는 어차피 간통 현장에서 죽었을 목숨이므로 다시 죽었다고 별반 다르지 않겠지만 오히려 마태붕까지 사형시키면 회한이 더할 것이라는 점, 정조는 이 두 가지를 내세워 마태붕의 무죄 방면을 명령했다.

따지고 보면 이는 유교의 윤리적 덕목을 강조하려는 정치적 판결이었다. 점점 타락해가는 인륜을 회복하기 위해 도덕을 강조하는 판결을 내리고 이를 통해 풍속을 교화하고자 한 것이다. 『정약용, 조선의 정의를 말하다』(김호, 2013)에서 적절하게 짚었듯, 억울한 사람이 생기지 않도록 과학적이고 합리적인 수사와 재판을 강조한 정조도 법과 판결의 도덕화에서는 자유롭지 못했다.

"조선에서는 사람 장기를 꺼내 먹는다" 가끔 해외 토픽으로 소개되는 괴담 중 하나가 여행객을 납치해 장기를 꺼내 판다는 이야기다. 인육 매매도 심심찮게 등장하는 소재다. 멀리 갈 것 없이 '오원춘 사건' 때도 그런 의혹이 있었다. 조선 시대에도 이와 관련된 괴담이 많이 떠돌았는데 놀라운 점은 실체가 있었다는 사실이다.

"근래 사람들이 악질을 얻은 자가 산 사람의 간담肝膽과 손가락을 먹으면 곧 낫는다고 여기고서, 오작인과 걸인에게 많은 값을 주고 사들이기 때문에 그로 인한 악이 크게 일어나고 있습니다. 반송방에 있는 고故 관찰사 유세침 집의 10여 세 된 아이종을 어떤 사람이 산속으로 유인하여 두 손가락을 끊고, 그 흔적을 없애기 위하여 온몸을 찔러 상처를 입혀 거의 죽게 되었다가 요행히 살아났는데, 어떻게 이런 풍습이 있을 수 있겠습니까."

_『조선왕조실록』 중종 27년(1532년) 3월 18일

"남부 명철방의 전 영춘 현감 이성의 계집종이 세 살 된 아이를 이달 9일 진시辰時에 잃어버렸다가 미시未時에 남학동 소나무 밑에서 찾았는데, 오른손 손가락 두 개가 칼에 잘려졌다 합니다. 오작인 등 악질 걸린 자에게 후한 뇌물을 받고 아이들을 유인하여 쓸개를 빼 가고 손가락을 잘라 가는 자는 법에 마땅히 참수형에 처해야 하고, 체포하

고 신고한 자는 상을 주어야 합니다."

_『조선왕조실록』 명종 1년(1546년) 11월 25일

당시 민간에서는 악질에 걸린 경우 손가락을 잘라 불에 태워 먹으면 효험이 있다는 미신이 성행했다. 사실 나라에서 효행 표창을 받은 사람들 중에도 이런 민간요법으로 병을 고친 사례가 많았다. '한국고전종합DB' http://db.itkc.or.kr 에서 '손가락'을 검색하면 관련 사례를 여럿 찾을 수 있다.

성병 고치려다 각설이 잡았네

조선 사회가 점차 안정되고 발전하니 자연히 마시고 노는 풍토가 조성됐다. 주로 돈 있는 양반에게 해당되는 말이었겠지만 하여튼 풍류를 즐긴다는 부류가 급속하게 늘었고, 그 결과 성병이 유행했다. 그런데, 이 악질에 산 사람의 쓸개가 특효라는 소문이 어디선가 시작돼 급속히 퍼져나갔다. 이미 이전부터 민간요법을 맹신하던 터라 소문은 들불처럼 번졌다.

수요가 있으면 마땅히 공급도 있는 법. 하지만 그냥 일반적인 물품이 아니라 '산 사람'의 쓸개를 구해야 했다. 즉, 멀쩡한 사람을 죽여야 했다는 말이다. 그래도 문제는 없었다. 경제 논리는 법과 도덕을 넘어서니 말이다. 손쉽고도 안전한 물품 공급처가 있었다. 한양 바닥에 득실거리는 거지들. 밥을 빌어먹으려면 뭔가 나올 구석이 있는 한양만 한 곳이 없으니 전국의 거지들이 몰려들었다. 거지 한 명 없어진다고 누구 하나 신경 쓰거나 알아챌 리 없었다. 어찌 되었을까? 거지들이 하나둘 없어지기 시작하더니 아예 찾아보

기가 힘들 정도가 됐다.

"이때에 경중에는 사람을 죽여 그 쓸개를 취하는 자가 자못 많았는데 혹 잡혀서 죄를 받은 자도 있었다. 이때 사서士庶들이 주색酒色을 좋아하다가 음창淫瘡에 걸린 자가 많았다. 한 의관이 이르기를 '사람의 쓸개를 가져 치료하면 그 병이 즉시 낫는다' 하므로, 많은 재물로 사람을 사서 사람을 죽이고 그 쓸개를 취하곤 하였다. 이보다 앞서 경중의 동활인서·보제원·홍제원 및 종루 등처에 걸인들이 많이 모여 떨어진 옷을 입고 바가지를 들고 가두에 걸식하는 자가 누누이 있었는데, 4~5년 이래 노중路中에 한 명의 걸인도 없었다. 이는 대개 쓸개를 취하는 자에게 죄다 살해되어서이니 걸인들을 살해하기는 매우 쉬웠기 때문이다. 그들이 다 없어지자 다시 평민에게 손을 뻗쳤기 때문에 여염 사이에 아이를 잃은 자가 자못 많았다."

_『조선왕조실록』 명종 21년(1566년) 2월 29일

거지에서 아이까지, 서울에서 지방까지

마수는 서울을 벗어나 지방에도 뻗쳤고, 점차 대담하고 악랄한 수법이 등장했다. 명종 19년(1564년) 10월 15일, 경상도 상주에서 한동네에 사는 7~8세쯤 되는 아이를 꾀어 산속으로 들어가, 배를 가르고 쓸개를 꺼내놓고 살점을 베어내 구워 먹으려다 발각된 일이 있었다. 선조 9년(1576년) 6월 26일에는 급기야 범인들을 잡기 위해 현상금까지 내걸었다. 사람의 간담과 인육이 성병의 특효약이라는 소문으로 비싸게 팔리자, 전국적으로 흉악한 무리들이 몰려다니면서 어린아이를 유괴하

는 것은 물론, 성인 남녀라도 혼자서 한적한 길을 가면 붙잡아 배를 갈라 간과 쓸개를 꺼냈다. 도둑이 사람을 죽여 쓸개를 빼 간다는 말이 전국적으로 떠돌자, 사람들은 감히 혼자서 길을 나서지 못하고 반드시 무리를 지어 다녔다. 나무에 묶인 채 배가 갈린 시체가 산골짜기에서 잇달아 발견되자 나무꾼들이 산에 가기를 겁낼 정도였다.

임진왜란을 겪은 뒤로 인심이 사나워지면서 이런 양상은 더욱 심해졌다. 나다니는 사람이 드물었고 농사마저 제대로 짓지 못할 형국이 됐다. 나라에서는 조심하라는 방을 내거는 한편, 사태를 제대로 해결하지 못한 포도대장을 파직해 민심을 진정시키려고 노력했다. 추억의 인기 TV 드라마《전설의 고향》에 단골로 등장했던 구미호 전설. 사람의 간을 꺼내 먹는 여우의 기원은 어쩌면 이런 사정에 닿아 있는지도 모르겠다.

비이성적 행태는 조선 후기에도 계속 이어졌다. 정조 1년(1777년) 3월, 강원도 양양의 이재득이 김씨 여인에게 뇌물을 받고 그녀의 아들과 손자의 창질에 쓰려고 김씨 여인의 육촌인 전재팽의 아이 무덤을 파서 왼쪽 팔을 잘라주었다. 이와 유사한 사건이 1930년대 서울(경성) 한복판에서도 일어났다. 『경성기담』(전봉관, 2006)에 소개된 내용을 요약해 옮겨본다.

경성을 진동시킨 엽기 사건　1933년 5월 16일, 몸통 없는 아이 머리가 충정로 금화장 부근에서 발견됐다. 신고가 접수된 서대문경찰서뿐 아니라 서울 시내 전 경찰서에 비상이 걸렸다. 검사의 지휘로 현장 조사가 시작됐다. 잘린 머리의 뒤통수가 깨져 뇌수가 흘러내렸고, 매립지 곳곳에 핏자국과 뇌수 조각이 흩어져 있었다. 깨진 두개골 안에는 칼로 뇌수를 파낸 흔적이 뚜렷했다. 머리를 옮기다가 흘린 것으로 추정되는 핏자국은 전찻길 건너 마포 방향으로 이어져 있었다. 현장 조사가 끝난 뒤 머리를 곧장 경성제대 의학부로 옮겨 부검을 실시했다.

사건이 알려지자 서울 시내 인심이 흉흉해지고 갖가지 추측과 소문이 난무하기 시작했다. 주로 나병, 등창, 간질 등 당시의 난치병 환자들을 의심하는 분위기였다. 부모들은 아이들을 단속하기 바빴고, 난치병 환자나 거지, 부랑인 등은 자신에게 불똥이 튀지 않을까 숨을 죽였다.

하루 만에 부검 결과가 나왔다. 만 1세 안팎의 남자아이로, 살아 있는 상태에서 목을 벤 것이며, 범행 시간은 발견 시간에서 열 시간 이내였다. 송곳니가 났으니 만 1세 내외이고, 핏자국이 마른 정도로 보아 범행 시간은 열 시간 이내이며, 머리를 짧게 잘랐으니 사내아이라고 근거를 제시했다.

치안 당국은 서대문경찰서에 수사본부를 설치하고, 서울 시내 경찰을 총동원해 수사에 나섰다. 뇌수를 파낸 흔적으로 보아 나병, 매독, 간질, 등창 등의 치료에 쓸 뇌수를 노리고 아이를 죽였고, 머리를 싼 봉투에 묻은 흙과 현장의 흙이 다른 것으로 보아 다른 곳에서 살해된 후 유기된 것이며, 칼날의 흔적으로 보아 칼 쓰는 데 익숙한 사람의 짓이라는 게 경찰의 추리였다. 그리고 아이의 보호자가 아직 나서지 않는 것으로 보아 연루 가능성이 있다고 봤다. 친부모가 목을 벴을 리는 없으므로 아무래도 아이를 얻어다 키우는 사람일 가능성이 높았다.

일대의 모든 가정에 대해 호구조사를 실시했으나 성과가 없었다. 사건 발생 7일째가 되자 초조해진 경찰은 확대 조사를 실시했다. 젖먹이를 잃어버린 가정이 있는지 알아보는 한편, 젖먹이를 얻어다 기르는 집을 조사했고, 간질 환자, 나병 환자, 정신병자, 걸인 등을 닥치는 대로 잡아들였다. 하지만 별다른 소득이 없었다.

사건 발생 20일이 다 되어가자 경찰은 수사 방향을 전환했다. 이제까지는 부검 결과를 토대로 살아 있는 아이의 목을 벤 것으로 전제했다. 하지만 수사에 진척이 없는 것으로 보아 부검 결과가 틀렸을 수도 있었다. 사건 발생 시점을 기준으로 5일 이내에 죽은 아이들의 무덤을 모두 발굴하기로 했다.

사건 발생 21일째, 드디어 머리가 없는 시체가 발견됐다. 사건 발생 5일 전에 뇌막염으로 죽은 1세 여아의 시체였다. 매장에 참여했던 아이 아버지 한창우, 삼촌 한성우, 같은 집에 사는 배구석과 그의 아내, 이렇게 넷에게 다시 무덤을 파헤치게 했더니 머리 없는 시체가 나온 것이다. 네 사람은 긴급 체포됐다.

사건 현장에서 발견된 머리가 여아의 것이라는 증거는 아직 없었다. 부검 결과와 정면 배치됐고, 한창우도 자기 딸의 얼굴과 다르다고 주장했다. 이웃 주민들의 진술도 마찬가지였다. 정확한 결과는 부검을 다시 해야 알 수 있었다.

사건 발생 23일째인 6월 7일, 드디어 부검이 실시됐다. 심하게 훼손된 머리와 몸통을 피부, 혈관, 뼈까지 일일이 다 맞춰보자니 시간이 많이 걸렸다. 부검 결과 머리와 몸통이 일치했다.

그런데 풀리지 않은 문제가 하나 있었다. 바로 핏자국이었다. 현

3호차:
열차 녹사대

장 부근에서 약 2백 미터나 흐른 피를 설명할 수 없었다. 사람의 피는 죽은 뒤 80시간밖에 흐르지 않는다는 것이 의학의 정설인데, 아이가 죽고 머리가 발견되기 전날 밤까지는 120시간이 훨씬 넘었다. 그런데도 현장에는 피가 흐른 자국이 있었다. 최초 부검에서 범행 발생 시간을 10시간 이내로 판단한 것도 현장의 핏자국 때문이었다. 경찰은 사건 당일의 폭우를 이유로 들었지만, 말라붙은 피가 비에 씻겨서 흘렀다면 2백 미터나 이어질 수는 없었다.

사건이 다시 미궁으로 빠지려는 순간, 범인이 자백했다. 범인은 죽은 아이의 가족과 같은 집에 살던 배구석. 막내아들이 간질병을 앓고 있는 친구 윤명구의 부탁을 받고 무덤을 파헤쳐 골을 꺼내주었다 했다.

윤명구는 간질병에 아기 골이 용하다는 소문을 듣고 백방으로 찾고 있었다. 그러던 차에 친구 배구석과 같은 집에 사는 한창우의 딸이 죽었다는 소식을 들었다. 그는 죽은 아이의 골을 꺼내달라고 배구석에게 통사정하며 매달렸다. 배구석은 5월 15일 밤에 아이의 무덤을 파헤쳐 머리를 베고 뇌수를 꺼내 윤명구에게 주었다. 물론 윤명구의 아들은 이후에도 차도가 없었다.

4호차:
왕실의 무임 승객들

4호차는 로열패밀리 전용 차량입니다. 고귀한(!) 혈통의 왕족들만 이용하실 수 있습니다. 인테리어도 그에 맞게 화려해 보이지만, 좌석에 앉은 이들의 면면을 보면 그리 화려하지만은 않습니다. "나의 행복은 슬픈 얼굴을 하고 있다"라는 영국 소설가의 말처럼, 신분은 고귀했으나 삶은 너무도 신산한 경우가 많았거든요.

구름을 만나지 못해 용이 되지 못하고 이무기로 땅에 떨어진 비운의 세자들이 좌석의 첫 열에 앉아 있습니다. 조선의 세자 가운데 무려 열두 명이 왕이 되지 못했습니다. 왜 그들은 적장자 상속의 원칙에도 불구하고 보위에 오르지 못했을까요? 태종과 양녕, 인조와 소현세자, 영조와 사도세자…… 서로를 외면하고 먼 산만 쳐다보고 있군요.

베일로 가려진 저 좌석은 뭐냐고요? 공주와 옹주를 위해 마련된 좌석입니다. 구중궁궐, 그 안에서도 가장 두터운 장막이 드리워진 곳이죠. 그만큼 조용히 살다 가는 공주와 옹주 들이지만, 냉혹한 권력 게임에 휘말려 순탄치 못한 운명을 살았던 이들도 적지 않습니다. 선조 말년에 늦둥이로 태어나 온갖 사랑을 독차지하다 파란만장한 운명을 살았던 정명공주, 인조가 눈에 넣어도 아프지 않을 만큼 아꼈던 효명옹주. 이들의 인생행로는 반전의 대하드라마라고 해도 과언이 아닙니다. 금수저를 물고 태어났다 해도 반드시 행복하지는 않다는 결론에 위안을 얻는다면, '여우의 신포도'일는지요…….

4호차

1

2
인
자
의
비
극

왕의 자리는 재산처럼 상속되는 것이 원칙이다. 단, 재산은 형제자매끼리 나눌 수 있지만 왕위는 오직 한 명만 이을 수 있다. 왕비에게서 난 맏아들, 즉 적장자가 왕좌에 등극한다. 그런데 조선 시대에 적장자로 즉위한 임금은 문종, 단종, 연산군, 인종, 현종, 숙종, 순종, 이들 일곱 명에 불과하다. 세자로 책봉되고도 왕위에 오르지 못한 이가 무려 열두 명이다. 이중에는 양녕대군처럼 아버지의 미움을 사서 폐위된 경우도 있고, 왕위에서 쫓겨난 연산군과 광해군을 부친으로 둔 불운한 아들들도 있다. 또한 세조의 아들 의경세자처럼 젊은 나이에 비명에 간 사람도 있으며, 많은 이들의 기대와 찬사를 한 몸에 받았지만 부왕과의 갈등을 극복하지 못하고 희생된 비운의 세자들도 있다.

인기 없는 아버지, 인조

조선 왕조사상 두번째 반정으로 광해군을 쫓아내고 즉위한 인조. 그는 선조의 다섯째 아들인 정원군의 맏아들로, 광해군과는 삼촌, 조카 사이였다. 광해군은 왕위에 오르자 이복동생인 정원군의 일가를 견제하고 압박했으며, 그 결과 인조의 동생 능창군은 모반죄로 모함을 받아 17세의 나이로 죽고, 충격을 받은 아버지 정원군도 곧바로 세상을 떠났다. 인조는 광해군에게 불구대천의 원한을 품었고, 자신의 외척인 신경진, 구굉 등과 이귀, 이서, 김류, 장유, 심기원, 김자점 등과 같은 서인 세력을 규합해 직접 반정에 나섰다.

반정에 성공하여 왕이 되었지만 이는 시작에 불과했다. 하루아침에 정당성이 세워질 리 없었다. 물론 명분은 있었다. 광해는 폐모살제廢母殺弟, 즉 선조비 인목대비를 후궁으로 강등, 유폐시키고 동생 영창대군을 죽인 죄인이었다. 재조지은再造之恩의 은혜를 베푼 명나라를 멀리하고 오랑캐인 청나라를 가까이하는 반反중화사상적 대외 정책도 문제 삼는 것이 마땅했다.

하지만 임진왜란 당시 분조를 이끌었던 광해군은 백성들의 신망과 믿음을 얻었으며, 따라서 광해군 폐위가 민초들의 열렬한 호응을 얻어내기는 어려웠다. 특히 반정 이후 민심 수습 과정에서 실효성 있는 정책 제시에 실패하자 인조와 서인 정권의 인기는 곤두박질쳤다. 그래서였을까. 인조반정 후 일 년 만인 1624년에 일어난 이괄의 난을 백성들이 반기는 기묘한 상황이 연출됐다. 심지어 한양의 백성들은 도성에 입성한 이괄의 반군을 열광적으로 환영했다고 한다. 실제로 이괄의 난으로 인조가 서울을 떠나던 날, 임금을 따르는 백성은 하나도 없었고, 한강변에서는 왕이 탈 배를 숨겨놓기까지 했단다.

혼란하고 어수선한 나날을 보내던 인조는 재위 3년이 되어서야 겨우 장남을 세자로 세웠다. 하지만 세자빈을 맞는 과정에서 찰떡 궁합을 맞추던 인조와 신하들은 큰 갈등을 겪었다. 반정의 공신이지만 너무 커버린 서인들의 힘을 견제하기 위해 인조는 남인인 윤의립의 딸을 세자빈으로 간택했다. 하지만 서인들은 윤의립이 이괄의 난에 연루되어 죽은 윤인발과 관련되어 있다며 인조와 정면충돌했다.

서인들의 계산법은 단순했다. 목숨을 걸고 잡은 권력을 계속 유지하기 위해서는 왕비를 반드시 서인 가문에서 배출해야 한다는 국혼물실國婚勿失을 지켜야 했다. 결국 서인들이 이겼다. 세자빈 간택은 취소됐고, 분루憤淚를 삼킨 윤의립의 딸은 자결했다. 세자빈 간택 과정에서 최종 단계인 삼간택까지 받은 여자는 간택이 취소되더라도 결혼할 수 없어 죽은 목숨이나 마찬가지였다. 차라리 자진하라고 주변에서 강요했다고 하니 실로 잔혹한 일이다. 이러한 우여곡절을 겪은 소현세자는 그로부터 2년 뒤, 결국 서인인 강석기의 딸을 세자빈으로 맞이했다. 고려 시대 귀주대첩의 주인공, 강감찬 장군의 후손인 그녀가 바로 세자빈 강씨다.

불모 신세에서 보물단지가 된 소현세자

소현세자 부부는 처음에는 사이가 좋을 수 없었다. 세자빈 간택을 둘러싼 힘겨루기와 불협화음을 생각하면 이해될 것이다. 첫아이도 결혼한 지 9년 만에 태어났을 만큼 소원했던 두 사람이 급격히 친밀해지고 운명을 공유하게 된 계기는 외부로부터 왔다.

임진왜란의 충격이 가시지 않은 상태에서 북방의 신흥 강국인 청나라는 조선을 전면 침공하는 병자호란을 일으켰다. 명분을 앞세운 친명 외교와 허약한 군사력으로 맞선 조선은 청의 대군에게 파죽지세로 무너졌다. 결국 인조는 청 태종 앞에서 삼배고구두례의 치욕을 겪었고, 두 아들 소현세자와 봉림대군을 인질로 내주었다.

승자가 모든 것을 결정하는 냉혹한 전쟁의 법칙 앞에서 패전국의 세자는 그야말로 바람 앞의 촛불 신세였다. 백성들은 적국에 볼모로 떠나는 소현세자에게 깊은 동질감을 느꼈고, 애통해하며 번번이 세자의 행렬을 가로막았다. 그러는 바람에 청의 도읍인 심양까지 가는 데 두 달이나 걸렸다고 한다.

불안과 공포를 느끼며 심양에 도착한 세자 일행에게 청나라 조정은 융숭한 대접을 해줬다. 숙소를 새로 만들어주고 음식과 비용을 지원해주었다. 그럼에도 끌려온 볼모로서의 불안감은 가중되어 갔고, 이 과정에서 소현세자 부부는 급속히 가까워졌다. 외부의 적이 나타나면 내부의 갈등은 보류되고 공동으로 힘을 합치게 되는 법이니 말이다.

시간이 약이라고 했다. 특히 한민족은 어디를 나가도 주인이 되는 수처작주隨處作主의 정신이 투철한 민족이 아니던가. 소현세자를 중심으로 심양에 머물던 조선인들은 점차 자신감을 갖기 시작했고, 볼모 생활 거처인 심양관은 어느새 조선과 청의 현안을 조율하는 교섭 창구로 자리 잡았다.

적국의 심장부에 인질로 잡혀 있는 격이었지만, 소현세자는 차기 왕권 주자로서 사명감을 갖고 조선의 국익을 위해 최선을 다했다. 이에 청나라는 심양관을 조선의 제2 조정으로, 아니, 그보다 더 큰 비중을 가진 곳으로 대했다. 이러한 청나라의 방침이 조선 국왕 부자를 갈라놓고 왕좌의 주인을 바꿔놓을 비극의 발화점이 될 줄을, 누군들 상상이나 했겠는가.

권력은 부자父子도 나눠 갖지 못한다

소현세자와 심양관이 호평을 얻자 심히 불안해하는 사람이 있었으니, 바로 인조였다. 권력은 부자도 나눠 갖지 못하는 법, 소현세자가 국외에서 외교적 성과를 얻는 것은 아버지 인조의 권력 기반을 위태롭게 하는 것으로 간주됐다. 게다가 청나라는 이이제이以夷制夷의 수법으로 조선 국왕 부자 사이를 이간질하는 것이 여러모로 유리하다고 판단해 정책적으로 소현세자를 우대했다.

본래 강대국은 약소국의 권력 집단을 분할 통치하는 것이 자국에 유리하기 때문에 항상 '아랫것들'을 갈라놓으려고 한다. 명나라도 임진왜란 때 선조와 광해군 사이에 긴장 관계를 조성하기 위해 광해군을 높이 평가하는 책략을 구사했다. 패전국의 군주인 인조의 불안과 의심은 커져만 갔다. 심양의 권부에서 병자호란 당시 인조를 폐하고 소현세자를 옹립하지 않은 일을 후회하고 있다는 풍문까지 돈다 하니, 인조로서는 생병이 날 만했다.

갑작스러운 아버지의 병환 소식에 아들 소현세자는 원손인 자신의 아들과 동생 인평대군을 심양에 두고 급거 귀국길에 올랐다. 하지만 꿈에도 보고 싶었던 부친은 너무나 냉담했다. 이제는 정적으로 커버린 아들이 보기 싫기도 했을 것이다. 소현세자는 확연히 소원해진 부자 관계를 몸소 체감하고 쓸쓸히 심양으로 발길을 돌렸다. 그런데 냉랭한 아버지와 달리 백성들은 뜨거운 눈물로 그를 배

웅했고, 소식을 전해들은 인조는 돌아누운 돌부처가 되어버렸다.

한번 눈 밖에 나기 시작한 맏아들은 무엇을 해도 아버지의 마음을 채울 수 없었다. 인조는 소현세자의 모든 행동을 의심의 도마위에 올렸다. 세자가 심양에 머무르면서 농사를 짓고 곡식을 팔아 무역을 시작한 것도 이해하기 어려웠다. 조선의 관리가 명나라 선박에 인삼과 식량을 몰래 실어 보낸 일이 청에 발각되었을 때 소현세자가 압박을 받아 할 수 없이 그를 청나라로 압송한 일이 있었는데, 인조와 서인들은 세자가 강하게 맞서지 못하고 청의 하수인 역할을 했다며 비방하고 미워했다.

아버지와 아들, 파국으로 치닫다

인조 22년(1644년), 세자빈의 아버지가 죽자 소현세자 부부는 장례를 치르기 위해 조선으로 왔다. 하지만 인조는 세자빈이 아버지의 빈소를 찾는 것도, 어머니를 문병하는 것도 허락하지 않고 세자 부부를 심양으로 돌려보냈다. 아버지의 마음이 돌덩이처럼 굳어졌다는 것을 확인한 소현세자의 마음은 참담함과 절망감으로 가득 찼다. 발길을 돌리는 소현세자에게 평양의 백성들은 열렬한 환영과 뜨거운 응원을 보냈다. 지옥과 천국을 오가는 고국에서의 경험으로 순간 판단력이 흐려졌을까. 소현세자는 감격한 나머지 과거를 시행하기로 했다. 문제는 과거 시행이 왕의 고유 권한이라는 점이었다. 왕권을 침해한 소현세자의 '오버'에 인조는 머리끝까지 화가 치솟았다. 엎친 데 덮친 격으로 인조반정의 일등공신인 심기원이 킹 메이커 노릇에 재미를 들였는지 소현세자를 추대하려는 음모를 꾸몄다가 발각되었다. 이제 소현세자와 인조는 돌아올 수 없는 다리를 건넌 셈이었다.

　시간이 흘러 청나라는 산해관을 넘어 북경에 입성해 천하통일을
이루었고, 소현세자는 8년 동안의 인질 생활을 마치고 마침내 몽
매에도 잊지 못하던 조국으로 돌아왔다. 하지만 진정한 고난은 낮
선 외국이 아니라 태어난 모국에서 시작되었다. "아들이 귀국 선
물로 용 문양의 벼루를 바쳤건만 아버지 인조는 벼락같이 화를 내
며 벼루를 던져버렸다"는 이야기가 나돌았다. 그만큼 부자 관계는
파탄에 이르렀다.

　자식 이기는 부모 없다는 게 세상의 이치지만 왕실은 사정이 달
랐다. 아버지의 권위에 시들어가던 아들은 결국 귀국 후 두 달여
만에, 34세의 한창 나이로 유명을 달리했다. 소현세자의 때 이른
죽음은 수많은 루머를 낳았다. 대표적인 것이 아버지 인조의 독살
설이다. 소현세자를 염한 종친 진원군은 "(세자의) 온몸이 검은빛이
었고 일곱 구멍에서 피가 흘러나온 것을 보았다."라고 했다. 인조
가 병든 소현세자에게 침관 이형익을 보내 침을 놓게 했는데, 세자
사후 신하들이 침관을 처벌해야 한다고 하자 이를 일축했다는 대
목 역시 의심스럽다.

인조는 왜 며느리와 손자들도 죽였을까?

하지만 정작 의심을 가중시키는 것은 세자가
죽은 뒤 인조가 보인 행태다. 우선 인조는 소
현세자의 초상을 정말 간소하게 치렀다. 원래
왕세자가 죽으면 왕이 상복을 입는 기간이 꽤
길다. 한데 인조는 한 달을 하루로 환산해 12
일만 상복을 입겠다고 선언했고, 이것도 길다고 단 7일 만에 벗어

버렸다. 신하들의 상복 착용 기간도 일 년에서 3개월로 대폭 단축 시켰다.

손자와 며느리에 대한 인조의 태도는 그야말로 가관이었다. 소현세자의 아들인 원손을 세손으로 책봉할 것이라는 대다수의 예상과 달리 인조는 소현세자의 동생인 봉림대군을 세자로 삼겠다고 결정한 것이다.

이쯤에서 그쳤으면 좋으련만, 인조는 막장 시아버지, 패륜 할아버지의 선마저 넘어버렸다. 인조는 며느리인 세자빈 강씨를 사가로 내쫓은 뒤 사약을 내렸다. 강씨가 시아버지의 후궁인 조씨를 저주했다는 것이 그 이유였다. 조씨가 아들을 둘이나 낳았기에 세자의 자리를 넘볼까 두려워 무당을 시켜 저주를 해왔다는 것이었다. 아무리 생각해도 며느리를 죽일 핑계로는 너무 저급하다. 기나긴 볼모 생활을 마치고 돌아온 지 얼마 되지도 않아 부부는 이렇게 저승길로 떠났다.

마지막으로, 인조는 친손자들을 어떻게 대했을까. 소현세자의 죽음을 알게 된 청나라에서는 세자의 아들들을 데려가겠다고 했다. 불안해진 인조는 손자들이 병으로 다 죽었다고 속인 뒤 실제로 손주 셋을 모두 제주도로 보내버렸다. 부모 잃고 할아버지의 미움을 산 아이들의 성장이 순탄할 리 없었다. 실제로 소현세자의 맏아들과 둘째 아들은 전염병으로 죽고 말았다. 인조가 아들과 며느리, 손자 둘까지 목숨을 잃게 만든 대목에 이르면 이를 단순히 우연의 연속으로 보기 어렵고, 미필적 고의의 혐의가 짙어진다. 인조 본인이 소현세자의 죽음에 개입했기 때문에 며느리와 손자들까지 제거한 것으로 추측하는 이들도 있다. 어차피 손에 피를 묻힐 바에야

몇 명이 대수랴, 이런 심정이었을까.

광해군을 쫓아내고 만인이 우러르는 왕이 되었지만 민심과 인정을 얻지 못하자 자존감과 자신감을 잃어버린 인조. 그런 자신과는 대조적으로 백성들의 열화와 같은 지지와 인기를 획득하며 우뚝 커버린 아들 소현세자. 출구를 찾지 못한 인조의 열등감과 자괴감은 아들에 대한 질투와 시기로 이어졌고, 결국 부자의 운명은 기구한 막장드라마로 끝나버렸다. 아버지와 아들의 관계는 오이디푸스 콤플렉스처럼 긴장과 갈등의 연속이다. 권력의 1, 2인자 사이의 긴장 관계가 부자로서의 인륜을 압도해버렸다는 것이 소현세자 비극의 본질이다.

현실에 스러진 효명세자의 꿈

조선 중흥의 기수이자 계몽 군주의 자질을 보인 정조. 그의 죽음을 계기로 조선은 급속히 쇠퇴했다. 정조는 아들인 순조의 장인이자 아끼는 신하였던 김조순에게 왕권을 뒷받침해줄 것을 유지로 남겼지만, 이는 오히려 안동 김씨 세도정치 시대를 열어주는 자충수가 됐다.

순조 즉위 후 영조의 마지막 정비였던 정순왕후가 수렴청정에 나서면서 노론 세력이 다시 득세했는데, 이는 그리 오래가지 못했다. 5년 뒤 정순왕후가 사망하자 김조순은 권력을 휘어잡으며 안동 김씨 60년 장기 집권의 발판을 마련했다. 홍경래의 난, 진주 민란 등 팔도가 민란의 불길에 휩싸였고, 지배층의 백성들에 대한 가렴주구로 민생은 바닥 없는 지하로 꺼져갔다. 서양 제국주의의 마수가 서서히 조선을 사정권에 놓고 다가오고 있었지만, 낡은 위정척사의 세계관과 현실과 유리된 성리학으로는 아무런 대책을 내놓을 수 없었다. 하지만 절망 있는 곳에서 희망이 싹튼다고, 이 암울한 시기에 조선 왕실은 마지막 반전의 한 수를 예비하고 있었다. 바로 순조의 아들, 효명세자였다.

148년 만의 적장자, 손자는 할아버지를 닮는다

효명세자는 귀한 자식이었다. 왕과 왕비 사이에 태어난 첫아들, 그것도 148년 만에 왕비의 몸에서 태어난 적장자로, 조정과 백성의 기대와 관심을 한 몸에 받았다. 그런 그가 4세부터 시작된 세자 수업에서 발군의 재능과 실력을 발휘하면서 주위의 기대는 더욱 높아갔다. 격세유전이라는 말처럼 효명세자는 할아버지인 정조의 학문적 자질과 열정을 물려받은, 될성부른 떡잎이었다.

효명세자는 정치 감각 또한 할아버지 정조처럼 출중했다. 그는 왕실을 둘러싼 엄혹한 정치 역학을 점차 깨달아갔다. 외조부 김조순을 필두로 한 안동 김씨 세력이 왕실을 병풍처럼 에워싼 현실. 예비 군주로서 이러한 현실을 돌파하기 위해 그는 학문을 개혁의 수단으로 연마하면서 세종과 정조를 이상적 롤모델로 설정했다. 왕권 강화를 위해 세종의 원숙한 경륜과 치세, 정조의 학문과 개혁 의지를 익힌 것이다.

기회는 도둑처럼 찾아왔다. 19세의 효명세자가 직접 국정의 일선에 나서게 된 것이다. 순조 27년(1827년), 38세의 순조는 아들인 효명세자에게 군사권을 제외한 모든 사무를 위임하는 대리청정을 명했다. 보통 왕이 대리청정이나 양위 등 은퇴할 의사를 비치면 신하들은 일단 '통촉하시옵소서'를 외쳐야 했다. 적극적으로 반대하지 않으면 그 자체로 역심을 품은 것으로 간주됐다. 하지만 효명세자의 경우에는 달랐다. 순조의 왕권이 그만큼 약하다는 증거이기도 했지만, 어떻든 조정 신료들은 세자의 대리청정을 무난하게 받아들였다.

외척이 설치면 왕실이 망한다

세도정치는 조선 후기 순조 대에 시작됐다고 하지만, 원조를 따지면 세조의 책사 한명회로 봐야 한다. 한명회는 예종과 성종의 장인으로 무소불위의 권력을 행사했다. 세조 시절부터 무려 세 명의 임금을 섬기면서 사실상 나라를 주물렀던 핵심 실세였다. 특히 성종의 왕위 계승 과정에 절대적 영향력을 행사한 킹 메이커였다.

하지만 조선은 태종이 자신의 처남들을 모조리 숙청할 만큼 왕의 외척이 국정에 개입하는 것에 지극히 부정적이었다. 한명회는 예외적 경우였고, 세도정치로 외척이 역사에 전면적으로 재등장하기까지는 수백 년이 걸렸다.

리바이벌된 세도정치는 전과는 차원이 달랐다. 조선 전기 때는 한명회라는 개인이 북 치고 장구 치고 했지만 순조 때부터는 안동 김씨라는 가문이 뒷받침했고, 기간도 무려 60년에 달했다. 마치 고려 시대의 최씨 무인 정권 60년을 연상시킬 만큼 조직적이고 강력했다.

안동 김씨의 세도정치는 대물림되면서 조선의 정치, 경제, 사회 등 전 영역을 피폐하게 만들었다. 재미있는 것은 세도정치를 열어젖힌 김조순이 사심이 덜하고 합리적으로 권력을 운용하여 두루 평판이 좋았던 인물이었다는 것이다. 하지만 권력의 수레바퀴는 한번 굴러가기 시작하면 오로지 더 많은 힘과 부를 집중시키는 쪽으로만 경로가 설정된다. 안동 김씨 또한 예외가 아니었다.

세자의 왕권 되치기 vs 안동 김씨의 세도 버티기

순조는 아들인 효명세자를 통해 처음이자 마지막으로 건곤일척의 승부수를 던졌다고 볼 수 있다. 순조가 19세의 왕세자에게 대리청정을 시킨 것은 안동 김씨 일색의 정치 지형에 일대 지각 변동을 가져올 수 있는 강편치였다. 왕권 강화라는 이 보 전진을 위해 자신은 일단 한 걸음 물러서는 전형적인 승부사의 모습이었다. 새 술은 새 부대에 담는다고, 세자가 대리청정을 통해 인사 및 정책 결정에 자연스럽게 개입하면 새로운 질서가 형성될 것이 자명했다.

이 같은 부친의 심중을 헤아린 효명세자 또한 나이에 맞지 않게 노련했다. 처음에는 의욕을 드러내지 않고 조용히 업무를 챙겨나갔다. 왕권 강화에 가장 필요한 것은 왕 자신의 의지와 결단이지만, 왕을 전면에서 보위해줄 인물과 세력을 얻지 못하면 한여름 밤의 꿈에 그친다는 것을, 세자는 누구보다 잘 알고 있었다.

세자가 선택한 것은 안동 김씨에 밀려 존재감을 잃어가고 있던 영원한 집권 세력 노론, 그리고 자신의 처가인 풍양 조씨였다. 비주류 세력이었던 일부 소론 및 남인과는 안동 김씨 인사들에 대한 비리를 탄핵하도록 긴밀한 협조 관계를 구축했다. 이에 효명세자는 영의정 김익의 손자 김로, 추사 김정희, 권돈인 등을 중용하고 장인 조만영과 사돈지간인 이지연, 이기연 형제 등에게 지원을 아끼지 않았다. 그 결과 효명세자는 단시일에 안동 김씨를 견제할 만한 세력을 마련했고, 세도정치 종식이 멀지 않았다는 긍정적 메시지를 조정과 백성들에게 던질 수 있었다.

21세 구원투수, 강판당하다

끝이 보이지 않는 세도정치의 터널 속에 갇혀 있던 백성들에게 효명세자는 한 줄기 빛과 같은 존재였다. 효명세자의 대리청정은 오랜 가뭄 끝의 감로수와 같았다. 실제로 효명세자가 국정의 전면에 나섰던 3년 동안 백성들은 격쟁과 상언을 473건이나 올렸다고 한다. 소통과 경청의 정치에 대한 민심의 기대가 얼마나 컸는지 알 수 있는 대목이다.

조만간 조선에도 봄이 찾아오리라는 백성의 희망은 날로 커졌다. 그러나 늘 그렇듯이 현실은 기대를 배신하는 쪽으로 흘러갔다. 효명세자가 갑자기 피를 토하며 쓰러진 것이다. 21세의 청춘은 금방이라도 자리를 훌훌 털어내고 일어날 것처럼 보였지만 며칠 만에 영원히 잠자리에 들었다. 아버지 순조의 절망은 하늘에 닿을 정도였다.

"아! 하늘에서 너를 빼앗아 감이 어찌 그렇게도 빠른가? 네가 상제를 잘 섬길 것이라고 여겨서 그런 것인가? 장차 우리 나라를 두드려서 망하게 하려고 그런 것인가? 아니면 착하지 못하고 어질지 못하며 덕스럽지 못하여 신명神明에게 죄를 얻어 혹독한 처벌이 먼저 세자에게 미쳐서 그런 것인가? 내가 장차 누구를 원망하고 누구를 허물하며 어디에 의지하고 어디에 호소할까?"_『조선왕조실록』 순조 30년(1839년) 7월 12일

19세기 효명세자의 등장은 9회 말, 무사에 주자 만루 위기에 처한 조선 왕실 팀에 구원투수가 등판한 것과 같았다. 신인이지만 노련한 제구력과 만만치 않은 위기관리 능력을 보여줬던 효명세자는 안동 김씨의 세도정치 강타선을 순조롭게 요리해나가다가 예기치 않은 부상으로 역사의 무대에서 강판당했다. 참으로 애석하고 안타까운 일이다.

2

구름을 만나지 못한 용들

조선의 건국자 이성계가 동북 지방의 군인으로 지낼 때, 그의 집안 사람들은 로열패밀리가 되는 꿈을 한순간이라도 꾸었을까. 이성계의 아들들은 자신들이 왕자가 될 줄 알았을까. 모를 일이다. 하지만 누구는 왕이 되고 누구는 왕자가 되었다. 오래된 주종 관계가 하루아침에 허공 속으로 흩어지고 새로운 질서가 세워졌다. 그러나 용은 구름을 만나야 승천하고 호랑이는 바람을 따라야 도약하듯, 아무리 화려한 이름을 갖고 있어도 때를 만나지 못하면 만사휴의다. 시대와 상황, 개인의 한계 등으로 강요된 삶을 살아야 했던 불우한 왕자들이 여기 있다.

잘난 동생 때문에, 여자 때문에…… 폐세자 양녕

왕좌를 코앞에 두고 분루를 삼키며 낙마한 폐세자의 최고봉은 태종의 장자 양녕대군일 것이다. 아버지 태종의 심중에 동생 충녕이 있음을 알고 일부러 못된

일, 못난 짓만 저질렀다는 믿거나 말거나 일화가 있지만, 이는 후인들이 지어낸 허구일 가능성이 높다. 양녕 또한 예비 군주로서 호방한 성품에 탁월한 자질을 겸비했다는 기록이 있다.

대개는 양녕이 끊임없는 여성 문제로 폐위되었다고 본다. "지칠 줄 모르는 세자의 스캔들에 화가 난 태종이 이상적인 군주의 자질을 드러낸 충녕으로 결단을 내렸다." 이런 시나리오다. 그런데 말이다, 여기서 잠깐 양녕의 폐세자 사건 전후의 정황을 살펴보아야겠다. 폐세자라는 국가의 명운을 좌우하는 중대한 결정에는 반드시 정치적 이해관계가 숨어 있기 마련이니 말이다.

조선 건국 3년차인 태조 3년(1394년), 양녕이 태어나자 이방원은 아이를 외가에서 양육하도록 조치했다. 양녕 이전에 낳은 아이들이 번번이 죽어나가자 고심 끝에 내린 결정이었다. 외가인 민씨 집안은 양녕을 신주단지처럼 모시며 애지중지 길렀다. 떠오르는 태양인 양녕을 맡게 된 이상 앞으로 민씨 집안의 권력과 부는 튼튼한 반석에 올라앉을 것이라고 믿어 의심치 않으면서 말이다. 결과적으로 이것이 양녕과 민씨 집안 모두를 파멸로 몰고 가는 지옥길이 되리라고는, 당시에는 누구도 생각하지 못했다.

양녕의 외가를 싹쓸이하라! 1400년, 태종이 왕위에 올랐다. 1404년에는 양녕이 세자로 책봉됐다. 형제들을 도륙하고 즉위한 태종은 왕실의 번영과 안정을 위해 적장자 계승의 원칙을 반드시 확립하겠다고 다짐했다. 이때만 해도 양녕은 믿음직한 맏아들이었다.

양녕의 어머니인 원경왕후 민씨와 외삼촌 민무구는 이제 자신들의 시대가 왔다고 환호작약했다. 물론 곧 깨어날 꿈이었다. 태종은 민씨 집안에 힘이 쏠리는 것을 예의주시하고 있었다. 태종의 장인인 민제가 영의정으로, 처남인 민무구는 대장군으로 권력의 두 축을 민씨 집안이 장악하고 있었기 때문이다. 이런 상황에서 외가에 우호적인 양녕이 왕이 된다면 민씨 가문의 힘이 왕실을 흔들 만큼 커질 것은 명약관화였다.

이에 태종은 민씨 집안을 숙청하는 정치 공작에 착수했다. 이를 위해 왕들이 애용하는 조치, 양위를 이용하기로 했다. 태종은 '궁궐에서 부엉이가 자주 우니 세자에게 왕좌를 넘기겠다'고 기습 발표를 했다. 당연히 신하들은 전전긍긍하며 반대를 표했고, 태종은 못 이기는 척 선위의 뜻을 거두어들였다. 그러나 이것은 민씨 집안을 치기 위한 포석이었다. 양녕의 외삼촌인 민무구와 민무질은 '태종이 선위하려 할 때 화색이 돌고 복위한 뒤에는 불쾌한 표정을 지었다'는 지극히 주관적인 구실로 탄핵을 당했다. 둘은 곧바로 유배 길에 올랐다. 양녕의 다른 외삼촌들, 민무휼과 민무회도 몇 년 뒤 귀양을 가면서 민씨 집안의 기둥이 모조리 무너졌다.

양녕이 공부를 한다? 소가 웃겠네!

세자의 공부는 학습 내용도 내용이지만 인내심과 절제력을 기르는 중요한 수단이었다. 만인의 우두머리로 집권한 왕이 감정적이고 자의적으로 국사에 임하면 나라가 금세 엉망진창이 될 터, 공부를 통해 경청과 소통의 능력을 키워야 왕실과 나라의 안녕이 보장된다고 본 것이다. 그러나 양녕은 공부에 게을렀다. 아버지의 지나친 관심과 엘리트 스승들의 과도한 교육이 지긋

지긋했던 걸까.

몸과 마음이 지친 양녕은 이성에게 눈을 돌렸다. 양녕의 피 끓는 청춘 시대가 열린 것이다. 첫 연애 상대는 기생이었다. 봉지련이라는 기생과 눈이 맞더니 몰래 궁궐로 불러들이는 등 사랑의 열병에 빠졌다. 노한 태종이 봉지련을 옥에 가두자 양녕은 몸져누웠다. 태종은 한 발 물러서서 봉지련을 석방시키고 양녕을 잘못 보좌했다고 쫓아낸 내시들을 원대 복귀시켰다. 하지만 이후에 감시와 보고를 한 단계 강화시켜 양녕을 꼼짝달싹 못하게 옭아맸다.

억압이 있는 곳에 반발이 있다고, 양녕의 애정 행각은 가일층 화려해졌다. 기생들을 몰래 데려와 잔치를 열어젖혔고, 큰아버지의 애첩을 건드렸다. 한밤에 미모가 출중한 사가의 규수를 찾아갔다가 태종에게 발각되기도 했다. 결정적인 한 방은 곽선의 첩, 어리와의 스캔들이었다.

"아버지, 너무하네요!"

양녕은 조선의 로열패밀리들 가운데 단연 돈 보이는 바람둥이다. 심프슨 부인과의 사랑을 위해 왕위를 버린 영국의 에드워드 8세처럼 양녕은 어리와의 로맨스로 왕좌와 인연이 끊겼다. 양녕은 어리를 보자마자 첫눈에 반했다. 궁에 어리를 데리고 왔다가 발각되었고, 둘은 헤어졌다. 그러자 양녕의 장인 김한로가 어리를 몰래 궁으로 데려왔고, 재회한 연인들은 아이까지 낳았다. 진상을 조사한 태종은 진노하여 폐세자 문제까지 거론했고, 김한로를 파직하고 세자빈도 쫓아냈다. 당연히 어리도 내쳐졌다. 이것으로 일이 진정되는가 싶었지만 연인과 헤어진 양녕은 물불을 가리지 않았다.

양녕은 아버지에게 원망과 울분을 쏟아내는 서한을 올렸다. '아버지 당신은 온갖 여자를 시녀로 받아들여 즐기면서 왜 아들인 내가 첩을 몇 명 가졌다고 이렇게 난리 블루스를 추시느냐'는 내용이었다. 평범한 가정 같으면 웃으며 넘길 수 있겠지만(하긴 평범한 가정이라면 이런 일이 일어나지도 않겠지만), 이런 도발적인 편지를 올린다는 것은 왕권에 대한 정면 도전, 또는 선전포고나 다름없었다. 태종은 편지를 접수한 지 이틀 만에 전격적으로 폐세자를 선포하고 셋째 충녕을 세자로 책봉했다. 그리고 두 달 뒤 충녕, 즉 세종에게 보위를 넘기고 상왕으로 자리를 옮겼다. 양녕이 자충수를 뒀다고 하지만, 태종의 발 빠른 행보를 보면 양녕의 성격을 염두에 둔 폐세자 시나리오를 미리 마련해 실행에 옮긴 듯하다.

살려면 아들의 여자까지 빼앗아라

폐위된 양녕대군의 엽색 행각은 갈수록 추악해졌다. 심지어 아들 서산군 이혜의 애첩을 빼앗기도 했다. 이혜는 음주 후 주사로 사람을 죽였는데, 알고 보니 아버지에게 첩을 빼앗기고 화가 나서 술을 마시다 행패를 부리면서 벌어진, 《서프라이즈》에 나올 만한 사건이었다. 세종은 조카의 딱한 사정을 알고 방면해주었는데, 이후 이혜는 아버지의 망동으로 인한 트라우마를 극복하지 못하고 이상행동을 계속했다고 한다. 출가하겠다고 소동을 피우질 않나, 시중들던 노비를 못으로 찌르질 않나, 심지어 자기아들까지 못으로 다치게 하는 등 끝이 없었다. 원인 제공자인 양녕이 아들 이혜를 찾아가 다독거렸지만 결국 이혜는 스스로 목숨을 끊었다.

양녕은 그 후 강도를 조금 낮추기는 했지만 여전히 자유롭고 방탕한 생활을 이어나갔다. 정치에는 한 발짝도 들여놓지 않고 여자와 놀이만 탐하는 양녕, 그를 누가 건드리겠는가. 어쩌면 그랬기에 양녕은 세종에 이어 문종, 단종, 그리고 세조에 이르기까지 호의호식을 이어갈 수 있지 않았을까. 즉, 파락호 전략은 생존을 위한 양녕의 정치적 판단에서 나온 것이 아닐까. 양녕은 조카인 수양대군이 계유정난을 일으켜 왕위에 오르자 적극 지지했고, 단종을 사사할 것을 주장하는 등 동물적인 생존 본능을 보여줬다. 이러한 맥락에서 보면 '바람을 피우기 위해 산 것이 아니라 살기 위해 바람을 피웠다'는 것이 양녕의 일생을 요약하는 한 문장이 될 수 있겠다.

억지로 왕이 된 아비와 그 아들들

조선 태조의 둘째 아들인 이방과는 일찍부터 아버지를 따라 전쟁터에 나선 뼈가 굵은 무인이었다. 이성계가 왕조를 개창한 후 영안군에 봉해졌으나 정치적 야심은 없었다. 공교롭게도 태조의 맏아들 방우 또한 여말 선초의 어수선한 정국에 비판적인 거리를 유지하면서 술로 세상을 보냈다. 그러나 다섯째 아들 방원은 달랐다. 그는 태조 7년(1398년)에 1차 왕자의 난을 일으켜 정도전과 동생 방석, 방번을 제거하면서 아버지 이성계를 단숨에 정치적 식물인간으로 전락시켰다. 실질적인 왕이 된 방원은 형 방과를 조선의 2대 국왕 정종定宗으로 앉혔다.

졸지에 임금이 된 방과는 어안이 벙벙했다. 야심도, 세력도 없는 상황에서 왕위에 오른 운명이 복이 될지 화가 될지 알 수 없는 일이었다. 그러나 바로 그것이 그의 미래를 보장하는 가장 든든한 근

거가 됐다. 권력 의지가 없고 참모나 추종자 들이 부재하다는 바로
그 이유 때문에 정종은 방원이 대권을 위해 건너야 할 세찬 여울
에 마침맞은 징검돌이 된 것이다.

더욱이 정종에게는 적자가 없었다. 정종의 적자들이 있었다면
또 다른 꿈을 꾸지 말라는 법이 없었겠지만, 정종과 정비인 정안왕
후는 자식을 두지 못했다. 정종은 첩들에게서는 무려 15남 8녀라
는 많은 자식을 얻었는데, 이들의 모계는 천민이거나 재혼한 여인
들이었다. 하지만 아무리 무늬만 왕이라도 왕은 왕이다. 마찬가지
로 어미의 피가 서출, 천출이라도 왕의 아들은 왕자다. 몸에 맞지
않는 옷처럼 갑자기 왕자로 신분이 상승된 정종의 아들들, 그들의
삶은 어떠했을까?

"내 아들이
아닙니다"

조정에서는 '허수아비 왕도 왕인 이상 세자를
세워야 한다'는 여론이 슬며시 일어났다. 대
사헌을 맡은 조박이 정종의 여러 아들 중에서
한 명을 발굴했다. 정종의 첩 가운데 유일하게 양인 출신인 유씨
가 낳은 자식, 불노를 데리고 온 것이다. 물론 유씨도 재혼녀의 처
지로 정종을 만났다. 정종은 지방에 살던 불노를 오랜만에 상봉하
고 반갑게 맞이했다. 불노의 어미도 등급을 올려줬다. 동생 방원의
눈치를 보면서 늦추지 않던 긴장의 끈을 자기도 모르게 슬쩍 풀었
는지도 모르겠다. 이렇게 되자 권력 집단에서 불노를 경계하기 시
작했다. "어떻게 잡은 권력인데, 어디서 굴러먹던 개뼈다귀가 감히
끼어들어! 이건 우리(이방원 일파)에 대한 정면도전이 아닌가!"

정종의 생존 감각이 발동했다. 아들 불노에게 호부呼父를 허용하

다가는 온 가족이 피바람에 휩쓸려 날아갈 판국이었다. 벼랑 끝에 몰린 위기를 타개하기 위한 가장 현명한 해결책은 불노와의 부자 관계를 전면 부정하는 것이었다. 정종은 '불노는 내 아들이 아니다. 첩인 유씨가 전 남편과의 사이에서 배어 와 낳은 자식'이라고 선언했다. 다행인지 불행인지 불노는 쫓겨났지만 목숨은 건질 수 있었다. 그러나 얼마나 억울했던지 계속해서 아버지는 정종이라고 되풀이하다가 유배에 처해졌다. 신하들이 불노를 역모죄로 엄히 다스릴 것을 강청했지만 태종 이방원이 그때마다 묵살했다고 한다. 불노는 결국 승려로 운명을 마감했다.

그 많던 아들들은 다 어디로 갔을까

앞서 정종은 열다섯 명의 아들을 두었다고 했다. 그중 문자를 해독할 수 있는 아들들은 모두 불문으로 귀의했다. 신분 사회에서 처음에는 어머니를 잘못 만나 서출, 천출 소리를 듣다가 운 좋은 아버지 덕분에 왕자가 되었다. 그러나 자신의 능력으로 왕이 되지 못한 아버지는 결국 자식들을 종교의 세계로 출가시켰다. 정종의 강박증적 불안감과 권력의 위협이 맞물려, 아들을 모두 불제자로 만들어 그 생명을 보존하고 집안도 지키는 고육지책을 빚어낸 것이다. 한 번 생애에 왕자와 승려를 모두 경험했으니 참으로 희귀한 삶이 아닐 수 없다.

나머지 아들들의 삶은 어떠했을까. 어떻든 조선의 왕자들이 아닌가. 정력가인 아버지 정종의 피를 이어받고 신분도 고귀하다 보니 여난女難이 끊이지 않았다. 이군생은 처형과 간통한 사건이 발각되었으나 왕실 종친이라는 신분 덕에 벌을 받지는 않았다. 이의 생은 음행이 들통나 섬으로 5년간 유배되었다. 이무생은 기생 파티를 벌이다 형 의생이 관계한 기생을 범한 죄로 유배되었다가 또 다른 기생에 빠져 본처를 소박한 문제로 조선 사회에서 좀처럼 보기 힘들게 아내에게 이혼을 당했다. 이들은 제대로 교육받지 못한 상태에서 로열패밀리의 일원이 되다 보니 주체 못 할 힘을 물욕과 성욕에만 탕진하는 어리석은 삶을, 그러나 오히려 정치적으로 무색무취하여 자신의 생명을 보존한 지혜로운 삶을 살았다. 불행과 다행이 겹친 인생이랄까.

이혼이 로또보다 어렵던 시절, 두 번 이혼한 제안대군

가족이 천하의 근본인 유교 이데올로기는 이혼을 허용하지 않았다. 강상의 법도와 윤리가 허물어지기 때문이었다. 조선에서는 이혼이라는 말이 사회적 금기어였다. 그러나 예외 없는 법칙 없듯이, 아내가 간통을 했거나 아들을 낳지 못하거나 질투를 하는 등 이른바 칠거지악에 해당하면 사정을 고려해 이혼을 허가하기도 했다(따라서 이혼소송의 주체는 절대다수가 남성이었다). 이혼의 결정이 왕의 고유 권한이었던 시절, 이혼이 로또 당첨만큼 어렵던 시절, 두 번의 이혼을 성사시킨 남자가 있었다. 예종의 아들 제안대군이다. 백성의 모범이 되어야 할 왕족으로, 더구나 예종의 적장자로 왕이 됐어야 할 사람이 이혼을 거듭하다니, 기구한 사연이 없을 수 없겠다.

제안대군은 세조의 손자로, 그의 아버지 예종은 세조의 둘째 아들이었다. 애초 세조의 적장자는 맏아들 의경세자였다. 의경세자는 두 아들, 월산군과 잘산군을 남기고 일찍 세상을 하직했다. 월산군이 세자가 되어야 했는데, 그렇게 되면 어린 세자와 장성한 삼촌(해양대군, 훗날의 예종)의 대립 구도가 형성될 터였다. 이를 경험했던 세조는 의경세자의 동생인 해양대군을 세자로 책봉해 갈등의 싹을 미연에 잘라버렸다. 그러나 예종이 즉위한 지 일 년 만에 훙薨하면서 왕위는 세조의 애초 적장자인 의경세자의 후손에게 돌아갔다. 그런데 의경세자의 장자인 월산군이 아니라 차자인 잘산군이 즉위했다. 조선의 왕권 교체기마다 중요한 역할을 하는 왕실의 어른, '대비마마'의 영향이 컸다. 세조비 정희왕후는 왜 잘산을 선택했을까.

글공부와 담을 쌓아야 목숨을 복지한다

표면적인 이유는 단순했다. "예종의 적장자는 너무 어리고, 의경세자의 아들인 월산군은 건강하지 못하다"는 것이었다. 그리하여 월산군의 동생 잘산군이 떠오른다. 잘산군의 장인이 누구인가. 세조의 계유정난을 막후에서 설계한 모략가이자 음모가, 그리고 당대의 권세가인 한명회가 아닌가. 잘산이 왕이 되어야 정국이 안정적으로 굴러갈 수 있다는 것이 왕실 어른인 정희왕후의 판단이었다. 이런 권력 구도 속에서 잘산군은 성종으로 즉위했다.

이제 남은 불씨는 예종의 적장자, 훗날의 제안대군이었다. 네 살 나이에 아버지를 잃은 어린 아들을 지키기 위해 생모인 안순왕후는 결단을 내렸다. 아들에게 글을 가르치지 않은 것이다. '그깟 글줄이나 읽으려다가 목숨을 내놓는 참극'을 방지해야 했다. 제안대군은 제대로 된 교육을 받지 못하고 자랐다. 고심에 찬 어머니의 선택이 아들을 불학무식한 인간으로 만든 것이다.

제안대군에게 결혼이란? 미친 사랑, 불가능한 사랑

제안대군은 아홉 살에 평원대군의 양자가 되었고, 열두 살에 이름 없는 집안의 여식과 혼례를 치렀다. 이제 예종의 적장자도 아니었고, 뒷받침해줄 처가도 없었다. 일설에 당시 성종의 어머니인 인수대비가 제안대군을 경계해 이 같은 일련의 일들을 주도했다고 하는데, 불씨를 사전에 제거하는 차원에서 있음직한 일이다.

그런데 제안대군이 맞은 처는 심신에 큰 문제가 있었다. 다리를 저는 지체 장애인이었고, 정신도 온전치 않았다. 결혼 생활은 원만할 리 없었고, 결국 2년 만에 이혼으로 막을 내렸다. 안순왕후는 아들을 바보로 만들었지만, 자식과 후손을 위해 괜찮은 혼처를 고르기로 결심했다. 그 결과 제안대군은 이조판서를 지낸 박중선의 딸과 가연을 맺었다.

서방이 서방 구실 못 하니 몸종에게 맘이 가네요

하지만 이 결혼도 무위로 끝났다. 여자 쪽의 문제가 아니었다. 알고 보니 제안대군은 성 능력에 장애가 있었다. 한창 혈기가 방장한 여인이 긴긴 밤을 독수공방하기는 힘들지 않겠는가. 두번째 아내인 박씨는 동성애로 눈길을 돌린 것 같다. 여자 노비들과 동성애에 빠졌다는 혐의를 얻자 박씨는 완강히 부인하면서 결백을 호소했다. 물증을 찾기도, 로열패밀리의 일원에게 죄를 추궁하기도 어렵고 해서 사건은 대충 마무리됐다.

그러나 박씨는 결국 유배됐고, 제안대군은 다시 파경을 맞았다.

두 번의 이혼을 겪은 제안대군이 선택한 세번째 혼처는 어디였을까? 놀랍게도 그는 첫번째 아내에게 돌아갔다. 온전하지 못한 병인이라 해도 함께 있으면 마음이 편하다고, 제안대군이 고집했다고 한다. 불학무식에 성기능 장애를 가진 이혼남이었지만 바로 그런 결점투성이 인생이었기에 왕들은 제안대군을 경계하지 않았다. 성종 이후 역대 왕들은 제안대군을 더욱 각별히 보살폈다. 불쌍한 동생, 가여운 아저씨이기도 했지만 교육을 받지 않은 제안대군의 성품이 아이와 같이 천진무구해 24시간 긴장의 끈을 놓을 수 없는 왕실 생활에 활력소가 됐기 때문이다.

중종은 제안대군의 이런 품성을 특히 좋아했다. 하루는 중종이 소가죽으로 만든 최고급 허리띠를 진상받았는데, 이를 본 제안대군이 허리에 차보고는 달라고 졸랐다. 중종은 웃으면서 띠를 선물했다. 지엄한 임금의 물건을 윤허도 없이 건드리고 갖겠다고 떼를 쓰는 것은 어마어마한 불충이다. 그러나 제안대군의 마음이 텅 비어 있다는 사실을 알기에 중종은 기꺼이 관용한 것이다. 나중에 중종은 제안대군이 위독하다는 소식을 듣고 직접 찾아가 임종을 지켰다. 모진 권력의 풍파 속에서 비교적 순항한 것으로 평가받는 제안대군. 어머니 안순왕후가 아들에게 무교육의 교육(!)을 시킨 것이 잘한 일이었다 해야 할까.

3

구중궁궐에서 가장 두터운 장막은 왕의 딸들에게 드리워져 있었
다. 왕비가 낳은 공주나 후궁이 낳은 옹주는 관심의 대상이라기보
다는 보호의 대상이었기에 역사적 사건에 직접 이름을 올리는 경
우는 거의 없었다. 하지만 왕의 딸도 모든 것을 끌어당기는 권력의
자기장에서 마냥 자유로울 수는 없었다. 수양산 그늘이 강동 팔십
리를 가듯이 너무 대단한 아버지 밑에서 태어난 딸들은 대하드라
마처럼 곡절 많고 부침 심한 인생을 살아야만 했다.

아버지를 잃고　정명공주는 선조의 적통이다. 미증유의 국난
쫓겨난 공주　　인 임진왜란이 끝난 지 4년여 만에 51세의 선
　　　　　　　　조는 열아홉 처녀를 새 왕비로 맞아들였다. 훗
날 인목대비가 된 김씨였다. 왕후의 자리에 오른 김씨가 출산한 첫
아이가 정명공주였고, 3년 뒤에 영창대군이 태어났다. 왕권 교체
기에 임박해 태어난 왕실의 자녀들은 탄생 자체가 정치적 이슈가

된다. 정명공주와 영창대군도 마찬가지였다. 세자 광해군을 못마땅하게 여기던 선조와 서인 세력들은 이를 반전의 기회로 삼고자 했다. 광해군과 그를 추종하던 북인들은 잔뜩 긴장했다. 가뜩이나 서자로 출생의 콤플렉스가 컸는데 아들뻘인 동생이 정비의 몸에서 태어났으니, 광해군으로서는 세자 지위가 좌초될 위협을 맞게 된 것이었다.

운명의 여신은 일단 광해군에게 미소를 지었다. 선조는 정명공주가 여섯 살, 영창대군이 세 살 되던 해에 갑자기 저승길에 올랐다. 어린 공주와 대군의 앞날에 먹구름이 끼었다. 이십대 중반에 홀로서기에 나선 인목대비와 어린 자녀들은 정릉동 행궁에서 생활하도록 조처됐다. 외로운 생활을 이어가던 정명공주는 열한 살 되던 해에 마마(천연두)를 앓았다. 같은 해에 광해군의 '앓던 이'였던 동생 영창대군이 강화도로 유배되었다. 고난의 행로가 본격화된 것이다. 영창대군은 유배지에서도 외딴집에 위리안치됐고, 결국 그곳에서 죽음을 맞았다. 먹을 것을 주지 않고 계속 불을 때 쪄 죽였다는 이야기가 나돌았다. 권력은 열 살도 되지 않은 철부지를 가만두지 않을 만큼 잔혹하고 집요하다.

영창의 죽음과 함께 정명공주도 잊힐 것을 강요당했다. 신분도 강등되고 새장 속의 새처럼 자유를 잃고 혼기도 놓친 채, 오로지 목숨을 부지하는 것에 감사하며 살아야 했다. 인고의 세월 동안 정명공주는 서예에 몰두하여 드라마의 제목까지 된 「화정華政」이라는 작품을 남겼다. 올바른 정치가 빨리 돌아와 길고 어두운 유폐 생활에서 풀려나기를 기다린다는 뜻을 담았다고 한다.

고생 끝, 진짜 공주 된 줄 알았더니……

닭의 목을 비틀어도 새벽은 온다던가. 결국 광해군은 재위 15년차에 인조반정으로 몰락했다. 정명공주에게는 희망의 길이 열렸다. 선조의 사망 이후 내리던 장맛비가 그치고 정명의 앞날엔 서광만 비추는 듯했다. 인목대비와 정명공주는 왕족의 신분을 복원하면서 한 많은 정릉 생활을 마감하고 창덕궁으로 입성했다. 정명은 연하의 남자인 홍주원과 혼사도 치렀다. 인조는 정명에게 혼인 지참금 명목으로 초호화판 저택과 1만 결에 가까운 대지를 하사했다.

그러나 인목대비가 세상을 떠나면서 정명공주의 삶에 다시 위기가 닥쳐왔다. 인목대비를 돌보던 인조가 병을 앓게 된 것이 발단이었다. 병으로 심약해진 인조는 누군가가 자신을 저주해서 아픈 것이라고 생각하고 희생양을 찾으려 했다. 아무래도 광해군을 축출한 자신의 행위에 대한 부담감과 이 같은 모반 행위가 자신에게도 일어나지 않을까 하는 두려움이 복합적으로 결부된 상황이었던 것 같다.

사건은 이상하게 흘러갔고, 엉뚱하게도 죽은 인목대비가 인조를 저주하고 새로운 임금을 세우는 데 관여했다는 식으로 얘기가 번져나갔다. 하지만 인목대비는 인조반정의 아이콘이라고 할 만큼 쿠데타의 명분이었기에 다른 희생양이 필요했다. 이리 되자 정명공주가 타깃으로 떠올랐다. 시시각각 죽음의 올가미가 다가오는 것을 느꼈을 정명공주. 얼마나 속이 탔을까. 본디 왕이란 존재가 변덕쟁이이긴 하지만 자상하게 챙겨줬던 인조가 저승사자로 돌변했으니, 그 놀라움과 무서움이야 말해 무엇 하겠는가.

참고 또 참아 캔디가 되다

정명공주는 생사의 갈림길에서 극적으로 귀환했고, 인목대비의 궁녀 몇 명만 처벌하는 선에서 사건이 마무리됐다. 목숨은 건졌지만 안심할 수 없었다. 한번 군주의 의심을 받게 되면 결백을 증명하기란 거의 불가능했기 때문이다. 자라면서 생존을 위협하는 정치 환경에 거듭 단련된 정명공주는 자신을 지키는 생존 감각을 체득하고 있었다. 정명은 인조의 오해를 사지 않기 위해 좋아하던 서예도 포기하고 살림살이에만 신경을 쏟았다. 일체의 활동 없이 17년간 집안으로 망명한 인고의 세월은 인조가 죽고 나서야 끝이 났다.

인내의 대가는 장수였다. 83세로 천수를 누린 정명공주는 조선의 공주들 가운데 최고령을 기록했다. 자손들도 모두 다복했다고 한다. 온실 속 화초에 머물지 않고 생존을 위협받는 거친 환경 속에서도 희망을 잃지 않고 서예 등으로 자신의 격정을 다스리며 내공을 쌓은 것이 위기를 극복한 원동력이었던 것 같다. 돌발적 위기든 만성적 위기든 어떤 상황에서도 정확한 현실 인식과 차분한 대응으로 군주의 의심과 변덕을 극복한 정명공주의 삶. 위기관리의 살아 있는 교과서라고 해도 손색이 없을 듯하다.

"늪에 넣어도 아플지 않을 우리 효명아!", 인조의 딸바보 인증

인조의 딸 효명옹주는 정명공주와 인생 곡선이 정반대다. 젊을 때 잘나가다 인생 말년을 쓸쓸하게 보낸 경우다. 아버지인 인조의 '빽'을 믿고 오만방자하게 행동하다 주변의 인심을 잃었다. 인조가 얼마나 사랑했기에 사람들이 꼼짝을 못 했을까. 효명옹주의 출생 시기에 해답이 숨어 있다.

효명옹주가 태어난 인조 15년(1637년), 인조는 국왕으로서 심한 트라우마를 겪고 있었다. 정비를 상처喪妻한 데다 이마를 찧고 머리를 숙인 삼전도의 치욕에서 헤어 나오지 못하던 때였다. 조정 신료들과 백성들 모두가 뒷전에서 자신을 욕하고 비아냥댄다고 느끼며, 자존감 제로의 무력한 시간을 보내고 있던 인조. 바로 그때 인조 옆에서 입속의 혀처럼 군 존재가 있었으니, 후궁 조씨였다. 그 조씨가 낳은 재롱둥이 딸이 효명이었다.

아무것도 모르는 천진난만한 딸 앞에서 아버지로서의 권위와 자신감이 충전되는 인조였다. 인조는 딸에게 할 수 있는 모든 것을 다 해주고 싶었다. 그래서 최고의 물건, 최상의 상품만을 내주었다. 효명을 위해 조선 팔도를 샅샅이 들춰 몸에 좋다는 것은 다 구해 오라고 엄명을 내렸다. 효명이 깎은 손발톱을 무병장수를 기원하는 부적에 싸서 보관할 정도였다 하니, 가히 딸바보의 전형이다. 귀여움을 독차지한 딸 덕분에 어미인 후궁 조씨까지 덩달아 후광 효과를 입었다. 조씨는 정삼품 소용으로 승진한 데 이어 종일품 귀인까지, 내명부 품계를 다락처럼 올렸다.

효명옹주의 "내가 제일 잘나가!"

일부에서는 조씨가 아들 둘을 연달아 낳아 내명부 품계가 상향 조정됐다고도 한다. 그러나 인조에게 아들들은 별무신통했다. 실제로 기록을 보면 조씨의 아들들은 아버지 인조나 어머니 조씨로부터 각별한 애정을 받은 것 같지 않다. 인조가 효명옹주를 총애하자 조씨도 아들보다 딸을 더 챙겼다. 딸과 아들이 동시에 병에 걸리자 딸에게만 가서 매일 간호했다고 한다.

효명옹주는 몸치장이 대단했다. 요즘으로 치면 수입 향수에 해당하는 중국산 당향말이나 동남아산 백단향을 소지했다. 옷에는 사악한 기운을 물리치기 위해 붉은색 광물질인 주사를 발랐다. 구취를 예방하려고 나무열매를 복용하기도 했다. 머리끝부터 발끝까지 사치품으로 무장한 조선의 '된장녀'(거름과 된장을 구분 못 한다는 의미에서)라고나 할까. 조선과 같이 남녀유별이 심한 사회에서 부모가 딸을 이토록 편애했으니 사회성에 문제가 생기는 것은 자명했다. 세상 그 누구의 눈치도 볼 필요 없는, 걸어 다니는 안하무인이 바로 효명옹주였다. 조정 신료들과 왕실 종친들도 효명옹주 앞에서는 기를 펴지 못했다.

한번은 효명옹주가 연회에 참석했다. 이복 오빠인 인평대군의 부인, 즉 새언니인 오씨도 함께 자리했다. 인평대군은 왕비의 적자이므로 당연히 부인의 서열도 후궁 소생인 효명옹주보다 높았다. 그런데 효명옹주는 억지를 부렸다. 올케 오씨보다 상석에 앉겠다고 나선 것이다. 당사자인 오씨뿐 아니라 주변에서 법도에 어긋난다고 지적했지만 효명은 고집을 꺾지 않았다. 소란이 계속되자 인조가 유권해석에 나섰다. 결과는 효명옹주 승. 이러니 효명옹주가 고개 숙일 이유가 없었을밖에.

사주도 맘대로,
운명도 뜻대로 이렇게나 애지중지한 딸의 짝을 찾아줘야 할 때가 왔다. 인조는 당시 열한 살이던 효명옹주의 부마를 뽑기 위해 발 벗고 나섰다. 재간택까지 진행한 결과 판서 정태화의 아들이 1순위로 뽑혔다. 큰 하자가 없으면 그가 부마로 결정되는 것이 순리였는데, 효명옹주의 어머니 조씨는 생각이 달랐다. 3순위에 오른 정언 김식의 아들과 짝을 지어주고 싶었던 것이다. 김식은 당대의 권세가 김자점의 아들이니 그 집안에 효명옹주를 출가시켜 더욱 울타리를 튼튼하게 치고 싶었던 것 같다.

하지만 순위를 뒤바꾸자니 물의를 일으킬 우려가 있었다. 이를 최소화하기 위해 효명옹주 측은 김식 아들의 사주가 잘못 기재됐다고 평계를 대면서 삼간택을 실시했다. 이를 통해 궁합 점수를 만회한 김식의 아들이자 김자점의 손자 김세룡이 부마로 낙점되어 낙성위에 봉해졌다. 효명옹주는 아버지 인조, 시할아버지 김자점을 잇는 핵심 고리가 되어 위세와 부귀를 탄탄하게 다져놓은 듯 보였다. 누가 딸바보 아니랄까 봐, 인조는 혼례를 시키고도 4년 동안 효명을 궁에서 끼고 살다가 시가로 보냈다.

저주는 반드시 되돌아온다

눈에 넣어도 아프지 않을 딸을 내보내고 인조는 미열을 앓았다. 고뿔 정도로 생각했으나 인조의 용태는 점점 악화되었고, 마침내 인조는 열명길에 들었다. 어머니 귀인 조씨가 버티고 있었고, 시할아버지 김자점의 위세도 대단했다. 그러나 이복 오빠인 봉림대군이 효종으로 등극하면서 효명옹주 몰락의 신호탄이 터졌다. 효종은 당대의 권신 김자점을 유배 보내는 초강수를 두면서 기존의 권력 판도를 일거에 허물어버렸다.

효종은 귀인 조씨와 김자점의 협력을 얻어내면서 왕위에 올랐지만, 왕이 된 이상 부담스러운 존재들을 정리하는 일이 급선무였다.

김자점 숙청이나 조씨와의 거리 두기도 그 일환이었다. 새로운 권력이 정치 지형을 새롭게 짜는 과도기에는 희한하게도 왕의 입맛에 맞는 사건이 발생한다. 효종 때도 마찬가지였다. 즉위 2년차에 효종과 자의대비에 대한 정치색 짙은 저주 사건이 터진 것이다.

귀인 조씨는 큰며느리와 사이가 좋지 않았다. 그러던 차에 조씨가 효명옹주의 여종을 큰아들의 첩으로 들이려 했고, 이에 불만을 품은 큰며느리는 이모인 자의대비를 찾아가 하소연을 했다. 자초지종을 들은 자의대비는 여종을 불러 문초를 했는데, 그러는 와중에 귀인 조씨와 효명옹주가 효종과 자의대비를 원망하며 저주를 꾸몄다는 의외의 진술을 확보했다. 자의대비는 효종에게 사건을 직보했고, 진노한 효종은 궁녀와 몸종 들을 잡아들여 범행 일체를 자백받았다. 특히 효명옹주에 대해서는 효종의 푸대접에 앙심을 품고 시아버지를 왕으로, 남편을 세자로 만들려는 역모를 꾸몄다는 표적 진술까지 튀어나왔다. 소현세자빈 강씨를 죽음으로 몰아넣은 터무니없는 권력형 저주 사건을 일으켰던 귀인 조씨가 딸과 함께 운명의 부메랑에 뒤통수를 맞은 것이다.

결국 귀인 조씨와 효명옹주는 풍전등화의 위태로운 처지로 전락했다. 효종은 조씨의 소생들, 효명옹주와 그녀의 남동생들만 살려주었다. 조씨는 사약을 받았다. 효명의 남편과 시아버지, 시할아버지도 형장의 이슬로 사라졌다. 특히 시할아버지 김자점은 정적인 심기원을 산 채로 능지처참시켰다가 본인도 똑같은 방식으로 죽임을 당했다. 김자점 이후로 이 같은 사형 집행 방법은 너무 잔인하다 해서 폐지되었다.

효명옹주는 목숨은 건졌지만 작위를 박탈당했고, '김처(김세룡의 처)'로 명칭이 격하됐다. 아마 살아도 산 것이 아닌 인생이었을 게다. 어린 시절부터 최고의 사치를 누리며 최강의 권세에 취해 살다 하루아침에 역적으로 몰려 유배지로 떠났으니, 온전한 삶을 살기는 힘들었을 것이다. 효명옹주는 이후 7년여 가까이 귀양 생활을 했고, 평생 자식 하나 없이 감시 속에서 쓸쓸하고 가난하게 살다가 64세로 고단한 인생을 마쳤다. 초반은 심히 장려했으나 나중은 극히 미약해진 '초년대박 말년쪽박'의 전형이다. 부모의 지나친 애정과 배려가 효명으로 하여금 모든 것을 자기중심적으로 인식하고 행동하게 만들었고, 이것이 위기 상황에 대한 정확한 파악과 적절한 대처를 방해하여 비극적인 몰락을 초래한 것이다. 앞서 언급한 정명공주와 뚜렷이 대비된다.

자, 어느덧 마지막 차량이군요. 5호차는 승객들의 편의와 건강을 위해 운영하는 식당칸으로, 식재료를 보관하는 보조 차량을 붙여 운행하고 있습니다. 우리 역사에 탑승했거나 탑승할 수많은 승객들을 하나로 이어주는 곳이라 할 수 있지요.

음식과 역사가 무슨 상관이냐고 의문을 가지는 분들도 계실 겁니다. 하지만 낯선 타국에서 한국 음식을 즐길 때를 생각해볼까요? 홍어나 과메기, 김치나 청국장을 흔쾌히 맛보면서 우리는 소속감과 연대감을 진하게 공유합니다. 프랑스의 미식 평론가 브리야사바랭이 "당신이 먹는 음식을 알면 당신이 누구인지 알 수 있다."라고 호언장담했듯이, 우리가 먹는 음식에는 사람, 역사, 환경에 대한 많은 이야기가 담겨 있습니다.

조상 승객님들은 '밥이 곧 하늘'이라고 하셨지요. 그렇게 쌀과 밥을 좋아하시다 보니 주변 나라들에 어마어마한 대식가들로 소문이 났습니다. 물론 떡국열차를 이용하신 조상님들이만큼 밥보다 떡을 먼저 먹고 좋아했을 것이라는 추측도 해볼 만하지요. 지금 식당칸에는 쇠고기, 돼지고기가 넘치지만 얼마 전만 해도 콩이 많았습니다. 아! 주식뿐 아니라 음식의 맛을 살려주는 설탕, 소금과 같은 조미료도 빠짐없이 준비되어 있습니다. 간간이 탑승하는 외국인 승객들, 특히 중국 승객들이 눈 돌아갈 만큼 좋아하는 인삼도 판매용으로 비축해두고 있지요.

마지막으로 흡연자 승객 여러분께 정중한 이해를 구하겠습니다. 임진왜란 이후 꾸준히 취급해온 담배는 이제 금연이라는 시대의 흐름에 따라 열차에서 퇴출되었습니다. 몸에도 좋지 않고 가격도 비싸니 이제 제발 끊으시기 바랍니다. 이상으로 안내방송을 마치겠습니다.

5호차

주식 편 - 1

우리 역사

음식에 담기

인간은 무엇이든 먹을 수 있다고 해서 아무것이나 먹지 않는다. 문화에 따라 먹을거리가 다르기 때문이다. 인도에서는 쇠고기를 먹지 않는다. 돼지고기는 중국에서 최고의 메뉴지만 아랍에서는 백안시한다. 개를 놓고도 각각 반려동물과 식량 자원으로 보는 등 대립이 첨예하다. 다른 지역의 환경과 문화에 따라 형성된 식습관을 자기가 속한 음식 문화의 범주와 잣대에 끼워 맞춰 재단하는 것은 '프로크루스테스의 침대'와 다를 바가 없다. 음식의 세계에서는 타자의 음식을 배격하거나 억압할 수 없다. 그곳에서는 모두가 동등한 세계시민이다.

세계 민족 문화의 원점, 농업

우리 식생활의 기본은 농업이다. 좁은 땅에 인구가 많아 고기를 주식으로 하는 것은 생태학적으로 비효율적이기에 축산업은 발전하지 못했다. 반면 인구밀도가 떨어지고 농경에 부적합한 초원 지대에서는 육식이나 유제품을 주식으로 하는 음식이 발달했다.

처음에는 다를 것이 없었다. 백만 년 전 이 땅에 살던 구석기인들은 다른 대륙의 호모 에렉투스들처럼 사냥과 채집으로 위장을 채웠다. 사냥한 동물의 고기, 과일, 견과류 등, 지구 어디에서나 식단이 거의 같았다. 그러다 불로 음식을 익혀 먹으면서 두뇌 발달을 촉진하는 단백질 등 각종 영양분을 효율적으로 섭취하게 됐고, 이는 인체의 면역력을 높여주었다. 만 년 전인 신석기 시대 초기까지만 해도 수렵과 채집 위주의 식생활에는 변화가 없었다. 한반도 지역의 기온이 오를 때는 지천에 깔린 도토리를 먹다가 기온이 하강하면 소나무 껍질을 벗겨 먹었다.

농경의 출현은 인류 문명의 최대 전환점이었다. '씨를 뿌리면 결실을 얻는다'는 농사의 규칙성과 예측 가능성으로 인간은 방랑을 끝내고 정착했다. 집단과 민족이 형성되는 바탕이 서서히 마련되었다. 기후와 풍토에 따른 재배 작물의 다양성, 농사법의 다양성은 곧바로 음식 문화의 다양성을 불러일으켰다. 농업을 전 세계 모든 민족 문화의 원점이라고 불러도 과언이 아닐 것이다.

청동기가 도입되면서 농업은 한 단계 업그레이드됐다. 돌이나 나무로 만든 농기구가 더욱 발전했고, 벼농사가 퍼지면서 본격적인 농경 시대가 개막되었다. 삼국 시대에는 철제 농기구가 보급되면서 농업의 전반적 혁신이 일어났고, 생산량도 크게 늘었다. 무엇보다 벼농사가 확대되면서 쌀 위주의 식문화가 형성되기 시작했다.

한반도의 곡창지대인 호남평야를 끼고 있던 백제에서는 일찍부터 벼농사를 지었다. 신라는 보리농사를 위주로 농경을 발전시켜

나갔다. 철의 왕국으로 알려진 가야에서도 낙동강 하류, 지금의 김해평야를 중심으로 일찍부터 벼농사를 시작했다. 벼농사에 적합한 자연 조건을 갖추지 못한 고구려에서는 조가 주식이었다. 산악 지형의 특성상 고구려의 식량 창고는 늘 배가 고팠다.

즉 메뉴는 곡물, 보조로 고기

농업의 시작이 풍요로운 식생활로 바로 연결된 것은 아니었다. 씨를 뿌렸다가 거둬들이는 초기 농법으로는 많은 수확을 기대하기 어려웠다. 농지로 쓸 수 있는 곳도 강가와 같은 특정한 지역들에 불과했다. 땅을 깊게 갈고 잡초를 베고 거름을 주는 식의 농사법을 익히기까지 숱한 시행착오를 거쳐야 했다. 게다가 농사의 성패는 날씨, 즉 하늘에 달려 있었다. 조세나 부역 같은 사회적 부담까지 더해져 소수의 지배층을 빼고는 넉넉한 식생활을 누리지 못했다. 그렇기에 먹을거리의 양과 질은 부와 권력을 알려주는 바로미터가 되었다.•

삼국 시대 사람들의 주식은 전반적으로 보리와 조 등이었다. 산악지대인 고구려에서도 곡물의 중요성은 컸다. 부여를 떠나 고구려를 세운 주몽은 어머니 유화부인에게 작별 선물로 오곡의 씨앗을 받았다. 고구려에서 자립하여 백제를 세운 온조도 농경에 적합한 땅을 골라 나라 만들기에 성공했다. 형 비류가 농사짓기에 부적합한 땅을 골라 실패한 것과 대비된다. 목축의 비중이 높은 부여와 수렵의 비중이 큰 고구려의 식생활에서도 육식이 주식이 될 수는

• 『삼국지』의 위지 동이전에 '귀족들은 백성들에게서 곡식과 어물을 받았다'는 내용이 있는데, 평민들은 식량이 모자라 초근목피까지 먹는 빈곤 상태에 빠지기도 했다.

없었다고 한다.

시간이 흘러 한반도 전역의 기온이 상승했다. 통일신라와 발해의 남북국 시절에 벼의 재배한계선이 훌쩍 북상했다. 두만강 북쪽까지 벼농사가 이루어졌다고 한다. 쌀은 통일신라 사람들의 주식이 되었다. 하지만 발해에서는 지리적 여건상 쌀이 주식의 위치에는 이르지 못했을 것이다.

과거에서 온 그대, 쌀과 잡곡

통일신라 때 음식 문화의 패권을 쥔 쌀은 고려 시대에 영향력이 더욱 커졌다. 고려는 국가 차원에서 경지 면적을 확대하기 위해 산을 개간하고 간척지를 개발하는 등 총력을 기울였다. 조선 역시 농자천하지대본農者天下之大本의 깃발 아래 쌀의 증산을 국가의 우선 과제로 설정했다.

그럼에도 쌀을 생산하는 농민들은 쌀밥을 마음껏 먹을 수 없었다. 쌀은 세금으로 뜯기고 대신 잡곡을 먹었다. 계절적으로도 벼를 수확하는 가을철 이전에는 보리를 주식으로 삼는 농민들이 많았다. 16~17세기에는 이상기후 현상으로 한반도가 얼어붙으면서 남부 지역에서나 벼농사를 제대로 지을 수 있었다. 북부 지역 사람들은 조밥에 만족해야 했다.

오늘날 쌀은 주식으로서의 지위를 위협받고 있다. 한강의 기적과 미국식 식생활의 확산으로 쌀 소비가 크게 줄어들었다. 대신 밀이 대량 수입되면서 밀가루 음식이 식탁을 점령하고 있다. 고기와 유제품의 소비가 크게 늘면서 유목 민족이 할 법한 육식 위주의 식생활로 판도가 바뀌는 것이 아니냐는 얘기까지 나온다. 꿩 대신 닭이라고, 춘궁기의 음식이던 보리가 오히려 웰빙푸드로 각광받고 있다. 쌀보다 한참 아래로 치던 잡곡이 생산량이 줄면서 귀한 몸이 되었다.

한반도에 사람이 살기 시작한 이래로 시대에 따라 주식이 바뀌어 왔다. 새로운 음식이 줄을 이어왔고, 앞으로도 그럴 것이다. 하지만, 식재료의 근본은 저 먼 과거나 지금이나 별반 차이가 없다. 쌀과 잡곡, 고기와 야채는 처음 이 땅에 자리 잡은 선조와 지금의 우리를 이어주는 무척이나 질긴 동아줄이다.

욕망에서 자연으로

음식은 개인에게는 생활의 중심이지만 민족이나 국가 차원에서는 경제의 핵심이다. 그래서 고금을 막론하고 음식을 통해 세계 경제 질서나 판도를 가늠할 수 있다. 오늘날 지구촌 어디서나 볼 수 있는 스타벅스 커피와 맥도널드 햄버거는 '팍스 아메리카나' 시대를 입증하는 증거들이다. 미국의 일상 음식이나 식음료 브랜드가 세계로 뻗어나가면서 미국식 식생활이 음식 문화의 패러다임으로 작용하고 있다. 정치와 경제만큼이나 음식도 핵심 권력이다. 스마트폰이나 자동차가 없으면 입과 다리로 버틸 수 있지만 음식은 대체재를 찾을 수 없다. 공기를 마시고 하늘을 본다고 해서 배가 채워지지는 않으니 말이다.

인간의 문명은 음식의 변천사라고 해도 과언이 아니다. 근대 역사에서 서양 사람들은 고기의 풍미를 더하고 보존을 용이하게 해주는 후추 등의 향신료를 얻기 위한 욕망, 즉 기존의 음식을 변형하려는 욕망으로 새로운 항로를 찾고 신대륙을 발견했다. 근대 이전에도 인간은 새로운 음식, 가령 인도의 설탕과 중국의 차 등을 구하기 위해 초원길과 비단길, 바닷길을 건너는 모험을 감행했다.

21세기 정보화 사회에 진입하면서 대량생산과 대량소비에 입각한 효율과 속도, 칼로리 위주의 패스트푸드 진영의 헤게모니가 약화되고 있다. 대신 슬로푸드의 깃발을 내걸고 건강과 환경을 지향하는 음식 문화가 서서히 확산되고 있다. 체인 음식점만 하더라도 뷔페나 패밀리 레스토랑 일변도에서 우리 고유의 한식에 바탕을 둔 한식 레스토랑으로 흐름이 바뀌어간다.

음식 문화의 향배를 좌우하는 중산층은 천연 조미료나 자연주의 밥상을 내건 음식점으로 발길을 돌리고 있다. 육식에서 채식으로, 양식에서 한식으로, 과식에서 소식으로 음식 문화의 패러다임이 변모하고 있는 것으로, 경제 발전에 따른 식생활의 질적 변화를 극적으로 보여준다.

요리사들의 세계에서도 지각변동이 일어났다. 소스나 조미료를 듬뿍 넣어 요리하는 근대적 조리사로부터 식재료 고유의 맛을 최대한 살리는 고전적 엄마 손으로 회귀한 것이다. 날것 그대로의 생선이나 채소가 인기를 끌고, 국물도 MSG를 넣은 감칠맛이 아닌, 재료 그대로의 풍미를 살린 담백한 맛을 추구한다. 진한 소스를 듬뿍 끼얹은 미국식 스테이크에서 살짝 소금만 뿌린 한국식 생고기 구이가 더 입맛에 맞게 됐다고나 할까. 철학자 루소가 외친 "자연으로 돌아가라"라는 메시지가 오늘날 요리 문화에서 실현되고 있는 것이다. 한식은 이런 흐름과 맥을 같이한다. 재료에 갖은 양념을 다하기보다 재료 자체에 내재된 맛을 중시하는 한식의 철학은 바로 '자연自然'이다.

스 뒷걸음질로 잡아본 한식의 특징

그렇다면 도대체 우리가 먹는 한식의 특징은 무엇일까. 요리사나 음식 문화 전문가가 아닌 한식을 먹고 사는 식객의 입장에서, 여러 자료들을 자의적으로 종합해 살펴보겠다.

첫째, 식사와 밥상의 무無독점성, 자유로움이다. '식구食口'라는 말처럼 모르는 사람과도 식사를 할 때는 접시의 음식을 함께 먹는다. 독상을 받는 일본, 음식 원반을 돌려 각자의 접시에 덜어 먹는 중국과도 다르다. 예전에는 우리도 독상이 원칙이었고 예외적으로 할아버지와 손자의 겸상이 허용되는 정도였지만 지금은 겸상을 한다. 밥과 국을 뺀 여타 음식은 식사에 참가한 사람들이 자유롭게 공유한다.

상에 한꺼번에 음식이 차려져 있어 자기 마음대로 먹을 수 있다. 먹기 싫은 음식에는 젓가락을 대지 않아도 된다. 서양처럼 코스로 음식이 나오면 건너뛰기가 애매하다. 눈치를 볼 수밖에 없다. 아까 먹은 음식을 더 먹고 싶은데 다시 달라고 하기가 부담스럽다. 한식은 그렇지 않다. 나물, 생선, 불고기를 정해진 순서 없이 내 맘대로 먹는다. 이렇듯 융통성이 발휘되는 한식상은 먹는 사람에게 자유를 준다.

둘째, 음식의 위계질서가 뚜렷하다. 밥과 국, 반찬, 일품요리 등 다양한 음식이 있지만 주인공은 밥이다. 밥이라는 태양을 중심으로 여타 음식들이 위성처럼 배치된다. 그렇기에 상다리가 휘어지도록 차린다는 한식의 상차림은 공간적이고 시각적이다. 한눈에 모든 것이 들어온다. 고급 한정식 집에서 그렇듯 코스 요리로 차려내는 것은 그 나름의 장점이 있다. 찬 음식은 차게, 더운 음식은 따뜻하게 먹는 게 가장 맛있다는 통념을 따른 것이다. 그런데 왜 일반적인 한식상은 이 규칙을 위반할까? 왜 시간차를 두지 않고 통째로 내놓을까? 밥 말고 나머지 모든 음식들은 반찬에 불과하다고 보기 때문이 아닐까?

셋째, 밥과 국을 먹기 위해 숟가락을 애용한다. 젓가락은 중국, 일본도 사용하지만 숟가락은 한국이 독보적이라고 한다. 숟가락은 떠먹을 수도 있고, 부드러운 음식을 잘라 먹을 수도 있는 만능도구다. 특히 밥을 국에 말아 먹는 국밥 문화를 가진 우리에게 숟가락 사용은 필수적이다.

넷째, 발효와 융합이다. 우리 음식 중에 가장 발달된 것은 된장, 간장, 김치와 같은 발효 음식이다. 자연의 미생물을 이용해 영양이나 건강 면에서 매우 뛰어난 효능을 갖고 있어 오늘날의 자연식 트렌드와 부합해 주목받고 있다. 또한 한식은 자유자재로 변화가 가능한 융합의 음식이다. 섞거나 비비는 음식이 다른 지역보다 유달리 많다. 비빔밥이나 국밥과 같은 것들이 대표적이다. 나물이나 채소가 많이 사용되어 식단이 무척 다채롭고, 채식을 선호하는 흐름과도 맞아떨어진다.

주식 편 - 2

위대 胃大한
배달민족

"우리 한 끼에
밥을 하나
먹습니다."

조선 시대 성인 남성은 한 끼에 전기밥통 하나 분량을 통째로 먹어치웠다고 한다. 요즘처럼 간식이나 별식을 따로 먹지 않았다고는 해도 대식가였던 것이 분명하다. 18세기의 실학자 이덕무에 따르면 당시 성인 남성은 한 끼에 평균 5홉, 즉 쌀 반 되를 먹었다.

프랑스에서 발견된 조선 시대 사진을 보면, 갓을 쓴 중년의 조선 남자 앞에 어마어마한 양의 밥과 국이 놓여 있다. 사진에 붙은 캡션도 "코리아, 많이 드세요!"다. 당시의 밥그릇은 높이가 9센티미터, 윗부분의 지름이 13센티미터로 요즘 밥공기로 치면 세 그릇 분량이 들어갈 만큼 컸다. 국그릇의 높이도 흡사한데, 윗부분 지름은 더 길어서 무려 15센티미터에 달했다. 엄청난 대식가였지만 사진 속 조상의 기골은 장대하기는커녕 오히려 빈약해 보인다. 현대의 푸드파이터들이 대부분 왜소한 몸집을 가진 것을 연상시킨다.

정말로 삼시 세 끼마다 이 많은 양을 먹었을까. 조선 시대에는 '조석을 거르지 말라'는 말을 썼듯, 아침과 저녁을 먹었다. 점심은 건너뛸 수도 챙길 수도 있는 옵션이었다. 애초에 '점심點心'은 한자 말 그대로 배 속에 점 하나 찍을 정도로 간단히 먹는 것을 지칭했다. '아침', '저녁'은 우리말인데 '점심'은 중국에서 유래한 말인 것만 봐도 점심은 익숙한 것이 아니었다. 조상들은 낮에 간단히 먹는 것은 '점심', 푸짐하게 먹는 것은 '낮밥'이라고 하여 둘을 구분했다.

득 끼녁터 다섯 끼까지 그때그때 달라요

계절에 따라 끼니 수도 달랐다. 조선 후기의 백과사전 격인 『오주연문장전산고』에 따르면, 음력 2월부터 8월까지는 하루 세 끼를 먹고 나머지 달에는 두 끼를 먹었다고 한다. 활동량이 떨어지는 겨울에는 적게 먹고 해가 긴 여름에는 점심을 챙겨 먹은 것이다. 세 끼를 먹을 때는 거창하게 먹은 것이 아니라 밥과 반찬을 몇 숟갈 간단히 먹었다.

노동량은 끼니 수에 더 큰 영향을 미쳤다. 고양이 손이라도 빌리고 싶은 모내기 때에는 새참까지 포함해 하루에 다섯 끼도 먹었다. 먼 길에 나선 사람들은 운동량이 많아 길 가다가 먹는 점심인 중화中火를 들어야 했다.

부유한 사람들이야 세 끼 이상을 먹기도 했지만 빈민들은 두 끼도 감지덕지했다. 지역, 세절, 경세력에 따라 달랐지만 대략 하루 2회 식사가 일반적이었다. 점심은 20세기 후반이 되어서야 삼시 세 끼로 정식 편입되었다.

조선인의 결점은 폭식

조선은 다른 나라에도 밥을 많이 먹는 나라로 알려졌다. 송나라의 사신 서긍이 고려를 방문한 뒤 지은 『고려도경』에 고려 사람들이 음식을 많이 먹는다고 쓰여 있다. 실학자 성호 이익도 유구국(오키나와) 사람들이 "조선 사람들은 쌀밥 먹기에만 집착해서 가난하게 산다"고 비웃은 것을 상기시키면서 소식할 것을 주장했다. 프랑스의 선교사 클로드샤를 달레는 "조선인의 결점은 폭식"이라고 지적하면서, 신분고하를 막론하고 많이 먹는 것을 영예롭게 생각한다며 놀라워했다.

그런데 왜 신분·계층을 가리지 않고 밥을 많이 먹는 것을 최고로 쳤을까. 서양의 밀농사가 조방적인 반면 벼농사는 집약적인 성격을 띠고 있어 노동량이 월등히 많았다고 한다. 일을 많이 하기 위해서는 탄수화물을 많이 섭취해야 했고, 밥을 많이 먹는 사람은 '대식가=상上일꾼'이라는 논리로 사회적으로 인정받았다. 고기와 같은 단백질을 섭취할 기회가 많지 않았으니 '질보다는 양'이었던 것이다.●

조선 후기에 쌀밥은 간신히 하루를 연명하는 사람들조차도 반드시 먹어야 하는 주식이 되었다. 밥은 하늘, 배터지게 이밥을 먹는 것이 보통 사람들의 소원이었다.

역사의 대식가들 1. 여섯 말 술, 여섯 말 쌀을 먹은 김춘추
삼국 통일의 대업을 닦은 무열왕 김춘추는 상상을 초월하는 대식

● 밥에 집착할 수밖에 없다 보니 쌀로 지은 가장 맛있는 밥을 얻기 위해 벼농사에 매달렸고, 이것이 상공업의 발달을 저해했다는 주장도 있다.

가였다.

> "왕은 하루에 쌀 서 말과 꿩 아홉 마리를 잡수셨는데 경신년 백제를
> 멸망시킨 후에는 낮에는 식사를 안 드시고 조석으로 쌀 여섯 말, 술
> 여섯 말, 꿩 열 마리를 드셨다."
> _『삼국유사』, 권1, 기이1,「태종춘추공」

이렇게 음식을 많이 먹고 야심이 컸기에 삼국 통일을 디자인하고
중국, 일본 등 해외를 누비면서 주유천하한 것이 아닐까. 삼국 통
일의 1단계 과제를 성사시킨 이후에는 오히려 식사량이 더 늘었
다. 일반인과는 다른 대단한 사람이라는 것을 강조하기 위해 지도
자의 지적, 신체적 특성을 과장하거나 왜곡하는, 일반적인 선전술
로 볼 수도 있다.

역사의 대식가들 2. 목에 칼이 들어와도 술을 마신 홍일동

서거정의 『필원잡기』에 따르면 세조 때의 홍일동(홍길동의 형이라는
설이 있다) 또한 대표적인 푸드파이터였다. 홍일동은 진관사에 놀러
가서 떡 한 그릇과 국수 세 주발을 애피타이저로 먹었다. 메인으로
는 밥 세 그릇(한 그릇이 요즘으로 치면 전기밥솥 하나 분량)과 두붓국 아
홉 그릇(한 그릇이 세숫대야 냉면 그릇으로 하나 분량)을 해치웠다. 그런
다음 산 밑으로 내려와 삶은 닭 두 마리, 생선국 세 그릇을 비우더
니, 그제야 술을 마시기 시작했다.

안주로 어회 한 쟁반을 시키고 술을 자그마치 40잔이나 비웠다.
세조가 전해 듣고 장하다고 하셨단다. 음식도 많이 먹고 술도 잘

마시고 허풍도 센 그가 귀여웠던 모양이다. 왕조 시대에 출세를 하려면 상관이나 임금에게 총애를 받아야 했기에 애교가 필수적이었다. 이런 경우도 애교로 보아야 할까?

실제로 세조는 홍일동의 거침없는 대식과 호방한 성격을 좋아했다. 하루는 홍일동이 불교를 좋아하는 세조 앞에서 배불적인 발언을 기탄없이 내뱉었다. 화가 난 세조는 '당장 너를 죽여 부처님께 사죄해야겠다'면서 시위를 불러 칼을 가져오라고 했는데 홍일동은 계속 할 말을 늘어놓았다. 시위가 칼로 겨누어도 태연했다. 세조는 죽음이 두렵지 않느냐고 물었고, 홍일동은 의연하게 대답했다. "죽는 게 마땅하면 죽고 사는 게 마땅하면 사는 것인데 그런 걸로 마음을 바꾸겠습니까?"

왕 앞에서도 당당한 그의 태도에 세조는 "그대의 그릇에 맞는 술을 내리겠다"며 술을 한 항아리 하사했다. 홍일동이 단숨에 '원샷'으로 들이키자 상으로 술항아리 두 동이를 더 내렸다. 그다음부터 세조는 홍일동에게 국빈과 종친을 접대하는 '술상무' 역할을 맡겼다. 뒷날 홍일동은 명나라 사신에게 명승지를 구경시켜주다 과음으로 쓰러졌다. 세조가 의료진을 급파했으나 살릴 수 없었다. 순직(?)한 홍일동을 두고 세인들은 술과 음식으로 창자가 터져 죽었다고 수군댔다.

역사의 대식가들 3. 한번에 홍시 2백 개를 해치운 정응두

조선 중기의 문신인 정응두도 대식으로 이름이 났다. 정약용의 조상으로 알려진 정응두에 대해 『어우야담』은 이렇게 전한다.

"정응두가 한가할 때다. 어느 날 마을 노인이 홍시 2백 개를 갖고 와서 술 두 병, 안주들과 함께 바쳤다. 정응두는 술과 안주를 다 먹고 나서 담소를 나누면서 홍시 꼭지를 따 하나씩 하나씩 집어 먹었다. 순식간에 홍시를 다 비우자 마을 노인은 '여러 날 잡수시라고 바쳤는데 지금 다 드실 줄은 몰랐습니다' 하며 놀라워했다.

다음 날 또 다른 마을 사람이 제사를 지내고 나서 정응두를 대접했다. 제사상에 놓인 음식을 대식가인 그에게 모두 내놓았다. 과일 예닐곱 그릇과 유밀과 두세 그릇, 떡과 적의 높이가 각각 한 자(30센티미터가량)였다. 여기에 밥과 술, 국수 한 그릇, 어육탕 예닐곱 그릇, 여타 산해진미를 차렸는데 깨끗하게 그릇을 비웠다. 마을 사람들이 이를 보면서, 세상에 보기 드문 장관이라고 감탄했다."

중국도 질 수 없다! 식전방장과 만한전석

식전방장食前方丈이라는 말이 있다. 사방 열 자가량의 상에 차린 진수성찬인데, 요즘 도량형으로 환산하면 상의 각 변이 3미터가 넘는다. 중국 진나라의 재상 하증何曾은 식전방장의 산해진미를 먹으면서도 먹을 것이 변변찮다고 투덜거렸다. 이때부터 '하증'은 탐식과 탐욕의 대명사가 되었다.

대식을 하려면 일단 상다리가 부러질 정도의 음식이 필요하다. 대표적인 것이 잔칫상, 돌상, 회갑상이지만 뭐니 뭐니 해도 중국의 만한전석滿漢全席이 입권이다. 청나라 강희제가 만주족과 한속의 화합을 도모하기 위해 개최한 대연회에 나온 요리가 기원인데, 보통 108가지 요리가 나온다. 천하의 모든 진귀한 요리가 한자리에 모인, 중국 요리 문화의 정수가 집약된 상차림이라 하니 가히 '천자의 요리상'이라 부를 만하다.

참고로 만한전석은 하루에 맛볼 수 없다. 하루에 두 번씩 총 사흘에 걸쳐 식사가 진행된다. 한 끼에 네 세트가 나오는데, 한 세트는 주 요리 하나와 보조 요리 넷으로 구성된다. 한 끼에 20여 가지 음식을 맛보는 것이다. 여기에 애피타이저나 디저트 등을 합치면 30~40가지에 달하는 뷔페 식사가 된다.

살기 위해 먹기
vs
먹기 위해 살기

'살기 위해 먹느냐, 먹기 위해 사느냐'로 단순하게 구분하자면 조선의 선비 이덕무와 정약용은 전자에 해당했다. 이덕무가 강조한 식시 오관食時五觀을 보자. 음식을 대하면 일단 음식에 담긴 노고를 생각해야 한다. 다음으로 내가 음식을 먹을 만한 자격이 있는지를 헤아려보고 맛에 대해 유별스럽게 굴지 말아야 한다. 무엇보다 음식은 몸을 위해 먹어야 하며 군자는 도를 먼저 행하고 그다음에 음식 생각을 해야 한다. 즉, '입에 들어가면 다 음식'이라는 생각이었다.

이덕무는 음식 앞에서 까탈 부리고 미식을 추구하는 사람을 불쌍하게 여겼다. 정약용은 한 걸음 더 나아갔다. "좋은 음식을 먹기 위해 애쓰는 일은 결국 대변을 만드는 것에 정력을 탕진하는 것"이라고 질타하면서 "음식은 목숨을 이어가면 족하다"고 했다.

그러나 일본의 저널리스트 다치바나 다카시는 정반대의 견해를 보인다. 그는 와인 문화를 예로 들면서, 어떤 문화의 바깥에 있는 사람은 그 문화의 안쪽에 있는 사람이 가진 가치 체계를 보지 못한다고 했다. 문화의 이방인이 보기에는 그 문화의 향유자들이 가진 정열이 더없이 어리석게 보인다. 어차피 거름으로 나올 음식에 턱없이 투자하고 몰두하는 것이 딱하다는 식으로 말이다. 다치바나는 자신이 직접 고급 와인 테이스팅에 참여해보니 상상하지 못했던 풍요로운 미각의 신세계가 펼쳐졌다면서, 바깥에서 안을 단정적으로 재단하는 것은 '우물 안 개구리'의 사고방식으로 빠질 수 있다고 우려했다.

사실 최고급 와인과 하우스 와인의 차이는 가격 대비 그렇게 크지 않다고 한다. 사소한 차이에도 최고를 향해 무모할 정도로 돈과 시간을 쏟아붓는 사람이 얼마나 되느냐로 문화의 수준이 결정되는 것은 부인할 수 없다. 먹기 위해 산다는 것은 어찌 보면 허망해 보이지만 그것이 삶을 풍요롭게 만든다는 것이 다치바나의 주장이다. 자, 당신은 어느 쪽을 선택할 것인가.

주식 편 - 3

태초에
떡이
있었다

밥이냐 떡이냐 사람은 밥만으로는 살 수 없다. 이어령 교수는
"삼시 세 끼 밥만 먹고 사는 권태를 없애기 위
해 만든 음식이 떡"이라고 했다. "밥 배 따로 떡 배 따로"라는 속
담처럼, 곡물을 이용한 양대 음식이 밥과 떡이지만 둘은 엄연히 다
르다. 뭐가 먼저 나왔을까. 우리 식생활 경험으로는 밥이 손위인
것 같지만, 실은 떡이 먼저다.

밥과 떡을 만드는 도구 중 어느 것이 먼저 나왔는지 보면 의문이
해소된다. 즉, 밥솥보다 떡시루가 먼저 사용됐다. 한반도에서 시루
는 청동기 시대 유적에서부터 보이며, 밥솥은 삼국 시대 후기부터
보인다.

곡물을 이용한 최초의 요리는 죽으로 추정된다. 그러나 조리 과
정에서 토기의 냄새가 옮아 맛은 그다지 좋지 않았던 것 같다. 이
어 시루가 생겨나면서 시루를 이용해 곡물을 찌게 됐고, 이것이 떡
의 원형이 된 것으로 보고 있다.

삼국 시대 후기부터 밥은 떡에게 역전승을 거두고 오늘날까지 주식의 자리를 차지하고 있다. 이를 전환점으로 떡은 특별한 의식이 있을 때 먹는 특식으로 탈바꿈했다. 추석의 송편이나 돌잔치의 돌떡, 신혼여행 후 주변에 돌리는 답례떡 등으로 말이다. 자, 결론을 내리자. 쌀은 낱알로 조리하기에 편리한 곡물로 떡보다 늦게 나왔지만 일용할 음식으로 즉위했고, 떡은 일상에 악센트를 주는 의례음식으로 정착했다.

떡 먹고 임금? 이게 웬 떡!

떡은 특별한 의식 등에 쓰이므로 정치적이다. 현대에도 사람들이 모이는 각종 행사에 시루떡 커팅이 등장하지만, 신라 유리왕과 탈해왕 대에는 실제로 왕위 등극 과정에서 떡을 물어 잇자국이 많은 자가 왕관을 썼다. 떡이 왕위를 판별하는 리트머스 시험지였다고나 할까. 『삼국사기』에 나온 유리왕의 즉위 기록을 보자.

"유리이사금이 즉위했다. [……] 원래 남해가 세상을 떠났을 때 유리가 즉위함이 마땅했으나 탈해가 평소에 덕망이 있다고 하여 그 위位를 미루어 양보하자 탈해가 말했다. '신기대보神器大寶는 용렬한 사람이 감당할 바가 못 된다. 내가 들으니 성스럽고 지혜로운 사람은 치아가 많다고 한다.' 떡을 물어 시험해보니 유리의 치아가 많았으므로, 좌우 사람들과 더불어 그를 받들어 세우니 이사금尼師今이라 칭했다."_『삼국사기』, 권1, 신라본기1, 「유리 이사금」

시험대에 오른 떡은 누가 봐도 잇자국을 선명하게 볼 수 있는 떡이어야 했을 것이다. 전문가들은 인절미나 절편 같은 종류였을 것이라고 추측한다.

백일상부터 제사상까지, 떡과의 인연

한민족은 태어나면 곧장 떡과 인연을 맺었다. 태어난 지 백일 된 아기에게 백일상을 차려주는데, 아이의 탄생과 운명을 주관한 삼신할머니에게 아이의 무병장수를 비는 뜻이 담겨 있다. 백일상에 차려 내는 떡으로는, 장수하라는 의미의 백설기, 부정한 기운을 쫓아내는 수수팥떡, 차지고 단단한 사람이 되라는 인절미 등이 있다. 송편을 두 종류 놓기도 하는데, 속을 넣은 것은 꽉 찬 사람이 되라는 뜻을, 속을 넣지 않은 것은 속이 넓은 사람이 되라는 뜻을 지닌다. 백일 떡들은 반드시 친지나 이웃과 나누어 먹는다. 일설에 따르면, 백일 떡을 백 명과 나누어 먹으면 백 살까지(!) 산다고 한다.

나이를 먹을 때도 떡이 필요하다. 동짓날에 새알 팥죽, 설날에 떡국을 먹어야 한 살을 더 먹는다. 결혼할 때, 가게를 새로 열 때, 사업을 시작할 때, 회사나 기관에서 창립 기념식이나 신년 단배식을 할 때도 떡이 빠지지 않는다. 하물며 죽은 뒤에 받는 제사상에도 떡은 '떡하니' 자리를 차지한다. '백일상부터 제사상까지' 한국인과 떡은 떼려야 뗄 수 없는 운명 공동체다.

그래서일까. 떡은 궂은일에도 끼어든다. 하는 일마다 꼬이고 불화와 분란이 끊이지 않을 때 "떡 해 먹을 집안", "떡 해 먹을 세상"이라고 한다. 액운을 때우고 귀신을 달래려면 귀신이 좋아하는 떡을 올려서 굿이라도 해야 한다는 뜻이다. 흥미로운 것은 이렇게 굿

판에 차려진 떡은 귀신의 손을 탔기 때문인지 먹어도 먹어도 체하지 않는다고 한다.

떡은 어떻게 중매쟁이가 되었나

남녀상열지사로 경멸받은 고려가요 「쌍화점」을 보면 중국식 떡 또는 만두로 추정되는 음식이 나온다. '쌍화雙花'의 어원은 '상화霜花'로 여겨지는데, 꽃처럼 고운 서리가 내린 모양의 떡이라고 한다. 2008년에 개봉한 한국영화《쌍화점》의 한자 제목도 '상화점霜花店'이었다. 서리 내린 꽃의 이미지가 영화의 비극적 결말과 어울릴 것이라 기대했을까. 아무튼 상화는 원나라에서 전래된 귀한 음식으로 대접받았고, 이 떡(또는 만두)를 파는 가게를 '쌍화점雙花店'이라 했다.

조선 시대의 요리책에 상화를 만드는 법이 나온다. 고운 밀가루를 술로 반죽해 발효시킨 다음 팥이나 채소로 속을 채웠다. 고려가요에 나온 것과 같은 음식인지는 확실하지 않다. 여기서 잠시, 교과서에도 실려 있는 「쌍화점」의 가사를 살펴보자.

"雙花店에 雙花 사라 가고신/ 回回 아비 내 손모글 주여이다/ 이 말미 이 店 밧긔 나명 들명/ 다로러거디러 죠고맛감 삿기 광대 네 마리라 호리라 [……]"
("만두 가게에 만두를 사러 갔더니 회회아비가 내 손목을 쥐더라. 이 소문이 가게 밖에 나고 들면, 다로러거디러 조그만 새끼 광대(점원)네가 말한 것으로 여기리라 [……]")

일부에서는 쌍화점은 만두 가게가 아니라 액세서리 가게라고 주장한다. 회회아비가 원나라 쪽에서 온 이방인이라면 귀금속 같은 것을 팔았을 가능성이 높으며, 당시 원나라가 일본 원정을 위해 고려에 장기간 주둔하면서 물자와 화폐가 풍부해져 고려의 실물경제가 좋았다는 것이다. 그랬기에 수도 개경에서 만두만을 갖고 고려 여성을 유혹하기란 쉬운 일이 아니었다는 추측이다. 하지만 당시에는 최고급의 낯선 음식이라면 충분히 손목을 이끌려 어디론가 갈 수도 있었다는 반론도 있다. 고려 시대에는 여성이나 남성이나 성생활을 엄격히 규제받지 않았기에 외국인과의 자유연애도 즐겼을 것이다.

떡으로 배우는 인생

떡과 조상들의 관계가 바늘과 실 같았던지라 떡에 관한 속담도 많다. 대표적인 것이 "밥 위에 떡"이다. 금상첨화의 의미로, 흡족한 마음인데 더 주니 더이상 좋을 수 없다는 뜻이다.

대다수 평민들은 특별한 상황이 아니면 떡 먹을 엄두를 내지 못했다. 밥 해 먹을 쌀도 없는데 감히 떡을 해 먹다니, 있을 수 없는 일이었다. 요즘 부각되는 양극화를 드러내는 음식이 바로 떡이었던 셈이다. 떡을 먹는 행위야말로 풍족한 식생활을 상징했고, "누워서 떡 먹기"는 여유와 부를 나타내는 지배층의 식습관이었다.

쌀이 귀했던 시절, 떡은 수확의 계절인 가을이나 농한기인 겨울에 맛보는 별미였다. 그래서 "여름비는 잠비, 가을비는 떡비"라는 말이 나왔다. 가을철 추수가 끝난 뒤 비가 오면 바깥나들이는 못하고 집에서 떡을 해 먹었던 것이다.

별미를 즐기는 호사를 혼자만 누리면 무슨 재미가 있겠는가. 그래서 떡을 할 때에는 이웃들과 나눠 먹도록 손 크게 하는 것이 인정이었다. "얻은 떡이 두레 반이다"처럼 별반 수고를 들이지 않고도 남의 도움을 크게 받는 것을 떡으로 비유한 것도 이 때문이다.

이렇게 떡을 얻어 먹다 보니 "떡 본 김에 제사 지낸다", "남의 떡에 설 쉰다"는 말도 나왔다. 전통사회에서 가장 중요한 제사와 명절에 올리는 떡을 이웃과 친지 덕택에 무사히 마련했던 것이다. "떡 줄 사람은 꿈도 안 꾸는데 김칫국부터 마신다"는 말은 헛된 꿈에서 깨어나라는 뜻이다.

떡에 빗대 사람을 말하기도 한다. "떡이 별떡 있지 사람은 별사람 없다"는 말은 평등사상의 한 단면을 보여준다. 한 발 나아가 떡은 점쟁이이기도 했다. 토정비결을 보듯이 새해 첫 달이나 팔월 한가위에 떡으로 운세를 점쳤다. 떡으로 새해 운세를 보는 법은 간단하다. 정월 대보름에 여러 사람이 모여서 각자 가져온 쌀을 합쳐 떡가루를 만든다. 이 떡가루를 조금씩 나눠 자신의 이름을 쓴 종이 위에 올리고 한 시루에 넣어 찐다. 자신의 이름을 깐 종이 위의 떡이 잘 익으면 신수가 좋고 설익으면 좋지 않음을 뜻했다. 설익은 사람은 그 떡을 버리면 액운을 피할 수 있었다.

한가윗날에도 떡으로 점을 쳤는데, 처녀나 임부들이 주로 쳤다. 송편을 예쁘게 빚으면 헌칠한 꽃미남과 결혼한다는 식이다. 임부는 떡으로 태어날 아기의 용모를 예상했다. 아들인지 딸인지 궁금할 때는 솔잎과 같은 것을 송편에 넣어 쪘다. 솔잎의 끝 쪽을 먹으면 아들, 붙은 곳을 먹으면 딸이라 했다.

주식 편 — 4

쌀과 밥,
음식의 제왕

쌀, 너는
우리 운명

쌀은 한민족에게 가장 중요한 곡식으로, 경제 활동의 기준이며 척도였다. '쌀'과 '돈'은 동의 어였다. 쌀로 바꾸지 못할 물건이 없었고, 쌀로 부리지 못할 인력이 없었다. 윤기 흐르는 흰쌀밥은 그 자체로 백성들의 꿈이고 희망이었으며, 역대 왕들이 내세운 통치 이데올로기의 핵심이었다.

한민족에게 쌀은 동반자다. 출생부터 사망까지 모든 인생의 희로애락을 쌀과 함께한다. 어머니의 젖도 쌀밥에서 나온다. 젖을 떼고 나서는 특별한 일이 없는 한 생을 마감할 때까지 쌀밥을 먹는다. 시신을 염하기 전에도 저승길을 떠나는 혼령이 배곯지 않도록 생쌀을 입에 먹여준다. 후손들은 제사상에 메(쌀밥)를 올린다.

서양 사람들은 즐겨 먹는 밀에 필수 아미노산이 부족해 고기를 많이 먹을 수밖에 없다. 우리의 주식인 쌀은 탄수화물뿐 아니라 단백질 등 기본적인 영양소를 고루 갖춘, 영양가 많은 곡물이다. 완전식품에 가까워 약간의 영양소만 보충하면 된다. 그뿐인가. 쌀은 생산성이 높다. 즉, 사람을 잘 먹여 살린다. 일례로 쌀을 재배하면 100명이 살 수 있는 땅에 밀을 심으면 75명이 살 수 있고, 그 땅에 목초지를 만들어 가축을 길러 고기를 먹으면 9명이 살 수 있다고 한다. 그러니 인구밀도가 높은 이 땅에 쌀 말고 다른 무엇을 심겠는가?

쌀과 한반도는 찰떡궁합? No, 쑥떡궁합!

쌀은 인도와 중국 쪽에서 재배되다가 기원전 2천 년경에 한반도에 들어온 것으로 보인다. 그런데 쌀의 씨인 볍씨는 한반도에서 출토된 것이 세계에서 가장 오래됐다. 1988년 충북 청원군 소로리에서 발굴된 볍씨는 1만 3천 년 전의 것으로 추정되며 세계 최고最古로 공인받았다. 기존의 세계 최고 기록은 중국 허난성에서 출토된 약 1만 년 전의 볍씨였다. 이쯤 되면 한민족과 쌀은 숙명의 파트너십을 가졌다고 봐야 할 것이다.

그러나 유감스럽게도 쌀과 한반도는 궁합이 좋지 않았다. 본가가 아열대 지방인 쌀은 우리 기후와 지형에 부합하는 환상의 파트너는 아니었다. 벼는 고온다습한 열대성 작물로, 한반도 남부나 평야 지대에서만 재배할 수 있었다. 게다가 벼농사의 관건은 물이다. 물을 가둬놓을 수 있는 논과 기반 시설이 필요하다. 한반도에서 전면적으로 벼농사를 짓기까지는 기나긴 시간이 소요됐다.

수천 년 전부터 벼농사를 지었지만 쌀밥을 일상적으로 먹게 된 것은 비교적 최근의 일이다(통일신라 때부터 주식이 되었다는 견해도 있다). 쌀밥을 떠먹는 숟가락도 조선 시대에 와서야 보급되었다. 대부분의 백성들이 쌀밥을 먹지 못했기 때문에 숟가락이 필요 없었던 것이다. 또한 밥을 지으려면 고온의 압력을 거뜬하게 감당하는 무쇠솥이 필요했는데, 구하기가 쉽지 않았다.●

쌀밥을 먹기 위한 간절한 노력은 '밥이 곧 하늘이고 사람이 곧 밥'이라는 민중의 신앙으로까지 발전했다. '농자천하지대본'은 빈 말이 아니었다. 쌀*이 되려면 농부의 손길을 88번 거쳐야 한다는 말이 나왔고, 쌀 한 톨이라도 흘렸다가는 불호령이 떨어졌다. 쌀은 한민족에게 종교이자 부모, 역사 그 자체였다.

실제로 우리 조상들은 그 해에 수확한 햅쌀을 집 안에 모신 성주, 삼신 등 일종의 농경 신에게 올렸다. 전해의 곡식을 당해의 곡식으로 교체하는 것으로, 곡식 자체를 신앙의 대상으로 삼아 일 년을 주기로 하는 의례를 치른 셈이다. 낡은 곡물 신을 보내고(죽이고), 새 곡물 신을 받아들이는(탄생하는), 신성한 왕의 죽음과 새로운 왕의 탄생이라는 상징을 담은 『황금가지 *The Golden Bough*』의 한국판 의례인 셈이다.

대풍의 꿈, 물꼬는 물

모든 백성이 쌀밥을 먹는 꿈은 모내기로 물꼬를 텄다. 조선 영조 때 모내기, 즉 이앙법의 보급으로 대풍작의 신화가 영글었다. 모내기 자체는 고려 때부터 시행됐지만 국가에서 장려하지 않았다. 어명을 내려 금지하기까지 했다.

● 그래서 청동 솥이나 시루를 이용해 곡물을 쪄서 떡이나 죽의 형태로 음식을 조리해 먹었던 것으로 보인다.

이앙법은 모판에 볍씨를 뿌려 모가 되면 논에 옮겨 심는移秧 농법이다. 논을 매는 횟수가 줄어드는 데다 관리도 쉬워 힘이 덜 든다. 또한 이앙법으로 벼를 기르는 기간은 5월부터 10월까지로 비교적 짧아, 벼농사가 끝나고 보리나 밀을 심을 수 있었다. 그러나 문제는 물이었다.

모를 논에 옮겨 심을 때에는 논에 물이 그득해야 한다. 이른바 무논이어야 한다. 모내기 시기는 보통 5월경인데, 한반도의 강우량은 6월 장마 기간에 집중된다. 논에 물이 충분히 공급되지 않으면 한 해 논농사는 끝장이었다. 그래서 나라에서는 '하이 리스크 하이 리턴'보다는 적더라도 확실하게 쌀을 거둘 수 있는 직파법을 유도했다. 그래야 국가 재정을 운용할 수 있으니 말이다. 조선 초기에 모내기를 부정한 까닭은 여기에 있다.

하지만 논에 물을 대는 관개시설이 정비된 영조 대에 이르러서는 모내기가 전국적으로 확산됐다. 중세 사회를 지탱하던 쌀의 생산량이 증가하면서 사회 구조 전반이 변화하며 활력을 얻었다. 이는 농업뿐 아니라 상공업 발달을 자극했고, 모내기 농사에 필요한 농촌 공동체 활동, 이를테면 두레와 같은 협동 노동에 필요한 사회 조직들도 활발하게 생겨났다.

이후 일제강점기를 거치면서 쌀 생산량은 더욱 증가했지만 일제의 수탈로 한민족에게 쌀밥은 풍족한 삼시 세 끼의 대상이 되지 못했다. 식민지와 동족상잔의 전쟁을 거치면서 황폐해진 전답은 좀처럼 '황금빛 물결'을 보여주지 않았다.

쌀밥이여, 안녕 1960년대 이후 산업화 정책이 본격적으로 추진되면서 벼농사에도 변화의 바람이 불어왔다. 1970년에 통일벼가 농가에 보급되면서 쌀 수확량이 비약적으로 늘어났다. 한 포기에 140~150알의 낱알이 달린 통일벼 덕분에 대한민국은 1976년 사상 최초로 쌀 자급자족에 성공했다. 그러나 국민들은 '얻은 것은 대풍작이지만 잃은 것은 밥맛'이라고 냉정하게 평가했다. 그리하여 '더 많은 밥'이 아니라 '더 맛있는 밥'으로 벼농사의 무게중심이 이동했다.

일월영측日月盈昃, 쌀의 대풍작 시대는 중천에 올라감과 동시에 기울어졌다. 서구식 식생활과 식품 다변화 등으로 국민 1인당 쌀 소비량은 2013년, 180그램까지 떨어졌다. 공깃밥 한 그릇이 100그램이니 하루 두 공기도 먹지 않은 셈이다. 수요가 줄어들면 공급도 감소하는 것이 시장의 법칙이지만, 쌀은 경제 논리, 시장 법칙에만 맡겨놓기에는 너무나 소중하다. 문화적 전통일 뿐만 아니라 식량 안보의 첨병이기 때문이다. 식량 자급률이 50퍼센트를 밑도는 대한민국에서 그나마 쌀은 마지막 보루다. 쌀 자급률은 2010년 104.6퍼센트를 기록한 이후 2011년 83.1퍼센트로 크게 떨어졌지만 기본적으로 90퍼센트대를 꾸준히 유지하고 있다.● 그러나 한국 농촌경제연구원은 기후변화로 2050년경에는 쌀 자급률이 50퍼센트 이하로 떨어질 것으로 내다보고 있다.

핵폭탄과 쌀바위   농민과 국민의 생명줄인 쌀이 부족하면

● 「농민신문」의 서를 기자는 쌀 자급률이 높아진 것이 일종의 착시 현상이라고 한다. 쌀을 더 이상 먹지 않는 것이 쌀 자급률 상승의 가장 큰 요인이라는 것이다. 2014년 국민 1인당 쌀 소비량은 65.1킬로그램으로 역대 최저치를 기록했다. 조선 후기 성인 한 명의 연간 쌀 소비량이 1섬, 약 144킬로그램이었던 것과 극명하게 대비된다.

어떤 일이 벌어질까. 1970년대 식량 파동 당시, 시중의 쌀값은 무려 367퍼센트나 급등했다. 1980년대 초반에도 쌀 부족으로 미국에서 300퍼센트 오른 쌀을 사 와야 했다. 식량이나 에너지는 양이 10퍼센트만 줄어도 가격이 두 배가량 뛰는 비탄력적 상품이다. 비교우위설에 입각한 국제 분업의 논리에만 맡긴다는 것은 적진 앞에서 무장해제하는 것과 같다. '식량 안보'라는 말이 괜히 나온 것이 아니다.

미국의 정보기관에서는 식량 자급도가 낮은 한국이 식량 문제를 해결하기 위해 핵을 보유할 가능성이 있다고 보고 있다. 쌀을 제외한 거의 모든 농산물의 자급도가 무너지고 자연재해로 인한 흉작, 만성적인 북한의 식량난 등이 계속되어 한반도의 정세가 극도로 불안해지고 있어 한국의 정책 결정권자들이 핵개발의 유혹에서 흔쾌히 벗어나기는 힘들 것이라는 것이다.

최남선의 기행문집 『심춘순례』에 '쌀바위' 이야기가 나온다. 서홉사에 있는 바위에 구멍이 나 있는데 거기서 하루마다 쌀 서 홉이 저절로 나왔다. 화수분 쌀바위였던 셈이다. 그것으로 양식을 삼아 절 하나가 넉넉히 유지됐다. 그런데 임진왜란 때 어느 중이 상좌를 데리고 피난을 가면서 날마다 쌀을 받아내기 귀찮아 한 번에 무척 많이 끄집어낸 뒤로 다시는 쌀이 나오지 않았다. 소금이 나오는 맷돌은 바다에 떨어져 짠물을 만들었지만, 쌀 나오는 바위는 한 번 막히니 다시는 쌀이 나오지 않았다. 왜일까? 소금은 신의 조건 없는 선물이고 쌀은 인간의 노력이 절반을 차지하는 조건부 선물이기 때문일까?

주식 편 - 5

두부와 콩, 우리 민족의 단백질 창고

사랑을 끝내고 먹는 묘약 두부는 인류가 만들어낸 최고의 식품 중 하나다. 일본 소설가 무라카미 하루키는 "남녀가 사랑을 끝난 뒤에 먹는 가장 맛있는 음식이 두부"라고 했다는데, 어쨌든 두부는 맛 좋고 영양 많은, 두 마리 토끼를 모두 잡는 별미임에 틀림없다. 그런데 두부는 발명됐을까, 아니면 발견됐을까.

가장 널리 알려진 두부의 창시자는 중국의 로열패밀리인 유안 劉安이다. 그는 중국 한나라를 세운 고조 유방의 수많은 손자들 중 하나였다. 회남왕에 봉해진 유안은 평소 두유를 즐겨 마셨는데, 어느 날 실수로 두유에 식용 석고를 떨어뜨렸다. 굳은 두유를 보고 응고 현상을 이용해 두부를 만들었다고 한다.

유안이 주인공으로 나오는 다른 버전도 있다. 유안은 평소 불로장생을 추구하는 노장철학, 도가사상에 심취해 있었고, 스스로 신선 수련을 하면서 그 일환으로 두유를 즐겨 마셨다. 두유에 소금을 넣어 마시던 그는 어느 날 산에서 수련을 마치고 깜빡 두유를 남긴 채 내려왔다. 다음 날 가서 보니 두유가 몽글몽글하게 엉겨 있었다. 이를 보고 만든 것이 두부라는 이야기다. 오늘날에도 두부를 만드는 원리는 2천 년 전 유안이 쓴 방법과 크게 다르지 않다.●

'두부왕' 유안을 기념하기 위해 두부의 메카인 중국 화이난에서는 해마다 두부 축제를 개최한다. 두부 축제의 하이라이트는 두부 싸움이다. 두부가 온 거리를 날아다니면서 하얀 탄막이 형성된다. 참가자들은 두부 범벅인 채로 웃고 떠들고 즐긴다. 스페인의 토마토 축제와 같은 장관이 펼쳐진다. 먹기에 간편하고 위에 부담이 없는 두부. 중국의 아침은 지금도 두부와 함께 밝아온다.

임금님 하사품, 우리 역사에서 두부에 대한 첫 기록은 10세기
부처님 진상품 후반인 고려 성종 때 나온다. 성종은 왕위에 오르면서 도읍의 행인들에게 두붓국을 보시했다고 한다. 당시 부처님께 올리던 귀한 음식인 두부를 백성들에게 돌린 까닭은 민심을 잡기 위한 선심성 조치였던 것 같다. 귀한 두부를 어린 백성들에게 내려주는 성군으로 이미지 메이킹을 시도했달까.

요즘도 사찰 음식이 웰빙푸드로 각광받고 있는데, 두부 요리의 종가도 절이다. 육식을 금하는 불교의 특성상 단백질을 섭취하기 위해 두부를 많이 이용했고, 이 과정에서 두부 요리가 꽃을 피운

● 기원전 2세기 사람이었던 유안은 두부를 먹어보지도 못했을 것이라는 반론도 있다. 중국의 문헌에서 두부에 대한 기록은 명나라 이후에 나오기 때문이다. 북방의 유목 민족과 교류하면서 그들이 말이나 양의 젖으로 '유부乳腐'라는 음식을 만들어 먹는 것을 보고 두유에 간수를 넣으면 두부가 된다는 사실을 발견했다는 설도 있다.

것이 아닌가 싶다. 고려 왕실에서는 아예 왕가에 납품할 두부를 만드는 전용 사찰을 지정하기도 했다. 이렇게 왕실 전용 두부를 제조하는 사찰을 '조포사造泡寺'라 했다. 조선 왕실도 두부 제조 전용 사찰을 지정해 '능침사陵寢寺' 또는 '원당願堂'이라 했다. 왕이 종묘에 바치는 귀한 음식이었기에 제조에 각별히 신경을 썼다.

조선 두부, 명 황제와 다이묘를 매혹시키다

『세종실록』에 두부 명가로서의 자부심이 묻어나는 기록이 있다. 세종 16년(1434년), 명나라 황제가 칙서를 보내, '공녀로 보낸 여성 조리사들이 음식을 잘 만들지만 특히 두부 요리가 뛰어나다'고 치하했다. 앞서 세종 10년(1428년)에는 명나라로 보낸 조선 사신이 수행원으로 따라온 요리사에게 조선식 두부를 만들게 하여 황제에게 올렸는데, 황제는 이를 맛보고 감탄하여 사신에게 벼슬을 내렸다.

일본에도 조선 두부의 명성이 자자했다. 임진왜란 당시 끌려간 조선 도공 한 명이 두부를 만들었는데, 일인들의 입맛을 사로잡았다고 한다. 부하들의 보고를 받은 다이묘大名(지방 영주)가 호기심에 먹어보고 정기적으로 두부를 만들어달라고 했다는 이야기도 있다.

고려에서 조선으로 넘어오면서 두부 권력의 무게중심이 불가에서 유가로, 사찰에서 반가로 이동했다. 지체 높은 양반가에서도 두부는 쉽게 먹을 수 있는 음식이 아니어서 선물로 주고받을 만큼 명품 대접을 받았다. 두부는 사대부 가문의 제사상에도 올랐다.●

● 『주자가례』에 '사대부에게는 두부를 올린다'는 내용이 실려 있었다.

고려와 조선의 서민들에게 두부란 하늘이 주는 별식이었다. 두부를 만들기 위해 콩을 갈고 콩물을 짜는 데 힘도 많이 들었을 뿐더러 두부를 만드는 방법도 익히기 힘들었다. 무엇보다 콩물을 끓이는 노하우는 숙달된 전문가의 전유물이었다. 두부가 서민의 음식, 밥상의 벗이 된 것은 산업화 이후부터였으니, 이제 고작 한 세대가 지난 셈이다.

뼈 없는 고기, 밭에서 난 우유

사대부들은 두부를 가리켜 맛이 부드럽고(두부의 '부腐'는 썩었다기보다는 물렁물렁하다는 의미라고 한다), 향이 은은하고, 색이 아름답고, 모양이 반듯하고, 먹기에 간편한, '오미五美'를 갖춘 음식이라 했다. 콩의 맛을 예술로까지 승화시킨 것이 두부다. 현대식으로 말하면 살이 찌지 않는 치즈라고나 할까. 한국인이 짠 음식을 많이 먹으면서도 그나마 성인병에 버틸 수 있는 것은 콩을 장으로 만들어 많이 먹고 두부를 즐기기 때문이라는 믿거나 말거나식 설명도 그럴 듯하게 들린다.

영양학적으로 보아도 두부는 콩의 단점인 낮은 단백질 소화율을 개선한 이상적인 식품이다. 콩에 함유된 단백질, 탄수화물, 지방을 대부분 흡수하면서 소화율이 95%나 된다. 게다가 두부는 고기보다 값이 싸다. 단백질 공급원으로서 경제적인 면에서도 유리하다. 두부와 콩은 고기가 귀했던 시대에 우리 민족에게 단백질을 공급하는 창고가 되어주었다.

"쌀 대신 콩, 밥 대신 콩죽" 선비의 콩 사랑 실학자 성호

이익은 음식을 많이 먹거나 사치스럽게 먹는 것을 극구 경계했다. "종일토록 일하는 백성들이 보통 조석 두 끼를 먹는데, 부유한 양반가는 하루에 일곱 번이나 식사를 한다"고 맹렬하게 꾸짖었다.

직업이 한량인 양반의 하루 식사를 살펴보자. 새벽에 일어나면 흰죽으로 속을 달랜다. 조식, 점심, 석식, 밤참까지 기본 다섯 끼를 시계추처럼 거르지 않고 챙겨 먹는다. 거기에 손님 접대와 간식으로 두 끼를 더 먹으니, 총 일곱 끼를 먹었던 셈이다.

이익은 "부유층들의 탐욕스러운 식생활이 백성들의 등골을 빼 살림을 곤궁하게 만든다"며 거듭 개탄했다. 그런 이익이 조선의 식습관을 바꾸고 백성들을 배불리 먹이기 위해 가장 예찬한 음식이 콩이었다. 그는 콩을 주식으로 삼자고 제안했다. "사람을 살리는 곡식의 으뜸도 콩, 가난한 백성이 목숨을 보전할 수 있는 길도 오직 콩"이라고 강조했다.

이익은 콩죽, 콩자반, 콩나물, 이 세 가지를 '삼두三豆'라 부르면서 삼두로 능히 식생활을 해결할 수 있다고 했다. 당시 콩 한 말 가격이 쌀로 치면 넉 되 가격밖에 안 되었으니 참으로 경제적인 음식이었다. 하지만 이익은 두부는 거론하지 않았다. 오로지 삼두만 사랑했다. 두부가 호사스러운 음식이라 서민들에게 그림의 떡이라고 보고 언급을 삼간 것 같다.

콩, 러시아와 일본의 승패를 가르다

대부분의 곡물과 작물이 외래종이지만 콩은 다르다. 콩은 한민족의 원형과 관계 깊은 자생 곡물이다. 콩의 원산지는 한반도와 남만주 일대로 알려져 있는데, 이곳은 고구려의 발상지

겸 활동 무대였다. 이 지역에 정착한 우리 조상들이 농경을 시작하면서 모자란 단백질을 섭취하기 위해 콩을 작물화했을 것으로 추정된다.

그래서 예로부터 우리는 오곡五穀에 쌀, 보리, 조, 기장과 더불어 꼭 콩을 넣었다. 콩을 이용해 만든 가장 전통적이고 대표적인 음식이 장醬이다. 삼국 시대부터 콩과 장에 대한 기록이 빈번히 출현하며, 간장과 된장을 거쳐 임진왜란 이후의 고추장에 이르기까지, 콩과 장은 한민족의 음식사 그 자체라고 해도 과언이 아니다.

콩도 단점이 있다. 콩을 과식하면 철분 흡수를 방해해 빈혈증을 일으킬 수 있다. 에스트로겐과 같은 화합물이 들어 있어 부인암의 위험도 있을 수 있다고 한다. 재미있는 것은 콩에는 비타민C가 없는데 콩나물로 자라면 비타민C가 생성된다는 사실이다.

1904년 러일전쟁 때 중국 뤼순항에 주둔한 러시아 군대는 일본군에 장기간 포위되면서 필요한 물자를 제대로 보급받지 못했다. 러시아 병사들은 영양 부족, 그중에서도 신선한 야채와 과일을 섭취하지 못할 때 생기는 비타민C 부족 증상인 괴혈병에 시달렸다. 이들은 정작 전투에서 제대로 싸워보지도 못하고 건강 문제로 자멸했다. 그런데, 일본군이 뤼순 시내에 진입해 보니 콩이 산더미처럼 쌓여 있었다고 한다. 만약 러시아가 콩나물 기르는 법을 알았더라면 전쟁의 승패는 달라지지 않았을까. 환경과 풍토에 따른 음식문화의 차이가 국가의 명운을 건 전쟁에도 큰 영향을 끼친 것이다.

왜 감옥에서 나오면 두부를 먹을까

언제부터인가 감옥에서 출소하는 사람들은 두부를 먹는다. 보통 '흰 두부를 먹고 다시는 검은 범죄를 저지르지 말라'는 뜻으로 풀이한다. 그런데 왜 두부일까? 옥살이 동안 모자란 영양을 보충해야 하는데 갑자기 고기를 먹으면 소화가 안 되니 두부를 먹는다고도 하지만, 어쩐지 설득력이 떨어진다. 왕조 사회의 감옥도 아니고 국가에서 삼시 세 끼는 챙겨주니 말이다. 게다가 콩밥을 실컷 먹었는데 콩으로 만든 두부를 굳이 또 먹어야 할까? 새해 운수에 관재수官災數가 낀 사람이 대보름날 아침에 생두부의 한 귀퉁이를 잘라서 먹는 풍습이 있는데(그러면 액운이 사라진다고 믿었다), 이 전통이 이어진 것이라는 설이 있다. 두 번 다시 옥살이를 하지 말라는 액막이인 셈이다.

고기,
하늘이 준 선물

**빵만으로는
살 수 없다**

사람은 무엇으로 사는가. '사랑'이라고 톨스토이는 답했지만, 보통 사람들은 탄수화물, 단백질, 지방의 3대 영양소로 살아간다. 비타민과 미네랄도 섭취해야 하니 야채와 과일도 먹어야 한다. 그런데 유독 고기를 놓고 야단법석이다. 엄격한 채식주의자나 견결한 생태주의자의 입장에서 고기는 지구를 망치고 인체를 망가뜨리는 몹쓸 음식이다. 그러나 육식 문화에 막 진입한 개발 도상 지역의 사람들에게 이는 '사다리 걷어차기'와 같다.

선진국 사람들은 몸에도 안 좋은 고기를 왜 자꾸 먹으려 하느냐고 말리지만 이미 본인들은 육식 문화의 단물을 다 뽑아 먹은 상황이다. 육식으로 인한 온갖 부작용은 사실 그들이 원흉인데, 그들은 육식이 나쁘다며 뜯어말린다. 지구 환경오염의 주범은 수 세기 전에 산업혁명을 가동한 유럽과 미국인데 최근 들어 산업화에 착수한 개발 도상국의 굴뚝 연기에 비난을 퍼붓는 것과 흡사하다.

5호차:
식당칸을 녹락해

아무튼 할 말은 해야 하고 고기는 씹어야 한다. 신이 내린 음식에 비유되는 고기의 식감은 원초적 본능처럼 먹으면 먹을수록 더 당긴다고 한다. 프랑스의 철학자 몽테뉴가 "식욕은 먹는 동안에 생긴다"고 했듯이, 고기는 먹을수록 더 빠져드는 블랙홀과 같다.

육식의 블랙홀에 빠지다

미국의 인류학자 마빈 해리스는 『음식문화의 수수께끼』에서 고기에 대한 인류의 욕망과 집착을 해명했다. 왜 사람들은 빵과 치즈가 풍부한데도 고기에 열광하고 고기가 없으면 폭동이라도 일으키려 드는가. 그에 따르면, 고기에 대한 욕심은 동물성 단백질을 많이 획득하려는 무의식적인 욕구에서 나온다.

역사적 사례를 들어보자. 구소련(러시아)에서는 식량 폭동의 기미가 없는데도 매년 막대한 콩과 옥수수를 수입했다. 수입 곡물의 수요자는 사람이었다. 그렇다면 러시아의 농업 생산이 파탄한 것인가. 그렇지 않았다. 질이 떨어지는 국내 곡물을 가축용 사료로 쓰려는 것이었다. 국내에서 생산되는 곡물로 충분히 식량 자급이 가능했지만 그러면 가축에게 먹일 사료용 곡물을 수입해야 했다. 그렇지 않으면 국민에게 고기를 공급할 수 없었다. 이런 나라는 러시아 말고도 많다. 다시 마빈 해리스에 따르면 이런 일들이 일어나는 것은 동물성 단백질이 생존을 넘어 건강과 행복을 준다는 데 이유를 두고 있다. 고기와 같은 동물성 식품은 영양상으로도 훌륭하지만 이를 생산하고 얻는 데 많은 자원과 노력이 필요해 곡물과 같은 식물성 식품보다 높이 평가받는, 상징적인 힘을 얻게 된다. 논란의 여지는 있지만, 동물성 식품이 식물성 식품보다 양질의 단백질을 많이 함유하고 있다는 것이 그의 주장이다.

　임신하거나 병에 걸리면 추가로 단백질을 섭취해야 하는데, 고기나 생선 등을 먹지 않으면 어마어마한 양의 음식을 먹어야 한다. 체중 80킬로그램의 성인이 필수아미노산을 충분히 섭취하려면 고기는 340그램만 먹으면 되지만 빵은 1.5킬로그램이나 먹어야 한다. 고기를 먹으면 대식이나 과식의 위험 없이 영양분을 간편하게 섭취할 수 있다. 보다 편리하게, 보다 효율적으로 섭취하려는 음식 문화가 있기에 고기는 항상 상석을 차지한다. 고개가 갸웃해진다면 '두부와 콩' 칸으로 돌아가 식물성 단백질의 항변을 들어보기 바란다.

조상님 드릴 쇠고기

우리 육식 문화의 원점에 맥적貊炙이란 음식이 있다. 맥적은 맥족, 즉 우리 조상으로 여겨지는 동이족이 만든 고기구이로 추정된다. 수렵을 숭상했던 고대 맥족이 만들어낸 음식으로 여겨지지만, 조리법은 사라졌다. 상상력을 발휘한 학자들은 장과 술로 양념한 고기구이와 같은 형태일 것이라 하며, 이 맥적을 한민족 고기 음식의 시원으로 본다.

　삼국 시대를 다룬 역사서에도 육식의 흔적이 보인다. 앞서 살펴보았듯, 삼국 통일의 설계사인 김춘추의 식사 메뉴에 꿩 고기가 포함되어 있다. 『삼국유사』에서 화랑 출신의 승려 혜숙은 국선 구참공에게, 고기 안주로 자신의 허벅지 살을 베어주면서 깨우침을 내린다.

　사냥, 전쟁 등이 활발하고 무력을 떠받들던 시대에 육식을 즐긴 것은 자연스럽다. 하지만 살생과 육식을 금하는 불교가 국가의 공식 이데올로기로 선포된 고려 시대에는 육식에 대한 사회적 인식이 달라졌다. "국왕의 인심이 짐승에게까지 미쳐야 하니 고기반찬을 올리지 말라"는 이야기가 나왔고, "부처님을 숭상하는 왕은 함부로 살생을 하지 말아야 하니 도축을 금지한다"고도 했다. 그러나 고기를 주식으로 하는 유목 민족이 세운 원나라의 영향권에 편입된 고려 중기 이후에는 육식이 다시 부상했다.

그리고 유교의 나라 조선으로 접어들었다. 유교식 제사에서 으뜸가는 제물은 쇠고기다. 조선이 신봉한 제사와 의례의 교과서 『주례』에 "제후와 천자를 모시는 대부가 다 태뢰太牢를 쓸 수 있고, 태뢰에는 소, 양, 돼지를, 소뢰少牢에는 양과 돼지를 썼다"고 되어 있다. 나중에는 태뢰의 경우에도 소만 썼다고 한다. 소는 그만큼 소중한 제물이고 음식이었다. 왕실 제사에 소를 썼으니, 민간의 제사상에 쇠고기를 올리는 것은 특권 행사이자 과시가 아니었을까.

더욱이 농업을 중시한 조선에서 소는 대단히 중요한 동물이었다. 소 도살은 사치와 낭비의 대명사였다. 소가 부족해지면 아예 소 도살 금지령을 내리기도 했다. 하지만 일부 양반들에게는 강 건너 불이었다. "조상님 제사에 육적을 올려야 한다." 효의 나라 조선에서 이보다 더 그럴듯한 명분이 있었을까. "염불보다 젯밥"이라고, 돌아가신 조상님이 아닌 살아 있는 후손들을 위해, 쇠고기는 그렇게 넓게 저며(너비아니) 숯불에 구워졌나 보다.

돼지는 좀…… 짐승을 가축으로 만든 것은 인류의 유목과 농경 생활 양자를 지탱해준 원동력이었다. 가축은 인간의 노동력을 보완해주고 식생활에도 지대한 공헌을 했다. 사람들이 가장 많이 먹는 가축은 무엇일까. 바로 돼지다. 중국인은 전 세계 돼지고기 소비량의 절반을 차지할 만큼 돼지고기 킬러들이다. 한국인도 만만치 않다. 2010년 농림수산식품부 통계에 따르면 1인당 돼지고기 소비량이 19.3킬로그램으로, 닭고기 10.7킬로그램, 쇠고기 8.8킬로그램를 능가한다.

소나 양과 달리, 돼지는 오직 고기를 얻기 위해 키우는 가축이다. 인간 입장에서 돼지의 존재 이유는 비대한 살덩이에 있다. 돼지야말로 식물성 식품을 동물성 단백질로 바꾸는 효율이 높은 짐승이다. 그러나 되새김질을 못 하는 동물이기에 인간이 먹지 못하는 식물을 소화할 수 없는 것이 인간 기준에서 단점이다.

소, 양, 염소와 같은 반추동물은 풀이나 짚과 같이 인간이 먹기 힘든 거친 섬유질 식물을 먹는다. 이들은 똥으로 비료를 만들고, 농사를 짓는 동력이 되고, 고기와 젖을 제공한다. 죽어서 남긴 가죽으로 옷과 신발도 만들 수 있다. 돼지는 사람에게 제공하는 것이 살코기 외에는 거의 없다. 그래서 중동과 같은 지역에서는 돼지 사육을 금하기 위해 돼지고기를 터부시했다.

고기를 안 먹으면 고기 조리법도 동반 후퇴한다. 통일신라 때에는 불교의 융성과 함께 육식에 대한 부정적인 분위기가 서서히 일어났고, 이는 고려 때 본격화되었다. 오죽 고기를 안 먹었으면 고려를 방문한 중국 사신이 고려의 육식 문화 수준을 비웃었을까. 그는 "불교를 숭상하는 고려에서는 고기 조리가 서툴러 국이나 구이를 만들어도 고약한 냄새가 가시지 않는다"며 혀를 찼다. 실제로 고려에서는, 말은 군사적으로 필요하고 소는 농경에 필수적이지만 돼지는 아무 짝에도 쓸모없다고 여겼다.

조선에서도 돼지는 인기가 없었다. "돼지고기에는 독성이 있다", "돼지는 게으르고 불결하다", "돼지는 농사를 망친다"의 3대 선입관이 퍼져 있었다. 돼지는 왕실 제사에서 소, 양과 더불어 태뢰의 3대 제물이었기에 전국에서 길러졌다. 그러나 돼지 사육이 장려되었던 것은 아니다. 풍병이 있는 사람과 어린아이는 돼지를 많이 먹으면 안 된다는 경고가 요리 서적에 공공연히 실렸으며, 돼지를 키우는 농가가 적어 돼지고기 요리도 발달하지 못했다. 특히 온돌의 영향으로 땔나무의 수요가 급증하면서 숲이 많이 사라져 돼지의 사료를 구하기 어려웠다. 그래서 돼지를 키운다 해도 대개 뒷간에서 분뇨를 먹이며 키웠다.

북방에서는 대접받은 돼지

부여와 고구려 등 북방의 역사 무대에서 돼지는 나름 대접받은 짐승이었다. 한민족 역사의 한 원형을 구성하는 부여의 건국신화에 돼지가 등장한다. 부여의 시조는 먼 북방에서 태어났는데, 누군가 그를 죽이려고 돼지우리에 버렸지만 돼지가 입김을 불어넣어 죽지 않고 자라나 나라를 세웠다는 내용이다. 부여는 국부의 내력을 받들어 가축을 잘 길렀다고 한다. 이것은 부여의 풍토가 돼지를 키우기에 적합했음을 시사한다. 실제로 부여가 자리 잡은 곳은 지금도 중국의 대표적인 산림 지역이다. 돼지는 숲과 생태 궁합이 이상적이다.

고구려에서는 하늘에 제사를 지낼 때 제물로 돼지를 사용했다. 이 돼지를 '교시郊豕'라 했다. 교시를 잘못 간수했다가는 목이 달아났다. 동명성왕의 아들인 유리왕 시절에 교시가 달아났다. 유리왕이 이를 찾아오라고 명령했는데, 왕의 부하들이 미욱했다. 돼지를 뒤쫓아 잡은 다음 도망치지 못하도록 족_을 손상시킨 것이다. 왕은 하늘에 바칠 성스러운 제물에 흠집을 냈다고 진노하며 부하들을 처형했다. 이렇듯 한반도 북부에서는 돼지가 대표적인 가축이었던 것 같다. 우리 육식 문화의 원류로 꼽는 맥적도 그 지역에 흔했던 멧돼지나 돼지고기로 만든 음식이었을 것이라 추정된다.

돼지고기를 예술로 승화시킨 동파육

당송 팔대 문장가의 한 사람인 동파 소식은 돼지고기 요리 리스트에 자신의 호를 올려놓은 인물이다. 동파육. 돼지고기를 큰 덩이째로 넣고 술과 간장, 설탕 등을 소스로 해서 오랜 시간 졸여 만든 요리다. 소동파가 살던 시대에 상류층은 돼지고기를 천한 음식으로 간주해 잘 먹지 않았고, 때문에 값이 무척 쌌다고 한다.

동파육의 기원은 여러 버전으로 전해진다. 소동파가 유배 생활 중에 친구와 바둑을 두며 신선놀음을 하다가 돼지고기를 태웠는데 버리기 아까워 먹어보니 맛이 있어 아예 다음부터 그렇게 먹었다는 설이 그럴 듯하다. 소동파는 세상사에 대한 좌절을 미식으로 전환시켰는데, '창해일속滄海一粟(망망대해에 던져진 좁쌀 한 톨이라는 뜻으로, 넓은 세상을 살아가는 인간 삶의 보잘것없음을 상징한다)'이라는 그의 표현처럼, 인간이 술과 고기에 탐닉하는 것은 허무함을 이기기 위한 행동인지도 모르겠다.

격조 높은 선비들의 고기, 우심적

우심牛心은 소의 심장이

다. 염통과 간까지도 우심이라고 부르는데, 이것을 얇게 저며 간하여 구운 요리를 우심적이라고 한다. 중국의 명필 왕희지가 어릴 때 주의라는 이가 그를 눈여겨 보았는데, 주의가 왕희지를 대접하며 내놓은 것이 우심적이었다. 왕희지 케이스를 계기로 우심적은 고고한 선비나 유덕한 군자에게 대접하는 명예로운 요리로 공인받았다.

조선 시대 선비들도 우심을 존경과 우정의 상징물로 간주했고, 주변에서 칭송이 자자할 때 애써 겸양의 의미로 "우심을 욕되게 했다"는 표현을 썼다. 즉, '나는 아직 우심을 먹을 만한 인격과 경륜이 없다'고 스스로를 낮춘 것이다.

우심적은 음식이 부와 권력뿐 아니라 사회적 평판을 나타내는 상징 자본으로 작용한다는 것을 잘 보여준다. 그렇다면 다른 상징 자본처럼 우심적도 인간의 허영과 공명심을 자극하지 않았을까. 우심적을 대접받으면 어쩐지 왕희지의 반열에 오른 듯한 착각에 먹지 않아도 배불렀을 것이다.

감자의 상륙,
극밥의 매력,
갈비의 배신

**"악마의 음식,
감자 때신
죽음을!"**

감자는 아메리카 대륙 발견 이후 유라시아 대륙으로 퍼져나간 식품이다. 처음 감자를 접한 서양 사람들은 울퉁불퉁 흙투성이로 땅속에 숨어 있는 감자를 '악마의 음식'으로 여겼다.

그런 감자가 서양의 가정에서 일상의 음식으로 받아들여지기까지는 심한 진통이 뒤따랐다. 로마 가톨릭교회를 신봉하는 이들은 감자를 '아담과 이브가 따 먹은 금단의 열매'로 선전했다. 그런 감자를 먹으면 어떻게 되겠는가? 신에게 등 돌리고 성경을 깨뜨린 이단 행위에 해당하므로 천국에 들어갈 수 없었다. 감자는 지옥으로 가는 직행 티켓이었다.

사실 감자는 '밭의 사과', '땅속의 사과' 같은 별칭에 걸맞게 맛있고 영양가가 높다. 그러나 교회의 말을 곧이곧대로 들은 농민들은 성서에 나오지 않는 음식이며 씨가 싹을 틔워 열매를 맺는 다른 작물과 다르다는 이유로 감자 먹는 것을 꺼렸다. 아니, 공포스

5호차:
식당칸을 격락해

러워했다. 감자는 그 자체로는 맹맹한 맛이라 다른 양념과 함께 먹어야 했는데 가격이 부담스러워 기피했다고도 한다. 하지만 낭중지추囊中之錐라고, 결국 감자의 경쟁력은 오랜 산고 끝에 인정받았고, 지금은 지구촌 어디서나 식탁에 빠짐없이 오르고 있다.

"감자 좀 그만 심으시오!"

감자가 한반도에 전해진 것은 대항해시대의 개막과 관계가 깊다. 긴 항해에 나서는 당시 선박들에 현대식 냉장 보관 시설이 있을 리 만무했다. 식약동원食藥同源, 감자는 선원들의 고질병인 괴혈병을 막아주는 약재인 동시에 주린 배도 채워주는 최상의 선내 음식으로 각광받았다. 오대양 육대주로 돛을 올리고 떠나는 배들과 함께 감자는 세계로, 그리고 한국으로 뿌리를 뻗었다.

감자의 전래 시기와 경로는 정확히 알기 어렵다. 북방설에 따르면, 국경 지대를 몰래 들락거리던 중국 심마니들이 우리 땅에서 먹을거리를 조달하기 위해 감자를 들여와 심어놓고 먹은 것이 시작이라 한다. 남방설은 전라북도 해안에서 표류해 온 영국 상선의 선교사가 씨감자를 나누어주면서 보급되었다고 본다. 하지만 조정에서는 감자의 재배를 꺼리고 오히려 금지했다. 기후가 나쁘고 토양이 메말라도 소출이 워낙 넉넉해 농민들이 감자 농사에만 매달리자 세금으로 거둬들일 곡물이 줄어들었기 때문이다.

우리 조상들은 유럽 사람들처럼 감자에 거부감을 갖지 않았다. 뿌리 식물을 식용으로 생각하지 못했던 서양 사람들과 달리 칡뿌리를 캐 먹고, 토란으로 국을 끓이고, 인삼을 만병통치의 명약으로 여겨온 '친뿌리적' 전통으로 감자를 쉽게 수용한 것이다. 같은 구황작물인 고구마보다 단백질이 더 많아 논농사가 어려운 강원도와 같은 산간 지역에서는 감자가 주된 음식이 되었다.

배고픈 복녀와 감자

일제강점기에 쓰인 김동인의 단편소설 「감자」는 빈민들의 음식인 감자에 담긴 가난과 타락의 이미지를 사실적으로 보여준다. 주인공 복녀는 빈한하지만 유교적 가풍을 지닌 농가에서 성장해, 게으르고 무능력한 남편을 만나 인간 세상의 온갖 지옥도가 펼쳐지는 빈민굴로 떨어진다. 성과 돈을 맞바꾸며 타락의 길을 가던 복녀는 중국인 왕서방의 채마밭에 감자를 몰래 캐러 갔다가 들키고, 그 대가로 몸을 판다.

이후 복녀와 왕서방은 수시로 매매춘을 이어간다. 그러다 왕서방이 돈을 주고 새색시를 맞고, 복녀는 낫을 들고 신방에 찾아갔다가 도리어 살해된다. 복녀의 송장은 사흘이 지나 남편과 왕서방, 한방 의사 등이 모여 흥정한 끝에 뇌일혈로 죽었다는 진단을 받고 공동묘지에 묻힌다.

인류를 배고픔으로부터 건져내는 데 위대한 공헌을 했던 감자지만 인간 세계의 모순과 부조리 앞에서는 침묵할 수밖에 없었다.

국밥에 빠진 조선

밥과 국을 어떻게 먹는 것이 최적의 조합일까. 원래 국과 밥은 따로 먹지만 국밥은 다르다. 국에 밥을 말아서 내놓는다. 이렇게 하면 동시에 많은 사람들을 대접할 수 있고 추울 때도 따뜻하게 음식을 즐길 수 있다.

국밥은 가정보다는 가게에 적합한 일종의 패스트푸드다. 시간이 없어 빨리 끼니를 때워야 하는 사람들에게 국밥은 최상의 먹을거리였다. 가난한 서민들이 포만감을 느끼면서 간단히 즐길 수 있는 별미이기도 했다. 장날 국밥 한 그릇은 점심 요기로 그만이었다. 많은 거리를 이동해야 했던 보부상들이 간단하고 빠른 식사를 위해 주막이나 식당에서 먹기 쉽게 개량한 음식이라고도 한다.

조선 후기 문헌을 보면 국밥에 관해 "얇게 썰어 조린 쇠고기를 장국에 만 밥 위에 얹어 먹었다."라고 되어 있다. 조선 말부터 유행한 국밥을 즐기는 데 있어서는 신분고하가 따로 없었다. 국밥 전문 음식점도 등장했는데, 재상들이 가는 곳과 부유한 상인들이 가는 곳으로 나뉘어 있었다.

장, 고기, 밥의 삼위일체

국밥은 한민족 음식의 종합예술이라고 할 수 있다. 우리 음식에서 가장 중요한 밥과 장을 기본으로 하고 국물 요리에 고기가 들어가는, 전통의 집결체다. 국밥을 끓일 때는 맑은 장국을 쓰는데, 기름기가 없도록 끓여 간장으로 간을 맞춘다. 장의 빛깔과 맛이 중요하다. 참고로 간장으로 양념을 하는 문화권에서 성장하면 입맛을 바꾸기 어렵다고 한다. 미각이 보수적으로 형성되는 것이다. 소금으로 간하는 음식 문화에서 성장한 사람들은 간장 문화권보다 낯선 음식을 잘 먹는다고 한다.

고기는 국물과 일정한 비율을 유지해야 한다. 고기가 적당히 들어가야 맛이 좋은 법이다. 물에 비해 고기 양이 적으면 맛이 떨어진다. 뜨겁게 끓인 국에 밥을 만 다음 삶은 고기를 얹는다. 국밥을 말 때 국물로 그릇의 온기를 데우기도 하는데, 이를 '토렴'이라 한다. 지금도 토렴을 고수하는 음식점에서는 놋그릇에 찬밥을 넣고 뜨거운 국물을 넣었다 뺐다 해서 먹기 좋은 온도로 제공한다. 그래서 곧바로 먹을 수 있는 패스트푸드가 되는 것이다. 어떻게 보면 한민족은 즐겨 먹는 음식의 온도 차가 세계에서 가장 큰 민족일 것 같다. 한겨울 살얼음이 도는 차가운 냉면부터 뜨거운 김이 피어오르는 국밥에 이르기까지 냉탕과 열탕을 왔다 갔다 하니 말이다.

따로국밥 전성시대

그런데, 어느 순간부터 국밥이 불청객이 됐다. 밥이 문제였다. 다른 손님이 먹다 남긴 잔반을 넣거나 쉰밥을 말아서 내놓는 위생과 상도의 문제가 대두됐다. 게다가 밥을 미리 말아 넣다 보니 국물이 깔끔하지 못하다는 단점도 부각됐다. 이에 대구에서 밥과 국을 따로 제공하는 따로국밥이 등장하면서 국밥 문화에 지각변동이 일어났다. 현재는 토렴 방식을 고수하는 일부 음식점을 제외하고 대부분 대구식 따로국밥을 따른다.

따로국밥에 얽힌 한 소설가의 이야기를 들어보자. 그는 큰아버지의 양자로 입적됐는데, 어색한 마음에 아버지라고 부르지 못했다고 한다. 상심한 큰아버지가 집을 떠나 딴 곳에만 머물러 있자 그는 집안 어른들의 당부로 직접 찾아 나섰다. 길 떠나는 어린 아들에게 어머니는 신신당부를 했다. "가게에서 국밥을 시킬 땐 반드시 밥을 따로 달라고 해야 한다. 반드시 '밥을 따로 주세요.' 이렇게 말해야 한다." 그는 어머니의 말대로 국밥을 주문했고, 가게 사람들로부터 똑똑하고 야물다고 칭찬을 받았다.

음식 이야기로 이름난 작가 성석제는 국밥을 '영혼이 들어가 편히 누울 수 있는 맛'으로 묘사했다. 시래기, 밥, 국물과 혼연일체가 된 경험을 한 적이 있다면, 과음 후 쓰린 속을 애무해주는 해장 국밥을 사랑한다면, 과연 그렇다고 공감할 것이다.

국밥보다 싼 갈비구이 그러나……

보통 갈비는 지방이 적고 단백질(근육)이 많은 등뼈 부분을 의미하며, 그것을 구운 것이 갈비구이다. '갈비'라는 말은 조선 시대부터 등장했지만 지금과 같은 갈비구이는 1950년대에 수원에서 선을 보였다. 갈비에 40여 가지의 양념을 버무려 참숯에 구워낸 것이었다. 당시에는 대통령과 총리, 국회의원 들이 줄을 이어 찾았다고 한다.

지금은 큰마음 먹지 않으면 먹기 힘든 갈비구이지만, 본래 갈비는 서민들의 음식이었다. 귀한 쇠고기가 서민 음식이었다니, 고개를 갸우뚱하겠지만 사실이다. 1930년대 후반에 서울의 냉면집에서 가리구이를 팔면서 그것을 갈비라고 했는데,* 냉면이 한 그릇에 20전, 갈비 한 대도 같은 값이었다고 한다. 이보다 몇 년 앞선 일제강점기의 신문 기록에 따르면, 강릉의 한 식당에서 국밥 한 그릇이 15전, 갈비 한 대는 5전이었다고 한다. 격세지감이다.

부유층은 갈비를 먹는 것을 상스럽게 여겼다. 뼛조각을 손에 움켜쥐고 입으로 뜯어야 했으니 말이다. 갈비구이는 빈대떡 신사가

* 계속 '가리'라 불리다가 가리구이를 파는 식당에서 가리구이를 축약해 갈비라 부른 것으로 본다. 본래 식당에서는 주문과 전달이 신속하고 효율적으로 이루어져야 하므로 말의 축약이 일어난다. 칼국수 두 그릇은 '칼둘', 비빔냉면은 '비냉'으로 줄어든다.

찾는 선술집의 안주였고, 돈 있는 한량들이 가는 요릿집에서는 우아하게 먹을 수 있는 갈비찜을 선호했다.

그런데 사정이 달라졌다. 1960년대 경제 개발이 본격화된 이후에 쇠고기 붐이 일어났고, 이제 쇠고기는 부와 권력을 상징하는 음식이 됐다. 실제로 소는 육식의 관점에서 가장 사치스러운 가축이다. 먹는 사료에 비해 식용 고기로 쓸 수 있는 비율이 가장 낮기 때문이다.• 그래서 값이 비싸다.

갈비구이는 명품 음식으로 사랑받게 되었고, 갈비를 뜯는 것은 천박하고 상스러운 행동이 아니라 부러움의 대상이 되었다. 자가용의 보급으로 대도시 교외 지역에 '**가든'이 늘어나면서 갈비구이는 더욱 인기를 얻었다. 넓은 대지에 온갖 인공 구조물로 치장을 하고 정원처럼 꾸민 갈빗집, 가든. 국밥보다 쌌던 갈비는 이제 가든의 안주인이 됐다. 식민지의 이등 국민으로 힘든 하루를 끝낸 일꾼의 고단함을 달래주고 내일의 원기를 북돋아주던 갈비구이가 이제는 가까이하기엔 너무 '비싼' 당신이 되어버렸다.

• 돼지는 고기 전환 비율이 좋아 소의 1.4배, 닭은 소의 2.5배나 된다. 그래서 경제 사정이 어려워지면 고기 수요가 변화한다. 사료 대비 칼로리 비율이 가장 낮은 쇠고기에서 돼지고기로, 닭고기로, 순차적으로 먹는 고기가 바뀌는 것이다.

기호식품 편 —1

인삼,
신토불이의
대명사

**중국, 일본,
미국……
모두 한 수
아래**

인삼은 신토불이의 대명사다. 인삼의 선조인
자연삼의 원산지는 한반도와 만주, 연해주로,
모두 한민족의 역사 공간이다. 귤을 다른 곳에
심으면 탱자가 된다는 귤화위지橘化爲枳의 고
사성어가 가장 잘 들어맞는 사례가 인삼이다.
우리 땅에 자란 인삼을 시베리아나 미국, 일본, 중국에 심으면 그
약효와 효능이 오리지널 고려인삼의 발뒤꿈치에도 못 따라온다고
한다.

인삼은 예로부터 한민족의 대표 수출품이었다. 우리 인삼은 독
성이나 부작용이 거의 없고, 원기 증진에 효과가 있다고 알려져 있
다. 사포닌Saponin과 진세노사이드Ginsenoside 등 인삼에 함유된 성
분이 오장육부를 튼튼히 하고 정신을 안정시킨다고 한다. 현대 의
학은 인삼의 약효를 실증적으로 분석한다. 신진대사 촉진, 혈압 조
절, 면역력 향상, 암세포 억제, 피로 회복…… 이쯤 되면 만병통치

약이라 할 만하다. 그래서 인삼은 예로부터 동아시아 사람들에게 꿈의 약초, 불로초에 근접한 약초로 대접받았다.

이에 주목한 미국인들은 인삼이라면 사족을 못 쓰는 중국인들에게 수출하기 위해 야생삼을 채취하기 시작했다. 골드러시에 이어 인삼러시가 일어난 것이다. 19세기 들어 중국에는 미국산 자연삼이 넘쳐났다. 미국삼의 가격 경쟁력은 고려인삼을 위협했다. 질보다 양으로 밀어붙이는 덤핑 판매에 아무리 고려인삼이라도 고전하지 않을 수 없었다.

"많이 심으면 값이 천하오" : 인삼에 담긴 희소성의 원리

실제로 1862년에는 조선 홍삼의 5분의 1 가격인 미국삼이 무려 286톤이나 수출됐다. 중국인은 미국삼을 건강식품처럼 구입했다. 박리다매로 이어지는 미국삼의 공세에 맞서 조선은 오히려 수출 물량을 제한하면서 고가를 유지하는 전략을 썼다. 자연삼의 공급에는 한계가 있기 마련이었고, 미국삼은 곧 자취를 감추고 고려인삼의 명성이 다시 이어졌다.

여기서 잠깐 당시 일화를 한 토막 소개한다. 고종 때 조선 최초의 외교관인 영선사로 중국 천진에 주재하게 된 김윤식이 당시 중국을 쥐락펴락했던 실력자 이홍장을 만났다. 이홍장은 대화 중에 인삼 이야기를 꺼내면서, "조선에는 인삼이 있지 않은가. 인삼은 가격이 매우 높고 인기가 많은데 왜 많이 재배해서 내다 팔지 않는가?"라고 물었다. 김윤식은 "많이 심으면 값이 천하오."라고 대답했고, 이홍장은 히죽 웃었다. 우리 조상들, 희소성의 원리를 인삼을 통해 체득했나 보다.

약효에 대한 자부심과 장인 정신이 우리 인삼의 경쟁력이다. 지금도 세계 시장에서는 외국산 인삼들이 값싸다는 이유로 많이 팔리지만, 여전히 우리 인삼에 대한 선호도가 압도적으로 높다.

누구는 재벌 되고, 누구는 쫓겨나고

인삼의 인기가 올라가면서 거꾸로 백성들의 고통은 커져갔다. 인삼에 대한 관리들의 수탈이 심해지고 공납의 폐해가 가중됐기 때문이다. 인삼은 뇌물용으로 다다익선인 물품이어서 백성들에 대한 토색질이 그치지 않았다. 인삼 산지에서 살아가는 백성들에게 인삼은 고향의 명물이 아니라 고통이었다. 그들은 인삼 때문에 정든 동네를 떠나 유리걸식하는 처지로 전락했다. 오죽하면 정조가 백성의 괴로운 고통 중에서 인삼의 폐단으로 인한 고통이 가장 크다고 했겠는가.

반면 인삼으로 거만의 부를 축적한 집단도 있다. 바로 역관들이다. 정부는 역관들에게 충분한 보수를 줄 수 없어 사신을 수행하여 떠날 때 일정한 액수의 교역을 허용해주었다. 봉급을 못 주니 알아서 자급자족하라는 차원이었다. 역관들이 수출품으로 가져간 것이 바로 인삼이었다.

역관들은 인삼 열 근을 한 꾸러미로 묶어 모두 여덟 꾸러미八包로 나누어 포장했다. 18세기 이전까지는 인삼 재배가 쉽지 않아 인삼 80근을 은 2천 냥으로 대체하기도 했다. 당시 쌀값으로 환산하면 수천 석에 달했다. 무역상의 특권을 가진 역관들은 막대한 부를 축적해나갔다.

일본은 17세기 후반까지도 청나라의 해금 정책과 국교단절로 중국 대륙과 교역을 할 수 없었다. 중국의 상품을 수입하려면 조선을 거쳐야 했다. 조선은 청과 일본을 잇는 중계무역을 통해 일본으로부터 막대한 은을 거둬들였다. 조선에 유입된 대량의 은으로 상품경제가 활성화되고, 동전 유통도 원활해졌다.

역관 집단이 막대한 부를 거둘 수 있는 대내외적 여건이 착착 조성되었다. 이 시기에는 역관 출신들이 최고 부자로 통했다. 당대의 시대상을 잘 반영했다는 박지원의 소설 『허생전』에 한양 제일 부호 변씨가 나온다. 숙종 때의 역관으로 거만금을 축적한 변승업을 염두에 두고 그린 인물이라고 한다. 변승업의 아버지와 형제 다섯이 모두 역관을 역임했다. 역관 하나가 삼대를 먹여 살릴 부를 일으키는 판이었으니, 변씨 집안의 역관 숫자로 보면 하늘이 점지한 부자라는 소리를 들었음에 틀림없다.

변승업의 부를 가늠할 수 있는 일화가 있다. 그의 아내가 죽었을 때 그 관에 왕의 관에 칠하는 옻을 칠했다. 중인 계급의 일원으로 왕실의 권위에 도전하는 사치 행위가 문제가 되자, 변승업은 이를 무마하기 위해 권력층에 수십만 금을 뇌물로 뿌렸다. 또한 그는 임종에 즈음해 채무자들에게 받아야 할 은 50만 냥에 대한 권리를 일부러 포기했다. '그깟' 은 50만 냥쯤은 자손에 대한 보험용 선물이라고 치부하는 '부자 몸조심'의 차원이었달까. 가히 역관 재벌가라 할 만하다.

인삼, 마약 치료제가 되다

삼씨가 밭에 뿌려지면 인삼이 되고 산에 뿌려지면 산삼이 된다. 삼국 시대부터 우리 산삼은 인기가 많았다. 백제의 것이 좋았는데, 모양은 가늘지만 단단하고 희며 기운과 맛이 중국삼보다 부드러웠다고 한다. 고구려산은 모양은 크지만 속이 성글고 연해 백제의 것보다 못하다고 기록되어 있다. 신라도 인삼 수출에 나섰다. 최치원은 당나라에서 관리로 생활할 때 윗사람에게 인삼을 선물해 호평을 받았다.

우리 인삼의 브랜드는 고려 때 확고하게 정착했다. 인삼하면 고려인삼이라고 할 만큼 해외에 널리 알려졌다. 고려 사신은 송나라에 갈 때 보통 천 근의 인삼을 가지고 가서 교역을 했다고 한다. 무엇보다 고려 시대에 인삼을 쪄서 익혀 장기간 보존할 수 있는 홍삼 제조 기술이 등장했다.

조선에서도 초기부터 인삼 재배를 시도했다. 18세기에 개경에서 인삼 농사법을 개발해 마침내 인삼의 대량 재배 시대가 개막되었다. 늘어난 공급량에 맞물려 청나라의 인삼 수요도 증가했다. 청나라에서는 인삼이 아편에 찌든 사람들에게 특효약이라는 소문이 있었다. 아편전쟁으로 심신이 피폐해진 중국인들에게 인삼은 마지막 치료제였다. 그 결과 조선은 1851년에 4만 근이라는 기록적인 인삼 수출 실적을 올렸다.

거상 임상옥, 홍삼에 불을 지르다

최인호의 소설 『상도』의 주인공은 인삼 교역으로 유명했던 거상 임상옥이다. 민족주의 사학자 문일평이 우리 역사에서 존경받는 상인을 찾으려고 노력하는 과정에서 발견한 인물이다. 그는 18세기 후반인 1779년에 태어나 19세기 초중반 중국과의 무역으로 엄청난 재산을 모았다.

임상옥을 거부로 만든 상품이 바로 홍삼이다. 보관하기 쉽고 약성도 좋은 홍삼은 가뜩이나 붉은색을 좋아하는 중국인의 마음을 사로잡았다. 그러던 어느 날, 임상옥이 여느 때처럼 북경에 인삼을 싣고 갔는데 거래하던 청나라 상인들이 모두 그를 외면했다. 그는 수소문한 끝에 청나라 상인들의 인삼 불매 담합으로 일어난 일임을 알게 되었다. "신뢰와 상도의를 땅에 떨어뜨리고도 부끄러워하지 않다니!" 임상옥은 청나라 상인들이 괘씸했다.

청나라 상인들은 임상옥과의 인삼 거래를 다 끊어버리면 결국 귀국 시한이 다가오는 임상옥이 헐값에 물량을 모두 처분할 수밖에 없을 것이라고 꾀를 낸 것이었다. 하지만 그들은 임상옥을 몰라도 너무 몰랐다. 임상옥은 조용히 있다가 귀국 전날 머무르던 집 마당에 장작을 쌓고 인삼 꾸러미를 쌓아 올려 불을 지르려 했다. 놀란 청나라 상인들은 애걸복걸했고, 임상옥은 기존 가격의 10배가 넘는 비싼 가격에 홍삼을 팔아 엄청난 이윤을 남겼다. 두둑한 배짱과 탁월한 정보력을 겸비한 희대의 승부사라 할 만하다.

이 일을 계기로 임상옥은 인삼 무역에 대한 독점적 권리를 행사했고, 역관 변승업의 부를 넘어서는, 조선 최고의 부자가 되었다. 회계를 맡은 사람만 70명이 넘었고, 손님 7백 명을 유숙시킬 수 있는 대궐 같은 집에 살았다.

더욱 대단한 것은 그가 자신의 재산을 굶주리고 고통받는 백성들에게 썼다는 점이다. 그는 "재물은 평등하기가 물과 같아야 하고, 사람은 바르기가 저울과 같아야 한다."라고 유언을 남겼다. 물과 같이 움켜질 수 없는 재물을 독점하려고 해서는 안 되며, 저울처럼 정직하지 못한 부자는 결국 망하게 될 것이라는 경계의 뜻을 밝힌 것이다. 과연 임상옥의 말처럼 부는 거름과 같아서 가지고만 있으면 구린 냄새가 나고 주변에 나눠주면 좋은 비료가 된다.

소금,
신이 만들고
왕이 독점한
귀한 몸

음식의 킹 메이커

가장 중요한 금 세 가지는? 황금, 현금, 무엇보다도 바로 '지금'이다. 그러나 역사적으로는 소금이 더 중요했다. 소금은 예로부터 곡식과 돈을 대신해온 귀중한 식품이다. 사람의 몸속에 일정한 염분이 없으면 곧바로 피로와 정신 불안 등의 생리적 문제가 일어난다. 소금은 식생활에 필수불가결한 조미료이자, 음식의 보관과 가공에도 결정적인 역할을 한다.

소금의 중요성은 진화론적으로도 입증된다. 원시 지구에서 생명은 바다에 있었다. 부글부글 끓는 대양에서 출발한 생명의 역사는 땅으로, 산으로, 하늘로 가지를 치며 뻗어나갔는데, 역시 그 모태는 짠 바닷물이었다. 그렇기에 삼라만상 생명 있는 존재는 모두 염분을 필요로 한다. 음식에서 소금의 역할도 이와 같아서 '모든 요리의 장군食肴之將'으로 통했다. 소금이 없으면 백 가지 맛도 조화를 이루지 못하니, 즉 간을 맞출 수 없으니, 소금이야말로 음식의 완성도를 좌지우지하는 킹 메이커라 하겠다.

왕실의 현금 지급기

소금은 고대부터 권력과 부의 원천이었다. 가장 오랜 직업이 왕과 창녀라면, 가장 오랜 국가사업은 소금 사업이다. 소금의 생산과 판매에 대한 권리를 갖는 것이야말로 부와 권력으로 향하는 지름길이었다. 중국 한나라 때 소금의 국가 전매에 관한 논쟁이 있었다. 그때 "소금이 국가 세입의 절반을 차지한다天下之賦, 鹽利居半"라는 말이 나왔는데, 이 말이 방증하듯 소금은 왕실의 현금 지급기 역할을 했다.

국가는 소금에 무거운 세금을 물렸고, 백성들은 경제적 부담이 컸다. 백성들은 어떻게 이 부담을 줄였을까? 소금 암거래 시장이 생겨난 것은 당연지사다. 소금 밀매업자들은 백성들에게 싼값에 물량을 넘겼으니, 범죄자라기보다는 오히려 민중의 영웅으로 여겨졌다. 당나라를 멸망으로 내몬 혁명가 황소와 왕선지는 소금 상인이었다. 『삼국지연의』의 주인공 관우도 소금과 내연의 관계를 맺었다. 관우의 고향은 산서山西성 운성運城인데 그곳에 염지鹽池라는 소금 호수가 있다. 일설에는 관우도 소금 상인들의 뒷배를 봐주다가 사고를 치고 고향을 떠났다고 한다.

소금으로 신이 된 사나이

관우가 죽은 뒤 9백 년, 송나라 황제 휘종의 꿈에 관우가 나타났다. 당시 휘종은 염지의 소금 생산량이 줄면서 국가 수입이 격감하여 골치를 앓고 있었다. 관우는 꿈속에서 고민을 한방에 해결해주겠다고 호언장담했는데, 정말 얼마 뒤에 염지의 소금량이 다시 늘어났다. 이런 공로로 관우는 왕으로 불렸고, 뒤에는 무성武聖, 관제關帝로까지 숭상되었다. 이는 곧 공자나 황제의 반열이다. 관우를 신으로 숭배하는 산시 성 상인들이 중국 전역을 누비면서 거부가 되자, 다른 지방 사람들도 덩달아 관우 우상화에 동참했다. 마침내 관우는 신의 자리에 올랐다.

관우에 앞서 소금으로 권력과 부를 쌓았던 역사는 중국의 춘추 전국시대까지 거슬러 올라간다. 처음 소금을 정부의 전매품으로 삼았던 사람은 관포지교의 주인공인 제나라의 재상 관중이다. 해안을 끼고 있는 제나라는 양질의 소금을 대량으로 생산하기에 적합했다. 관중은 이에 착안, 소금 생산은 민간에 맡기고 나라에서 독점적으로 사들이고 판매하는 방식을 도입했다. 이러한 관중의 부국부민 정책으로 제나라는 수많은 나라들을 꼼짝 못하게 하는 패자국이 되었다.

간디와 마리 앙투아네트의 소금

인도의 성자 간디는 소금을 영국 제국주의에 대한 불복종 운동의 상징으로 선택했다. 당시 인도를 지배하던 영국은 인도인에게 영국 정부가 생산하는 소금만 먹도록 했다. 간디는 "무릎을 꿇고 영국 정부에 빵을 달라고 했다. 내가 받은 것은 돌멩이였다."라고 말하면서 소금세 폐지를 요구하는 행진을 시작했다. 이것이 근대 역사상 가장 위대한 행진 중 하나인 소금 대행진Salt March이다.

1930년 3월 12일부터 4월 6일까지 진행된 소금 대행진은 인도

민중들의 독립 욕구를 자극하고 민족의식을 점화하는 혁명의 불씨가 되었다. 해안가에서 소금 한 움큼을 집어 드는 간디의 행동은 처음에는 나비의 날갯짓에 불과했지만 나중에는 쓰나미를 몰고 왔다.

동서양을 막론하고 소금은 인간 생활에서 중요한 위치를 차지해왔기에 정치적으로 늘 뜨거운 이슈였다. 소금에 관한 서양식 어원을 따라 올라가봐도 정치적인 의미가 강하다. 소금, 즉 영어 'salt'의 어원은 소금을 뜻하는 라틴어 'sal'에서 파생되었는데, 봉급을 뜻하는 'salary', 소금으로 봉급을 받던 병사인 'soldier' 등과 같은 계열이다. 또한 소금은 프랑스혁명의 발발에도 나름 기여했다. 당시 프랑스 부르봉왕조는 모든 국민에게 매년 소금 구매량을 강제로 할당했는데 국민들의 불만이 이만저만이 아니었다. 세계 역사상 최초로 왕과 왕비를 단두대에 세운 프랑스혁명에 소금이 일정한 역할을 한 셈이다.

뱀파이어는 왜 소금을 먹지 않을까

소금은 인간이 생명을 유지하는 데 반드시 필요한 물질이다. 수렵 채집과 어로 생활을 하던 때에, 인간은 생선과 짐승에 함유된 염분을 충분히 섭취했다. 유목 생활을 하던 부족들도 마찬가지였다. 우유나 고기를 잘 먹기만 하면 별도로 소금이 필요 없다. 유제품이나 육류에 소금이 함유되어 있기 때문이다. 그런데 농업이 시작되고 곡물과 채소가 주식이 되면서 인간은 소금을 따로 섭취해야만 했다.

바닷가와 멀리 떨어진 유럽의 중부 내륙 지방에서는 가축이나 동물을 잡고 나서 그 피를 즐겨 마신다. 소금 결핍을 보충하기 위해서다. 일본 작가 요네하라 마리는 체코의 수도 프라하에서 경험했던 '드라큘라식' 식생활을 생생하게 묘사했다. 요네하라는 어린 시절, 어머니의 심부름으로 정육점에 고기를 사러 갔다가 갓 잡은 거대한 사슴을 목격했다. 아직 온기가 남아 있는 사슴 주위로 사람들이 양동이를 들고 줄을 섰다. 알고 보니 죽은 사슴의 피를 사 마시기 위해서였다. 유럽 내륙 사람들은 금방 잡은 짐승을 대하면 수렵인의 기억이 되살아나 신선한 고기와 피에 입맛이 확 당긴다고 한다. 소금이 귀하다 보니 짐승의 피로 염분을 보충하려는, 뇌의 진화 전략이 아닐까 싶다.

조선 병사의 몸값, 소금으로 받겠다

소금은 변하지 않는다는 성질 때문에 종교의 식이나 충성 서약, 계약 행위 등에도 쓰였다. 소금이 나는 바닷가나 돌소금이 있는 곳, 물맛이 짠 함수호 등지에 사람들이 모여들어 시장이 형성됐다. 농업의 발전으로 사람들이 내륙으로 이동하면서 소금 수요는 더욱 늘었고, 늘 그렇듯이 소금은 귀했다. 그러다 보니 소금 때문에 인질극이 벌어지기도 했다. 소금이 모자란 유목 민족들은 농경 문화권의 사람들을 인질로 납치해 소금을 몸값으로 내걸었다. 조선 시대에도 변경의 여진족이 소금을 얻을 목적으로 조선의 군사들을 납치하곤 했다고 한다.

삼면이 바다인 한반도에서는 호랑이 담배 피우던 옛날부터 소금이 만들어졌다. 공물로 사용되기도 했다. 『삼국사기』, 『삼국유사』에 소금에 관한 기록이 두루 나온다. 고려 시대 중엽 이후에는 국가가 소금을 모두 관리해 개인적으로 소금을 만들거나 팔 경우 엄히 다스렸다. 조선 시대에도 소금의 전매제도는 계속되었다. "평안 감사보다 소금 장수"라는 속담은 소금이 얼마나 희귀하고 귀중했는지 짐작하게 한다.

미천왕의 인생 역전, "소금 장수가 가장 쉬웠어요"

왕이 되기 전의 직업은 보통 세자다. '**군'에서 왕으로 발탁되기도 하지만 대개 궁궐에서 2인자로 있다가 보위를 이어받는다. 우리 역사에서 왕조를 만든 개국 군주를 제외하고 즉위하기 전의 직업이 가장 드라마틱한 임금은 고구려 15대 국왕인 미천왕일 것이다. 미천왕은 소금 장수 출신이었다. 임금의 손자가 소금 장수로 전락했다가 다시 왕으로 제자리를 찾은 희귀한 사례다.

사학자 이기백은 우리 역사에서 중앙집권형 왕권은 통일신라 이후에 성립되었다고 한다. 삼국 시대 초기에는 왕권이 상대적으로 미약했다. 신라에서는 박씨, 석씨, 김씨의 왕이 번갈아 출현했는데, 왕권이 강력했다면 어림도 없었을 일이다. 3세기 말~4세기 초의 고구려에서도 상황은 마찬가지였다. 당시 고구려에는 힘센 다섯 부족이 있었다. 부족들이 돌아가며 왕을 내다가, 어느 순간 계루부라는 부족이 왕위를 독점했다. 다른 부족과의 권력 투쟁이 끝나고 계루부 내부에서 왕위 쟁탈전이 시작됐다. 권력을 놓고 형과 동생이 죽고 죽이는 골육상잔이 자주 벌어졌다.

서기 292년, 고구려 14대 왕으로 취임한 봉상왕은 어린 시절부터 경험한 반란과 배신 등으로 모략과 숙청에 능했다. 즉위 후 몇 달 안 돼 왕권을 위협할 만한 숙부를 죽였고, 동생인 돌고도 제거했다. 돌고의 아들이자 봉상왕의 조카인 을불은 목숨을 부지하기 위해 야반도주에 나섰다. 하루아침에 도망자로 전락한 을불은 머슴살이를 했는데 혹독한 주인 밑에서 버틸 수 없어 소금 장수 일을 시작했다.

8년간의 굴욕에서 31년간의 집권으로

을불은 이 마을 저 마을 돌아다니며 소금을 팔았다. 그러던 어느 날, 한 노파의 집에서 하룻밤 신세를 지게 된 을불은 소금으로 숙박비를 치렀다. 그러나 노파는 더 많은 소금을 요구했고, 을불은 이를 거절했다. 앙심을 품은 노파는 자신의 신발을 소금 속에 몰래 넣어두었다. 그러고는 을불이 신발을 훔쳐갔다며 관아에 고했고, 소금 속에서 신발이 나오자 을불은 매를 맞고 소금도 다 빼앗겼다. 을불의 억울한 심정과 모진 고생은 이루 말할 수 없었다.

하지만 기다리는 자에게 기회는 온다. 을불이 간난고초를 묵묵히 인내하는 동안, 봉상왕은 사치를 즐기고 인심을 잃어갔다. 게다가 연이어 흉년이 들면서 신하들은 쿠데타를 계획했다. 차기 군주로 을불을 모시기로 하고 을불의 행적을 수소문했다. 신하들이 찾아오자 을불은 봉상왕이 보낸 첩자가 아닐까 의심하면서 극구 왕손이 아니라고 부인했다. 그러나 신하들은 초라한 행색과 더러운 몰골에도 의젓한 언행이 드러나는 을불에게 계속 거사에 참여해달라 호소했다. 결국 을불은 이들과 운명을 같이하기로 했다.

디데이가 되었다. 왕위에 오른 지 8년째 되던 서기 300년, 봉상왕은 사냥을 나갔다가 신하들에 의해 감금되었다. 갇힌 봉상왕은 대세를 돌릴 수 없음을 알고 자결했고, 그의 두 아들도 뒤따라 목숨을 끊었다. 마침내 풍찬노숙의 떠돌이 신세였던 을불은 인내의 시간을 견뎌내고 왕으로 즉위했다.

왕위에 오른 미천왕은 민생을 몸으로 겪은 경험을 살려 경제적으로 큰 발전을 이룩했다. 미천왕이 재위한 331년까지 고구려는 농업과 상업이 앞선 시기보다 크게 발전했고, 영토도 넓어져 장차 대大고구려로 뻗어나갈 기틀을 마련했다. 그리고 미천왕은 소금 장수에서 만인지상의 자리에 오른 인생역전의 주인공이 되었다.

소금, 그것이 알고 싶다

소금하면 김치가 연상된다. 소금은 무와 배추를 절이는 데 필수적이다. 18세기 이후 기상 변화로 소금 생산량이 줄어들면서 소금 값이 금값으로 치솟았다. 소금을 덜 쓰고도 김치를 담그는 대안을 찾은 끝에 고추를 넣기 시작했다고 한다.

소금은 단맛이나 신맛을 내는 감미료와 달리 다른 맛으로 대체할 수 없다는 점에서 맛의 대주주라고 할 수 있다. 우리 민족은 전통적으로 짠맛을 지닌 반찬을 선호하고, 소금을 쉽게 생산할 수 있고, 식품 저장을 위해 염장 식품을 많이 만드는 등의 영향으로 소금 섭취량이 많다. 1일 필요량의 30배가 넘는 15그램가량의 소금을 먹고 있다. 그런데 식생활이 서구식으로 변화하면서 소금 섭취량이 점점 줄고 있다. 소금이 고혈압의 원인으로 거론되는 것도 큰 요인이다. 전문가들은 어떤 종류의 소금이든 섭취량을 줄이라고 권유한다.

물론 천일염이나 죽염에 대한 믿음도 상당하다. 미네랄이 풍부한 천일염은 일반 소금과 다르다는 것이다. 그러나 바닷가로 중금속과 공해 물질이 흘러 들어오는 상황에서 소금만 독야청청할 수는 없다는 것이 전문가들의 의견이다. 천일염에 함유된 미네랄 성분은 마그네슘, 칼슘, 칼륨 등인데 미량이나마 카드뮴, 수은, 납, 비소 등의 중금속도 들어 있을 수 있다고 한다. 맹신하고 과잉 섭취하다가는 큰 코 다칠 수도 있다는 것이다.

설
탕
,

인
류
가

찾
아
낸

단
맛
의

결
정
체

**설탕을 달라,
그러면 옷을
벗겠다**

1974년 9월 영국 런던. 식품점들마다 설탕이
떨어져 난리였다. 런던의 젊은 새댁은 오늘도
단골 식품점에서 설탕을 구하지 못해 맥이 풀
렸다. 하루 종일 설탕을 찾아 헤매는 것도 고

역이었고, 신랑에게 스위트sweet한 음식을 요리해줄 수 없는 상황
에도 지쳤다. 그래서 단골 가게 주인에게 화끈한 제안을 했다. "지
금 내게 2파운드가량의 설탕을 준다면 내 누드를 보여줄게요."

신문의 국제 면에 실렸던 기사다. 이 거래가 실제로 성사됐는지
는 알 수 없으나 당시에 설탕 가격이 급등해 전 세계 가정주부들
이 몸살을 앓았던 것은 사실이다. 영국의 한 할머니는 가게 점원이
설탕 판매를 거부하자 격분해서 철제 장바구니로 점원을 때려눕
히기도 했다.

그보다 앞선 1961년, 사탕수수의 천국 쿠바에서 미사일 위기가
대두됐다. 미국의 목을 겨눈 단도였던 쿠바에 소련이 핵미사일을

배치하려 한 것이다. 발끈한 미국은 함대를 총동원해 쿠바 봉쇄에 나섰다. 미사일을 싣고 다가오는 소련 함대와 이를 막아선 미국의 군함과 항공기. 일촉즉발, 세계 3차 대전 전야라 할 만했다. 글로벌 안보 위기로 설탕의 원료인 사탕수수를 구하기 힘들어지면서 설탕 품귀 현상이 빚어졌다. 설탕 가격은 부르는 게 값일 정도로 천정부지로 뛰어올랐다. 한국에서도 1961년 600그램에 25원 하던 설탕이 2년 뒤에는 240원으로 10배 가까이 값이 폭등했다.

일본의 국민 소설가 시바 료타로가 신라와 백제의 숨결을 찾아 한반도 남부로 탐사 여행을 왔다. 1971년, 경부 고속도로가 완공되고 몇 달 지나지 않았을 때였다. 시바가 백제의 본향 부여에서 아침 식사를 하는데, 여관에서 차려낸 국과 나물이 너무 달아 도저히 손을 대기 힘들었다. 이유를 알아보니 귀한 손님이 오면 설탕을 듬뿍 치는 풍속이 있어 모든 음식에 설탕을 넣은 것이었다. 시바에 따르면, 일본에서도 전통 요리를 내놓는 곳에서는 설탕을 따로 내놓는다고 한다.

처음 만난 설탕, 감기약이자 보약

처음 우리 밥상에 오를 때 설탕은 단맛을 내는 감미료라기보다는 몸살이 나거나 밥맛이 없을 때 먹는 보약이었다. 사랑에 빠졌을 때의 느낌을 감미甘味롭다고 하듯이 설탕의 단맛은 모든 맛 가운데 가장 자극적이다. 갓난아이부터 노인까지, 동서고금을 막론하고 단맛에서 헤어 나오기 어렵다.

아이들이 단것에 집착하는 것을 보라. 타고난 본성을 따라 단맛을 좋아하고 설탕을 고집한다. 설탕과 같은 단것에는 인간을 움직이는 에너지, 열량이 농축되어 있기 때문이다. 진화론적 입장에서는, 사람은 단것을 먹어야 활동할 수 있기에 우리 뇌는 설탕을 찾도록 프로그래밍되고 업데이트를 거듭해왔다고 본다. 태아들도 양수를 통해 접하는 여러 맛 중에 단맛을 특히 좋아한다고 한다. 모유를 먹는 신생아도 단맛에 길들여진다. 늙어서도 마찬가지다. 치아 건강이 좋지 않을수록 사탕 같은 녹여 먹을 수 있는 단것을 많이 찾는다.

설탕에 섞인 피와 눈물

곡물을 씹으면 단맛이 난다. 농사가 시작되면서 단것의 집합체라고 할 수 있는 탄수화물이 안정적으로 확보되었다. 하지만 곡물은 당도가 높지 않았다. 우리 조상들은 오랜 시행착오와 실험 끝에 밥을 삭히면 단맛이 난다는 사실을 알게 됐다. 식혜가 대표적이다. 식혜에 동동 뜬 밥알을 걷어내고 졸이면 조청이 된다. 조청을 더욱 졸이면 엿이 된다. 곡물을 통해 엿이라는 단맛의 결정체를 만들어낸 것이다.

빵을 먹는 서양 사람들은 단맛을 찾아내기가 쉽지 않았다. 꿀도 대표적인 단 음식이지만 벌과의 투쟁을 감수해야만 얻을 수 있었다. 그래서 지중해성 기후의 풍토에서 쉽게 구할 수 있는 과일을 졸여 잼을 만들어 먹었다.

꿀과 잼으로 만족하지 못한 인류는 신대륙 개척(침략)과 동시에 맛의 신대륙에 들어섰다. 중남미 대륙에서 설탕을 만들기 위한 사탕수수 농업이 시작되었다. 애초에 콜럼버스는 향료와 금은보화를 얻기 위해 인도로 가는 길을 뚫으려 했다. 그러나 그곳에는 그가 목표로 한 노다지가 없었다. 그러자 그는 스페인에서 신대륙으로 사탕수수 나무를 가져왔다. 당시 유럽에서 금처럼 취급받던 설탕을 생산해 돈벼락을 맞아보겠다는 것이었다. 더구나 콜럼버스가 발견한 카리브 해 지역의 고온다습한 풍토는 사탕수수 재배에 최적이었다. 16세기에는 설탕의 연간 생산량이 1600톤에 이르렀다고 한다. 처참한 작업 환경과 잔인무도한 학대로 신대륙의 원주민들은 씨가 마를 지경이었다. 돈맛을 본 농장주들은 새로운 대규모 노동력을 필요로 했고, 마침내 노예사냥도 불사하겠다는 쪽으로 나아갔다.

사탕수수 재배 과정은 많은 노동력을 필요로 한다. 사탕수수를 베어 정제해 설탕을 만들기까지 사람의 손길이 곳곳에 들어간다. 어디서 신규로 값싼 노동력을 대량으로 구할 수 있을까. 아프리카와 아메리카를 잇는 대서양에서 은하수만큼 많은 사람들이 지옥의 밑바닥으로 떨어졌다. 그들의 피와 눈물로 달콤한 설탕이 만들어졌다. 설탕과 노예, 슬프고 몸서리쳐지는 피의 조합이다.

세계사적으로 설탕이 귀한 음식이었듯, 우리 역사 속에서도 설탕은 희소한 명품이었다. 외국과의 교류가 활발했던 통일신라 때에 설탕을 수입했으리라고 짐작되지만, 기록상으로는 고려 말 원나라로부터 수입한 품목에 설탕이 포함되어 있다. 그때부터 일제강점기까지 설탕은 극소수의 지배 집단만이 향유하던 사치품, 귀중품, 약재로 군림했다. 단맛만 빼먹는 것은 예나 지금이나 지배층들의 습성인가 보다.

신이 준 최고의 영양제 집 안에 꼭꼭 숨겨둔 꿀단지 취급을 받던 설탕은 요즘은 건강의 적으로 간주된다. 비타민도 없고 미네랄은 전무하고 섬유질도 결핍되어 있으며 단지 칼로리만 높은 불량 식품이라는 것이다. 특히, 비만이 현대인의 주적이 된 상황에서 설탕은 유해 식품의 대명사가 된 듯하다. 어제의 귀염둥이가 오늘은 천덕꾸러기가 된 셈이다.

그러나 설탕은 완전식품이 아닌 것이지 나쁜 식품은 아니다. 설탕만 먹는 것이 아닌 이상 영양학적으로 문제가 없다는 것이 전문가들의 의견이다. 설탕은 열량이 높은 것이 사실이다. 그런데 인간이 활동하기 위해 필요한 에너지가 바로 열량 아닌가. 부산대 이태호 명예교수에 따르면, 설탕은 소화 흡수가 빨라 기력을 회복하는 데는 지구상의 어떤 영양분보다 훌륭하다고 한다. 신이 인간에게 준 최고의 영양제라는 것이다. 체력이 떨어졌을 때 설탕 성분인 포도당 수액을 맞는 것이 좋은 예다.

물론 설탕은 비만을 유발할 우려가 있다. 그러나 설탕을 비만의 주범으로 간주하는 것은 과장된 것이다. 따지고 보면 식용유로 조리한 음식들이 설탕보다 열량이 월등하게 높다. 요리에 첨가하는 감미료로 사용하는 한, 설탕은 다이어트를 방해하는 악마가 아니다. 예전처럼 귀하게 아껴 먹는다면 설탕으로 인해 탈이 나는 일은 없을 것 같다.

담배의 시간은
거꾸로 간다

**'호랑이 담배
피우던 시절'은
거짓말**

'옛날 옛날 호랑이 담배 피우던 시절'로 시작
되는 민담의 시간 설정은 사실 거짓이다. 담
배가 이 땅에 온 것은 4백여 년 전에 불과하니
말이다. 이 땅의 호랑이들은 17세기가 되어서
야 담배를 피우기 시작했다. 남아메리카 대륙에서 유럽으로 전파
된 지 50여 년 만에 담배는 한반도에 상륙했다. 담배는 애초에 약
초, 즉 약용으로 간주됐으나 시간이 지나면서 많은 사람들에게 사
랑받는 기호품으로 성격이 바뀌었다.

끽연을 즐기는 사람들은 담배가 가진 약재의 성격을 보여주는
설화들을 좋아할 것이다. 옛날 옛적 중국에서 콧병이 퍼졌는데 백
약이 무효였다. 콧병에 걸린 식구들을 보며 안타까워하던 사람에
게 한 도사가 나타나 담뱃잎을 주면서 '이것으로 코를 막으면 금
방 나을 것'이라 했다. 도사의 처방대로 하니 식구들의 콧병이 싹
사라졌다. 그가 이웃들에게 전하면서 순식간에 담배가 퍼져나갔

5호차:
식당칸을 복락해

다. 이후로 담배는 신령한 약초로 여겨졌다. 겨울에는 말려두었던 잎을 태워 그 연기로 병을 예방했다.

아메리카 인디언 처녀의 전설을 변용한 설화도 있다. 남자라면 사족을 못 쓸 만큼 좋아하는 기생이 있었다. 그러나 병을 얻은 뒤로는 더 이상 남자들을 상대할 수 없었다. 기생은 죽어서라도 수많은 남자들과 입을 맞추고 싶어 했다. 기생이 죽어 묻힌 지 얼마 뒤에 무덤에 깔때기 모양의 연분홍 꽃과 잎이 피어났는데, 그것이 담배였다. 이후 세상의 많은 남자들이 담배를 피웠고, 기생의 소원은 이루어졌다.

호암 문일평은 담배에 여러 가지 별칭이 붙은 이유를 재치 있게 설명했다. 담배를 한 모금 빨아들이면 정신을 혼미하게 하는 것이 술과 같으니 '연주煙酒'라 하고, 피로를 회복케 하고 정신을 깨우는 것이 차와 같으니 '연차煙茶'라고도 부른다. 특히 한번 빨다 습성이 되면, 즉 인이 박이면 잊으려 해도 잊을 수 없으므로 '상사초相思草'라는 명칭까지 생겨났다는 내용이다.

담배는 연기가 되어 허공으로 사라져버린다는 소모적이고 무상한 특성 때문에 인생의 허무함을 상징하는 물건이 된 것 같다. 그래서 담배 하면 떠오르는 문인 오상순이 자신의 호를 '공초空超'라고 붙였으리라. 공허함을 초극하는 공초인지, 아니면 꽁초까지 태우려는 불타는 흡연욕인지는 그 자신만이 알겠지만 말이다.

한민족의 담배 사랑

이 나라의 담배 역사는 광해군 때로 거슬러 올라간다. 일본에서 전래됐다는 것이 통설이다. 17세기 중엽에 조선에 표류해 온 네덜란드 선원 하멜은 "어린 아이들도 4, 5세부터 담배를 피우기 시작해 남녀노소 간에 담배를 피우지 않는 사람이 거의 없다"고 기록을 남겼다.●

하멜의 기록은 담배가 이 땅에 들어온 지 반세기 만에 한민족 전체를 사로잡았다는 것을 시사한다. 그래서 사람을 넘어 호랑이와 같은 짐승들도 담배를 피웠을 것이라는 민중의 상상력이 작동하지 않았을까? 강가나 호숫가의 물안개, 비 온 뒤 산에 피어오르는 안개를 보며 동물들도 담배를 피운다고 생각했던 것 같다.

"신분이 낮은 자가 존귀한 사람 앞에서 담배를 피워서는 안 된다. 재상이 지나가는데 담배를 피우는 자를 보면 붙잡아다 구금시키고 죄를 다스린다."_유득공, 『경도잡지』

흡연 문화의 확산은 17세기 당시의 사회적 분위기, 즉 양대 전란 이후 혼란스러운 사회 질서를 다잡기 위해 신분 질서와 윤리 규범을 강화하던 지배 집단의 이데올로기 공세와 맞물려 새로운 위계 문화를 형성했다. 연장자 앞에서 맞담배를 피우는 것을 불경스럽게 여기고 여성이나 청소년의 흡연을 마뜩지 않게 보는 등, 오늘날에도 여전히 남아 있는 권위주의적 흡연 문화는 이 시기부터 시작되었다.

흡연의 위계질서는 시각적으로도 나타났다. 담뱃대의 길이는 신분과 지위의 높고 낮음을 보여주었다. 초기의 담뱃대는 작고 짧았

● 어린아이들이 담배를 피웠다는 것이 언뜻 이해되지 않는다. 당시에는 흡연하는 백성들이 워낙 많아 담배 한 근이 은 한 냥에 달할 만큼 값이 비쌌다는데 말이다.

다. 그런데 갈수록 길이가 다양해졌다. 담뱃대는 크게 세 부분으로 구성된다. 담뱃잎을 담는 담배통, 입에 무는 물부리, 그리고 그 둘을 연결하는 설대다. 설대가 길면 장죽이고, 설대가 없거나 짧으면 곰방대다. 장죽으로 흡연을 즐기려면 담배통에 불을 붙이는 아랫사람이 필요했다. 1미터가 넘는 장죽도 있었다 하니 자연스럽게 장죽은 상류층 또는 경제적으로 여유 있는 계층의 전유물이 되었다. 일반 서민은 곰방대를 물 수밖에 없었다.

이익 vs 정조, 금연 논쟁의 승자는?

담배가 유행하자 이를 경계하는 목소리도 터져 나왔다. 이익은 『성호사설』에서 담배 무용론을 제기하면서 금연을 옹호했다.

> "(담배는) 재계齋戒하여 신명神明을 사귈 수 없게 하고, 재물을 없앤다. 세상에 할 일이 많은데 상하노소 없이 해가 지고 날이 저물도록 담배 구하기에 급급하다. 만약 그 마음을 바꾸어 진리를 탐구하면 대현이 될 수 있을 것이며, 글에 힘쓰면 문장이 될 수 있고, 살림을 돌보면 부자가 될 수 있을 것이다."

이익은 흡연의 장점을 조건부로 긍정하면서도 폐해가 더 크다고 논증했다. 소화에 도움을 주고 한겨울에 추위를 막아주고 목에 걸린 가래를 뱉게 하는 등의 장점이 있지만, 득보다 실이 더 크다고 봤다.
 이익의 주장을 정면으로 반박하는 목소리는 임금에게서 나왔다. 조선의 계몽 군주를 꿈꿨던 정조는 골초에, 흡연 예찬론자였다.

"밥 먹은 뒤에는 담배에 힘입어 음식을 소화시키고, 변을 볼 때는 이 것으로 악취를 쫓고, 잠을 청하지만 잠이 오지 않을 때도 이것을 피 우면 잠이 오며, 심지어는 시나 문장을 지을 때나 다른 사람들과 얘 기할 때, 그리고 고요히 정좌할 때 등의 경우에도 사람에게 유익하지 않은 점이 없다."

구불미 口不美하니
구용정 口容正하게
정조는 조선의 명문장가로 꼽힌 장유를 거 론하면서 신하들의 담배 금지령을 거부했 다. 장유의 멋진 문장이 담배에서 나왔으 니 더 이상 언급하지 말라고 한 것이다. 장유의 장인은 척화파의 거두 김상헌의 형 김상용이다. 김상용은 사위 장유가 담배를 피우 는 것을 못마땅해했다.

"자네, 세자의 스승으로 방정하게 처신해야 하거늘, 어전에서 남 초를 피우다니, 쯧쯧."

"장인어른, 제가 남령초 태우는 게 어때서 그러십니까."

"자네 입 모양이 씰룩씰룩한 게 심히 아름답지 못하네口不美. 부 디 구용정口容正하게."

"아, 장인어른 왜 그러세요. 아 정말, 아 진짜!"

김상용은 병자호란 때 강화도에서 청나라 군사들이 들이닥칠 때 화약을 터뜨려 순사했다. 그런데 순사를 놓고 인조와 김상용의 아 들들이 옥신각신했다. 인조는 "김상용이 종에게 담배를 피우게 불 을 가져오라고 했다가 폭약에 담뱃불이 붙는 과실로 폭사한 것이 아니냐"며 진상을 조사하라 명했다. 이에 아들들은 "아버지는 평 소에 담배를 피우지 않았으며, 종이 주인의 자진을 두려워해 불을 가져다주지 않자 담배나 태우겠다고 핑계를 댄 것"이라고 반박했다. 결국 김상용의 순국은 인정됐다.

19세기에는 담배를 논하는 전문 서적 『연경烟經』이 나왔는데, 정조의 흡연 예찬을 뒷받침해준다. "흡연은 아침에 목에 가래가 끓고 입이 텁텁한 것을 가시게 한다. 시름 많고 걱정 심하고 하릴없이 심심할 때 상쾌하게 해준다. 추운 날씨에 입이 뻣뻣하고 얼 때 연거푸 피우면 몸이 따뜻해진다. 비가 많이 내릴 때 한 대 피우면 기분이 좋아지고, 시문을 지을 때 좋은 구절을 떠올리게 한다……"

담배는 인간의 건강에 해로우나 곤충을 죽이는 살충 기능을 갖고 있다. 스트레스 해소라는 주관적 효능도 부인할 수 없다. 다만 약도 쓰기에 따라 양약도 독약도 되는 법, 담배야말로 독약에 가깝다는 것이 금연론자들의 주장이다. 조선의 금연론자들은 담배로 인한 사회적 폐단도 지적했다. 흡연 인구가 폭발적으로 늘면서 담뱃불로 인한 화재가 골칫거리로 떠올랐다. 가뜩이나 불에 취약한 가옥들이 더 큰 위험에 노출되었던 것이다. 게다가 담배 수요를 충당하느라 곡물과 채소를 재배하던 땅이 담배 밭으로 바뀌면서 식량 부족 문제까지 대두됐다.

담배와 대한민국

담배는 기념우표와 같다. 특별한 이벤트나 기념일을 기억하게 하는 역사의 액세서리이자 시세와 인정을 알려주는 지표다. 일제강점기 이후 민족 해방을 기리기 위해 출시된 담배의 이름은 '승리'였다. 대한민국 정부 수립 축하 담배는 '계명'으로, 이육사의 시 「광야」의 한 대목인 "하늘이 처음 열리고 어디 닭 울음소리 들렸으랴"를 연상시킨다. 첫 군용 담배의 이름은 '화랑'이었다.

　전쟁 이후에는 잃어버린 희망을 찾자는 뜻에서인지 '파랑새'가 나왔다. 그리고 미군 부대에서 양담배들이 쏟아져 나왔다. 양담배를 피우다 적발된 경우 벌금을 물리기도 했으며, 양담배와 양주를 배격하는 운동이 오랫동안 계속됐다. 1958년에 국내 최초의 필터 담배인 '아리랑'이 출시됐다. 아리랑은 18년 동안 판매되면서 인기를 누렸고, 생산 중단 8년 만에 재발매되기도 했다. 1960년대에는 군사정권이 수립한 국가 재건과 경제 발전에 대한 국정 기조에 부응하는 차원에서 '새마을', '재건', '새나라', '상록수', '희망' 등이 나왔으며, '청자', '백자' 등 문화유산을 따서 이름을 짓기도 했다. 특히 '청자'는 폭발적인 수요로 공급 부족까지 겪는 최고의 인기를 누렸다.

　1970년대에는 충무공 이순신의 해전 장면을 포장에 담은 '거북선', '한산도'가 시판됐다. 박정희 대통령은 무인 출신인 이순신 장군의 성웅 만들기를 통해 쿠데타로 집권한 약점을 보완하고 군사 지도자의 정통성을 홍보하려 한 것 같다.

　1980년대에는 88올림픽을 기념해 '88', '솔' 등이 나왔다. 한국인이 가장 많이 피운 담배가 '솔'이다. 통산 2백억 갑이 팔려 나갔다 한다. 영국의 담배 전문 잡지 『월드 토바코』 1987년 1월 호에 따르면, 솔은 판매 개비 기준 세계 8위에 등극하는 등 세계 10대 담배로 성가를 떨쳤다. 당시 1위는 미국의 말보로, 2위는 일본의 마일드 세븐이었다.

금연 운동은 자동차 회사의 음모? "경고: 흡연은 폐암 등

각종 질병의 원인! 그래도 피우시겠습니까?" 담뱃갑에 인쇄되는 경고문은 1976년에 처음 등장했다. 당시에는 "건강을 위해 지나친 흡연을 삼갑시다"로, 지금보다는 강도가 낮았다. 1990년대부터 흡연의 천국 대한민국에도 금연 열풍이 불어왔다. "담배는 니코틴, 타르, 일산화탄소, 기타 각종 인체 유해 물질을 머금고 있는 백해무익한 것"이라는 목소리와 함께 그를 뒷받침하는 온갖 실증적 데이터가 끊임없이 생산되고 있다.

흡연의 폐해를 전제로 하고 금연에 관한 음모론을 음미해보자. 일본 도쿄대 의대 교수이자 평론가인 요로 다케시는 담배와 폐암을 인과관계로 몰고 가는 일련의 연구들에 대해 다른 의도가 있을 수 있다고 한다. 그는 1950년대와 1990년대 일본의 폐암 이환율을 비교하면서 한 세대 만에 환자 비율이 급증한 것에 주목한다. 전체 인구 대비 흡연자 구성 비율에는 큰 차이가 없는데 왜 이런 통계가 나왔을까. 그에 따르면, 폐암 환자가 늘어난 것은 자동차의 대량 보급과 산업 시설의 증가에 따른 대기오염으로 인한 것이라는 설명이 좀 더 설득력 있다고 한다. 하지만 자동차로 대변되는 재계, 이와 유착한 정·관계와 언론이 합작해 담배를 건강 악화의 주범으로 몰아붙인다는 것이다. 폐암을 흡연자 개인의 책임으로 돌려놔야 기득권층 전체의 카르텔이 유지되기에 금연에 초점을 맞춘다는 것이다.

그 결과 담뱃값은 계속 인상되어왔다. 국민 건강에 해로우니 죄악세의 관점에서 세금을 더 많이 매겨야 한다는 논리 무장은 더욱 강화되고 있다. 담뱃값을 두 배 인상하면 담배 소비량이 평균 30퍼센트가량 감소하니 국민 건강에도 좋고, 정부 수입도 늘어 일석이

조라는 것이다. 여기에 담배 제조 기업의 이윤까지 합치면 황금의 트라이앵글이 완성된다. 담뱃값 인상을 앞두고 대체재가 될 수 있는 전자 담배의 해악에 대한 연구와 보도가 계속 나오는 것도 이와 관련이 있을 수 있다. 아무리 담배가 비싸도 예전처럼 피우는 게 좋다고 신호를 주는 것이다. 담배 정책만 놓고 보면 금연을 하라는 건지, 계속 흡연해도 좋다는 건지, 도무지 알 수가 없다.

에필로그

활자가 된 목소리

뭐! 팟캐스트를 하자고? 그것도 역사 팟캐스트를!

여름의 열기가 채 가시지 않은 2014년 초가을의 어느 날, 역사 팟캐스트 방송을 해보자는 이야기가 농담처럼 터져 나왔다. 왜 해야 하며 무엇을 추구할 것인지, 어떻게, 누구와 할 것인지…… 일을 시작할 때마다 발목을 잡는 수다한 의문들에 일단 에포케epoche를 선언하고 무조건 출발했다. 온갖 착오가 뒤따랐고, 오류가 쉴 새 없이 튀어나왔다. 출연자도 계속 교체됐다. 방송인과 비방송인 사이의 간극도 컸다. '풍파는 전진하는 자의 벗'이라고 갈파한 철학자 니체의 말을 위안으로 삼으며 조금씩 부족한 점을 고쳐나갔다. 누워서 떡 먹기보다 쉽게 국사를 이야기하자는 '떡국열차'는 스스로 레일을 깔면서 궤도에 진입했다.

기존의 방송 프로그램이 시청률 전쟁을 벌이듯이 팟캐스트 시장도 무한 경쟁의 결정판이었다. 우리 떡국열차가 팟빵(팟캐스트 포털 사이트)에 진입하면서 받은 번호가 8336번. 지금 이 시간에도 7천여 개 안팎의 팟캐스트가 청취자의 귀를 사로잡기 위해 진검승부에 열을 올리고 있다. '약육강식', '정글의 법칙'이라는 표현만큼 팟캐스트 시장을 적확하게 드러내는 말도 없는 것 같다.

그 와중에 떡국열차는 TOP10에 입성했다. 한 달 다운로드 횟수가 100만 회에 육박하는 기록을 세우기도 했다. 6개월도 되지 않아 2만 명이 넘는 고정 구독자를 확보했다. 비非정치 팟캐스트로는 유례가 없다는 찬사도 받았다. 진행진의 케미(조화), 역사와 예능이 결합된 콘텐츠 경쟁력 등이 인기의 비결로 꼽혔다. 하지만 곰곰 따져보면 이 모든 것을 가능하게 한 것은 결국 청취자의 격려와 호응이었다.

그래서 고민했다. 떡국열차를 들어주고 밀어주신 국내외 수많은 청취자들에게 어떻게 은혜를 갚아야 할까. 더 좋은 방송을 들려드리는 것은 옵션(선택)이 아닌 필수이니 차치하고 여러 생각 끝에 책을 내기로 했다. 떡국열차를 오르내린 그 수많은 역사의 승객과 물품 들을 떠도는 목소리로 남기지 말고 활자로 고정해 제2의 떡국열차로 발차시켜보자고, 방송의 단편적이고 파편적인 삽화들을 하나로 묶어달라는 청취자들의 요청과 당부에 부응하는 길도 역시 책밖에 없다고 결론을 내렸다.

하지만 이 책은 기획부터 출판에 이르기까지 상당한 진통을 겪었다. 무엇보다 방송과 출판은 속성이 엄연히 달랐다. 아무리 재미

있고 강렬했던 내용이라도 막상 활자화하면 느낌이 달랐다. 흥미
와 재미를 다루는 기존의 수많은 역사책들과 무엇이 같고 무엇이
다른지 고민하면서 미궁에 빠진 적도 많았다. 그럼에도 당초의 구
상은 어느 정도 관철됐다고 생각한다. 특히 역사의 눈높이를 좀 더
낮추어야 한다는 문제의식에서, 누구나 다 아는 왕후장상이나 고
관대작이 아니라 사람들이 입에 올리기를 꺼리는 인간 군상과 생
활 물자를 정리했다. 방송을 한 번도 안 들어본 분들도 부담 없이
다가와 편하게 읽을 수 있도록 주제와 내용을 새로이 배치했다.

  떡국열차를 방송한 지 벌써 1년이 훌쩍 넘었다. 매주 개당 40분
씩, 4개 이상의 에피소드를 만들기 위해 모두들 애를 썼다. 방송을
해나갈수록 역사가 어렵다는 생각을 갖게 된다. 하지만 옛 사람들
의 삶과 길을 알아갈수록 오늘이 잘 보일 것이라는 희망은 커져만
간다. 이 책을 읽는 분들도 마찬가지일 것이다. 결국 우리는 오늘
을 알기 위해, 그리고 나 자신을 깨닫기 위해 과거를 기억하는 것
이 아닐까. 이념적인 오목렌즈나 정치적인 볼록렌즈로 역사를 왜
곡하는 것은 결국 스스로를 잃어버리는 것과 같지 않을까.

  끝으로 이 책을 만드는 데 도움을 주신 모든 분들에게 감사의 뜻

을 전한다. 모든 사람들의 공로이기에 특정인의 이름을 거론하지 않은 것에 대해 양해를 구한다. 특히 여성 출연자들의 공로는 아무리 언급해도 모자랄 지경이다. 일일이 호명할 수 없는 점을 해량하시길……. 무엇보다 떡국열차 게시판과 팬카페에서 댓글을 달아주시며 때로는 넉넉한 칭찬을, 때로는 매서운 질타를 서슴치 않으신 청취자 여러분에게 마음으로부터 사의를 표한다. 고마움이 돌멩이라면 10층 석탑을 쌓아 보여드리고픈 심정이다. 떡국열차 팟캐스트는 물론 이 책 또한 많은 연구자와 그들의 저술에 큰 빚을 지고 있다. 부족하나마 참고 문헌으로 감사의 표시를 대신한다. 끝으로 책의 출판을 기쁘게 맡아주시고 쑥대머리같이 헝클어진 내용과 형식을 깔끔하게 다듬어주신 눌민 관계자 여러분께 감사드린다.

2016년 1월, 떡국열차팀

참고 문헌

1장

규장각한국학연구원, 『조선 여성의 일생』, 글항아리, 2010

강명관, 『조선의 뒷골목 풍경』, 푸른역사, 2003

정연식, 『일상으로 본 조선시대 이야기』 1, 2, 청년사, 2001, 2007

정명섭, 『조선백성실록』, 북로드, 2013

강명관, 『조선 풍속사 3』, 푸른역사, 2010

이수광, 『조선을 뒤흔든 16가지 연애사건』, 다산초당, 2007

이수광, 『조선을 뒤흔든 16인의 기생들』, 다산초당, 2009

신명호, 『궁녀』, 시공사, 2004

박취문, 『부북일기』, 우인수 옮김, 울산박물관, 2012

한명기, 신병주, 강문식, 『왕과 아들』, 책과함께, 2013

신명호, 『조선공주실록』, 역사의아침, 2009

이준호, 『비운의 조선 프린스』, 역사의아침, 2013

김종성, 『왕의 여자』, 역사의아침, 2011

김수지, 『대비, 왕 위의 여자』, 인문서원, 2014

2장

김인호, 『조선의 9급 관원들』, 너머북스, 2011

강명관, 『조선의 뒷골목 풍경』, 푸른역사, 2003

안대회, 『조선을 사로잡은 꾼들』, 한겨레출판, 2010

이수광, 『잡인열전』, 바우하우스, 2008

이수광, 『조선의 방외지사』, 나무처럼, 2008

이희근,『백정, 외면당한 역사의 진실』, 책밭, 2013
한국역사연구회,『조선시대 사람들은 어떻게 살았을까』1, 청년사, 2005

3장
한국고전종합DB(http://db.itkc.or.kr):『조선왕조실록』,『심리록』,『일성록』,
　『다산시문집』
정약용,『역주 흠흠신서』1~3, 박석무 외 옮김, 현대실학사, 1999
강신몽 외,『타살의 흔적』, 시공사, 2010
김호,『원통함을 없게 하라』, 프로네시스, 2006
김호,『정약용, 조선의 정의를 말하다』, 책문, 2013
심재우,『조선후기 국가권력과 범죄 통제』, 태학사, 2009
심재우,『네 죄를 고하여라』, 산처럼, 2011
유승희,『미궁에 빠진 조선』, 글항아리, 2008
이수광,『조선을 뒤흔든 16가지 살인사건』, 다산초당, 2006
이윤성,『법의학의 세계』, 살림, 2003
전봉관,『경성기담』, 살림, 2006
정명섭,『조선백성실록』, 북로드, 2013
정연식,『일상으로 본 조선시대 이야기』1, 청년사, 2001
한국역사연구회,『조선시대 사람들은 어떻게 살았을까』1, 청년사, 2005

4장
김수지,『대비, 왕 위의 여자』, 인문서원, 2014
김종성,『왕의 여자』, 역사의아침, 2011
한명기, 신병주, 강문식,『왕과 아들』, 책과함께, 2013
사람으로 읽는 한국사 기획위원회,『왕조의 마지막 풍경』, 동녘, 2008
신명호,『조선공주실록』, 역사의아침, 2009
조민기,『조선 임금 잔혹사』, 책비, 2014
이준호,『비운의 조선 프린스』, 역사의아침, 2013

5장
성석제,『칼과 황홀』, 문학동네, 2011

참고문헌

요네하라 마리, 『미식견문록』, 마음산책, 2009

김권제, 『음식의 재발견 벗겨봐』, 모아북스, 2012

김승일, 『맛의 전쟁사』, 역사공간, 2007

사카키바라 에이스케, 『식탁 밑의 경제학』, 유주현 옮김, 이콘, 2007

김경훈, 『뜻밖의 음식사』, 오늘의책, 2006

주영하, 『식탁 위의 한국사』, 휴머니스트, 2013

주영하, 『그림 속의 음식, 음식 속의 역사』, 사계절, 2005

장인용, 『식전』, 뿌리와이파리, 2010

마빈 해리스, 『음식문화의 수수께끼』, 한길사, 1992

김정호, 『조선의 탐식가들』, 따비, 2012

한국역사연구회, 『조선시대 사람들은 어떻게 살았을까』 1, 청년사, 2005

이어령, 『문장백과대사전』, 금성출판사, 1988

기타

『조선왕조실록』, 『삼국사기』, 『삼국유사』, 『성호사설』,
　『여유당전서』 등의 고전 또는 문집은 아래 기관의 국역 사이트를 인용,
　참고했으며 인용된 뉴스의 출처는 네이버 뉴스 라이브러리임.

한국고전번역원 http://www.itkc.or.kr

국사편찬위원회 한국사데이터베이스 http://db.history.go.kr

네이버 뉴스 라이브러리 http://newslibrary.naver.com

저자 소개

김영우 1960년대가 마지막 숨을 몰아쉴 때쯤 성탄절을 앞두고 계속 논란의 중심이 될 부산에서 태어났다. 초등학교는 경남 양산에서, 중·고등학교는 부산에서 다녔다. 지금도 옆에서 우정을 나누고 있는 친구가 서울대 인류학과로 가자고 꼬드겼으나 과감히 거절하고 신문학과를 선택했다. 이것이 친구의 조언을 거절한 처음이었고 마지막이 될 것이다. 이후에는 친구의 조언에 따라 군 입대와 언론사 입사를 하면서 생의 고비를 잘 넘겨왔다. 친구와 언론계의 길은 같았으나 근무처는 다른 삶을 살게 되었다. 현재 SBS 라디오센터에서 편성기획팀장으로 재직 중이며 라디오피디이지만 음악 방송을 거의 하지 않은, 맞는 듯 아닌 듯한 라디오피디의 삶을 살고 있다. 평소에도 국사를 좋아했고 앞으로도 국사를 사랑할 것이다. 아! 물론 국사 국정교과서 추진엔 단호히 반대한다!

정승민 휘황한 햇빛의 역사교과서보다 은은한 달빛의 신화적 야사에 친근감과 포근함을 느끼는 메시지 전문가. 서울대학교를 다니면서 전공인 인류학보다 역사학, 종교학, 문학에 무게중심을 두면서 공부했다. 이후 서울대 대학원에서 사회인구학을 잠시 연구했으나 정작 석사 학위는 북한 정치를 주제로 서강대학교에서 받았다. 서울신문사 편집국 기자로 사회에 첫 발을 내디딘 이후 중앙일보NIE연구소 연구위원과 국회의장 연설비서관, 그리고 신성대학교에서 교양 과목을 가르치는 초빙교수로 일했다. 현재까지 정치와 논술, 스토리텔링 수학 등에 걸쳐 3종 7권의 책을 지었는데 공교롭게도 모두 공저다. 앞으로 역사, 시사, 글쓰기를 융합하는 형태의 교양 콘텐츠를 공작하고 생산할 예정이다.

정영진 팟캐스트 떡국열차가 시대와 지역을 종횡무진할 수 있도록 자연스러운 진행 감각과 천부적인 언어 유희능력을 갖춘 프로 방송인. 지상파 방송들의 대다수 퀴즈 프로그램에 출연해, 퀴즈 다관왕의 대기록을 세울 만큼 풍부한 지식과 넓은 상식을 소유했다. 대전에서 태어나고 자라면서 충절과 애국의 본향 '충청의 아들'임을 자랑스러워한다. 충남대학교 신문방송학과를 졸업하고 미국의 로스쿨에 법학을 공부하러 갔으나 방송 본능에 이끌려 한국으로 회귀했다. 현재 KBS '글로벌 정보쇼 세계인', 'TV 책을 보다', SBS '호란의 파워FM', MBC '세계는 우리는' 등에 출연 중이며 인터넷신문 위키프레스 편집장, 빅데이터분석업체 빅커뮤니케이션 대표로 일하고 있다.

한국사특급 떡국열차

1판 1쇄 찍음 2016년 1월 25일
1판 1쇄 펴냄 2016년 2월 1일

지은이 김영우 · 정승민 · 정영진
펴낸이 정성원 · 심민규
펴낸곳 도서출판 눌민

출판등록 2013. 2. 28 제2013 − 000064호
주소 서울시 마포구 양화로 156, 1624호 (04050)
전화 (02) 332 − 2486 팩스 (02) 332 − 2487
이메일 nulminbooks@gmail.com

ⓒ 김영우·정승민·정영진 2016
Printed in Seoul, Korea
ISBN 979 − 11 − 956464 − 5 − 6 03910

• 이 책의 국립중앙도서관 출판예정도서목록(CIP)은 서지정보유통지원시스템 홈페이지
  (http://seoji.nl.go.kr)와 국가자료공동목록시스템(http://www.nl.go.kr/kolisnet)에서
  이용하실 수 있습니다.(CIP제어번호: CIP2016001818)